호모 돈의 달인
코뮤니타스

달인시리즈 05
돈의 달인 호모 코뮤니타스

| **발행일** 개정판5쇄 2024년 11월 25일 | **지은이** 고미숙 | **펴낸곳** 북드라망 | **펴낸이** 김현경 |
주소 서울시 종로구 사직로8길 34 307호(내수동, 경희궁의아침 3단지) | **전화** 02-739-9918 |
이메일 bookdramang@gmail.com

ISBN 978-89-97969-05-0 04800 | 이 도서의 국립중앙도서관 출판시도서목록(CIP)은 서지정보유통지원
시스템 홈페이지(http://seoji.nl.go.kr)와 국가자료공동목록시스템(http://www.nl.go.kr/kolisnet)에서
이용하실 수 있습니다.(CIP제어번호: CIP2013010947) | Copyright © 고미숙 저작권자와의 협의에 따라
인지는 생략했습니다. 이 책은 지은이와 북드라망의 독점계약에 의해 출간되었으므로 무단전재와 무단복제
를 금합니다. 잘못 만들어진 책은 서점에서 바꿔 드립니다.

책으로 여는 지혜의 인드라망, 북드라망 www.bookdramang.com

호모 달인
코뮤니타스 |개정판|

고미숙 지음

책머리에

이 책은 한 편지로부터 시작되었다. 발신인은 나의 오랜 동료이자 '마을인문학' 공동체 문탁네트워크(moontaknet.com)를 이끌어가는 문탁 여사다. 내용의 골자를 추려 보면 이렇다.

난 우리 아이들과 그 친구들을 보면서 문제를 많이 느꼈어.
첫째, 아이들이 저금을 하지 않는다. 우리 어렸을 때는, 돼지저금통에 저금하고, 그 돈이 모아지면 은행으로 달려가고…… 그렇게 돈을 모았잖아? 그런데 요즘 아이들은 저금도 안하고 적금도 안 들고 은행에 통장도 없는 경우가 많더라구…….
둘째, 아이들이 어른처럼 소비생활을 한다. 이 아이들은 친구 생일 때, 카드를 만드는 게 아니라 카드를 사고, 물건이 지천으로 있어도 또 선물을 사고, 나가서 "회식"을 하고…….(요즘 아이들 '회식' 한다 우ㅋㅋ) 그러다 보니 아이들은 끊임없이 "돈"이 부족해. 절실하게 원하는 걸 얻기 위해서가 아니라 일상적으로 "돈"이 부족해. 그러니 부모와 늘 "돈/용돈" 때문에 갈등하지.

우리 아이들은 엄마가 일말의 여지가 없는, 엄청난 '짠순이'라고 생각하고 있어서, 상대적으로 욕망을 줄이는 편임에도 불구하고, 늘 '돈'을 달래. …… 내가 여러번 화냈어. 넌 엄마한테 할 이야기가 돈밖에 없냐구? 어디서 많이 들어본 대사지? ㅋㅋㅋㅋ

그런데 우리 사회는 청소년들의 일상과 삶에 대해서는 괄호를 쳐놓고 있기 때문에 (공부 말고는) 이런 이야기들이 담론화되지 않지. 나도 다른 학부모들과 아이들 용돈에 대해 함께 이야기해보고 싶었지만, 쉽지 않더라구. 결국 아이들에게 '돈'에 대해 교육을 시키는 수밖에 없겠구나……라고 생각했었어.

**투자하지 말고 저축해라, 이런 이야기를 해야 할 것 같아. 자신의 손발을 움직여서 돈을 벌고 (혹은 용돈을 모으고) 그 돈으로 저축을 해라.

**저축하되, 축적하지 말고 순환시켜라. 돈을 모았으면, 돈을 써야 하잖아? 어떻게 써야 하는지를 설명해야 할 것 같아. 그건 언니의 그간 활동이 살아 있는 사례니까 언니 이야기와 공동체 이야기를 하면 되지 않을까? '상상력의 경제학' 혹은 '카오스의 경제학'은 어떻게 구성되는가를 설명하면 좋을 것 같아요.^^

뭐야? 절박한 문제의식에다 풍부한 사례, 거기다 구체적인 대안까지. 그럼 본인이 쓸 것이지, 왜 나더러 쓰라는 거야? 돈이야 억수로(!) 좋아하지만, 경제에 대해선 완전 문외한인 내가 왜? 하지만 이런 투덜거림에도 전혀 아랑곳하지 않고 문탁의 공세는 계속되었다. 은밀하게 치밀하게.^^ "『공부의 달인』에 『사랑과 연애의 달인』을 썼으니까 이젠 『돈의 달인』을 써야줘~." 헉! 아니, 내가 '달인 김병만 선생'도 아니고. 하지만 이 말도 안 되는 논리에 달인시리즈의 산파격인 편집자 김현경이 맞장구를 쳤다. 정말 우리 시대에, 꼭, 필요한 주제라나 뭐라나. 맙소사! 나는 결국 낚이고 말았다. 이런 걸 의역학 전문용어로 '팔자'라 한다.

보다시피 이 책은 자본주의를 분석하는 경제학 저서가 아니다. 또 돈을 벌기 위한 처세술이나 재테크에 대한 것은 더더욱 아니다. 이런 주제들에 대한 정보는 이미 차고도 넘친다. 정보가 부족해서 자본의 노예가 되고, 재테크의 희생양이 되는 것은 아니다. 언제나 그렇듯이, 문제는 용법이다. 경제와 삶, 화폐와 일상을 구성하고 재배치하는 용법! 문탁의 말대로 이건 어디서도 배울 수가 없다. 아니, 우리 사회엔 이 배움에 대한 욕망 자체가 부재한다. 그래서 결국 두 개의 양극단을 오가게 된다. 돈에 대한 참을 수 없는 욕망으로 삶을 불태워 버리거나 아니면 '무소유'라는 신비롭고 초월적 장으로 도피해 버리거나. 이 책은 이 양변을 떠나 제3의 길을 찾고자 하는 갈증의 소산이다. 다시 말해, 자본에 포획되지도 않고, 그렇다고 산정으로 도피하지도 않는, 화폐와 삶이 어떻게 자유의 새로운 공간을 열어갈 수 있는가를 실험해 보고 싶었다고나 할까.

보통은 공부를 한 다음에 책을 쓰지만, 나는 좀 다르다. 책을 쓰다 보니 공부를 하는 경우가 훨씬 많다. 이번에는 훨씬 더 심했다. 보다시피 전적으로 외압(?)에 의해 시작된 작업이다 보니 글을 쓰면서 동시에 사례들을 검색하고 그러면서 원리를 탐구하는, 저자라기보단 중계방송 리포터에 가까운 역할을 한 셈이다. 하여, 이 공부의 과정에서 많은 스승들을 만났다. 무하마드 유누스와 비노바 바베, 조르주 바타유와 나카자와 신이치 등등. 이들은 모두 '돈의 달인'들이다. 화폐와 자본의 인류학적 혹은 우주적 위상을 명쾌하게 꿰뚫으면서도 그로부터 탈주할 수 있는 비전과 출구를 다양한 차원에서 제시해주었기 때문이다. 즉, 교환과 계약의 세상에서도 얼마든지 증여와 순환, 나아가 순수증여를 실천할 수 있음을 일깨워주었다. 하여, 마침내 돈의 달인이 '호모 코뮤니타스'(공동체)라는 이름과 마주치는 기적이 연출되었다. 돈과 공동체, 이 낯설고도 먼 두 항목이 하나의 장에서 오버랩될 수 있다니!(그 구체적 사연에 대해서는 옆쪽을 보시라!) 그 순간의 떨림과 감동이 독자들에게도 전달될 수 있기를 진심으로 기원한다.

* * *

이 책은 2010년에 출간한 그린비판 『돈의 달인 호모 코뮤니타스』의 개정판이다. 그간의 변화에 비추어 본문에도 새로운 내용들이 첨가되었지만, 가장 큰 변화는 부록에 있다. 초판에선 청년백수들의 이야기가 주를 이루었는데, 이번에는 세대를 넘어 다양한 목소리와 실험들을 담고자 했다. 돈의 흐름이 얼마나 변화무쌍한지, 또 그 속에서 얼마나 흥미로운 서사가 탄생되는지를 맛볼 수 있을 것이다.

2013(계사년) 7월 1일

남산 아래 감이당 Tg스쿨에서

고미숙

'돈의 달인'이 '호모 코뮤니타스'가 된 사연은?

돈의 달인이란 돈과 "사이좋게" 지내는 사람을 뜻한다. 사이좋게 지낸다는 건 돈에 "먹히지" 않고, 돈을 통하여 삶을 '창조하는' 걸 의미한다. 헌데, 왜 호모 코뮤니타스인가? '코뮤니타스'란 라틴어로 공동체라는 뜻이다. 화폐는 탄생 이래 늘 공동체와 사이가 좋지 않았다. 화폐가 공동체적 삶의 다양성을 먹어치웠기 때문이다. 그래서 19세기 사회학자들은 코뮤니타스를 특별히 '화폐에 대항하는 공동체'라고 명명하였다(고병권, 『화폐 마법의 사중주』 참조). 화폐의 "식성"에 맞서 삶의 창조성을 지켜내고자 한 것이다. 돈의 달인과 호모 코뮤니타스가 마주치는 지점이 바로 여기다. 서로 반대쪽에서 출발했기 때문일까. 이 마주침에는 특유의 긴장과 스릴이 넘친다. 하여, 나는 이 이름이 아주 마음에 든다. 그래서인가. 이 이름을 떠올릴 때마다 내 눈앞에는 돈에 대한 무한한 상상력과 그 속에서 탄생될 수 있는 삶의 형식들이 파노라마처럼 흘러간다. 물론 거기에는 고도의 유동적 지성이 요구된다. 상상력과 삶의 형식과 유동적 지성의 트리아드(삼중주)! 카오스 경제학의 도래는 바로 여기에서 가능하리라.

차례

책머리에 | 05

프롤로그 돈에 대한 '아주 원초적' 질문 셋 | 12
하나_청춘의 꿈, 10억? | 13
둘_미워하거나 무관심하거나! | 16
셋_낙타와 포대화상 | 18

1부
문제는 돈이다?—돈타령 '천태만상' | 21

돈은 내 '운명'_요람에서 무덤까지 | 24
한방을 기다리는 마지막 '버블' 히어로들! | 31
아파트 '토테미즘'_21세기판 '전설의 고향' | 37
우리를 '술푸게' 하는 것들 _대출과 보험 | 43
악착같이 모아서 가족한테? | 47
소비의 거룩한(?) 형식 _쇼핑과 회식 | 52
서글픈 '왕복달리기'_탐욕 아니면 청승 | 59
대체 돈이 뭐길래?_생명과 화폐 | 64
세태톡톡 버블중독증 | 69
화보 아무리 채워도 채워지지 않는 욕망 | 72

2부
돈—'잘' 벌고 잘 '쓰는' 실전 노하우 | 75

부자가 되려면 학교에 다니지 마라 | 78
유산과다=위산과다 | 82
젊어 고생, 사서 하라 | 86
비자본 생존노하우 1 _돈 없이 살아남기 | 91
비자본 생존노하우 2 _21세기 新 백수론 | 96
우정의 정치경제학 _청년실업의 대안? | 103
돈에 대한 공부를 일상화하라! | 111
이벤트 _돈이 아니라 몸으로! | 121
더부살이 프로젝트 | 126

북-드라망에 접속하라! | 131
성공의 새로운 척도, '호모 에렉투스'-되기 | 136
세태톡톡 인문학과 돈의 '행복한' 만남 | 142
화보 버리고, 행복하라 | 145

3부

돈에 대한 우주적 상상력
—카오스 경제학을 향하여! | 149

쓰면서, 행복하라! _ 교환에서 증여로 | 152
돈은 '물'이다 _ 돈을 '물' 쓰듯! | 158
선물의 경제학 혹은 '인디언-되기' | 163
이매진 노 머니(Imagine No Money)! | 167
공동체, 최고의 생존전략 _ 마을이 세계를 구한다! | 172
카오스 경제학의 기초개념 | 176
문제는 돈이 아니다 _ 소유에서 자유로! | 194
순수증여 _ 다시 포대화상으로! | 198
돈 벌어서 남주자! _ '곰-되기', '코끼리-되기' | 202
세태톡톡 우주에는 공짜점심이 없다 _ 돈과 사주명리학 | 209
화보 소유에서 자유로 | 216

에필로그 돈의 달인들 : '호모 코뮤니타스'의 향연 | 220
하나_흥부의 눈부신 '카리스마' | 221
둘_방랑하는 교사, 움직이는 대학 | 224
셋_가난한 사람들의 은행가, 무하마드 유누스 | 228

부록

문탁네트워크와 돈—호모 이코노미쿠스에서 호모 코뮤니타스로(문탁) | 232
세리(稅吏)의 돈타령—돈과 삶은 어떻게 만나는가(류시성) | 244

프롤로그

돈에 대한 '아주 원초적' 질문 셋

하나 ― 청춘의 꿈, 10억?

어린 시절 돈에 대한 나의 판타지는 100만 원이었다. '나한테 100만 원만 있다면…….' 이것이 나와 나의 친구들이 품을 수 있는 가장 원대한 야망이자 프로젝트였다. 100만 원이면 무엇이든 할 수 있었다. 만화책이며 소년잡지, 세계문학전집 같은 책도 무진장 볼 수 있고, 월남사탕, 찹쌀모찌, 크라운산도 같은 간식도 맘껏 먹을 수 있으며, 가난하고 병든 친구들에게 '밥과 약'을 선물할 수도 있었다. 그 액수는 대학에 와서도 크게 달라지지 않았다. 사립대학 등록금이 25만 원쯤이었으니, 100만 원은 여전히 대단한 액수였다. 30대가 되어 시간강사로 생계를 꾸려갈 때도 100만 원은 '꿈의 액수'였다. '통장에 100만 원만 있다면……', 그러면 부모님께 생활비를 보태 드릴 수도 있고, 철새처럼 찾아오는 운동권 후배들한테 도피자금을 대 줄 수도 있고, 선후배 동학들과 더불어 '책과 술'의 향연을 펼칠 수도 있고…… 기타 등등. 그 100만 원으로 할 수 있는, 하고 싶은 일들이 너무나도 많았다. 그때가 1990년대 중반, 지금으로부터 약 20년 전이다.

해완 : 만약 너에게 100만 원이 공짜로 생긴다면 어떻게 할 거야?
친구 : 난 그대로 명품매장으로 달려갈 거야.
해완 : 헐…….

중졸 백수 해완이가 자기 또래 10대들하고 인터뷰한 내용의 일부다.* 물론 10대들이 다 명품에 빠져 있는 건 아니리라. 내가 충격받은 건 명품이건 아니건 100만 원의 용도가 오직 상품을 사는 것 말곤 없다는 사실이다. 보다시피 일말의 의혹이나 고민조차 없다. 어쩜, 저렇게 즉각적으로 답이 나올 수가 있는지! 상품은 사방에 널렸다. 그리고 끊임없이 쏟아져 나온다. 이 흐름을 따라잡으려면 아주 많은 돈이 필요하다.

나는 지금 명색 '고전평론가'이자 프리랜서다. 전국 곳곳을 다니며 강연을 하는 게 나의 주 '생업'이다. 주제는 『공부의 달인, 호모 쿵푸스』에서 제시한 '고전에서 배우는 미-래의 공부법'. 입시교육에 찌든 10대들에게 공부가 도구적 수단이 아니라, 삶과 존재의 비전 탐구임을 열심히 설파하노라면 반드시 이런 질문이 이어진다.

"그렇게 공부를 해도 경쟁에서 살아남을 수 있을까요?" "살아남다니, 누가 잡아먹냐? 아프리카 세렝게티 초원에 사는 야생동물도 아니고······." "명문대를 못 가면 사회적으로 '루저'가 된대요." "누가?" "엄마가요."

일단 '엄마 문제'는 넘어가기로 하자. 자칫 논점이 바뀔 수도 있으니까. 여기서 핵심은 결국 취업, 곧 정규직을 얻는 것이다. 명문대는 그저 매개항일 뿐이다. 하긴 정규직이란 말에도 어폐가 있다. 그

---

* 이 책 중간 중간 인용되고 있는 김해완의 「44만 원 세대의 돈 이야기」, 임유진의 「88만 원 세대의 돈 쓰기」, 류시성의 「우리 모두 '보리'합시다」는 각각 10대, 20대, 30대의 돈벌고 쓰기에 대한 현장리포트이다. 이 글들은 우리 시대 돈현장의 구체적 탐사를 위해 필자의 부탁으로 작성된 세대 보고서 같은 것이었다.

냥 고액의 연봉, 다시 말해 돈을 많이 벌고 싶다는 뜻일 뿐이다. 그래서 묻는다. 얼마나 벌고 싶은데? 이때 거의 공통적으로 나오는 답이 10억이다. 100만 원에서 10억으로! 15년 사이에 무려 천 배가 뛰었다. 세월이 많이 흐르긴 했지만, 그래도 좀 심하다! 그 사이에 그만큼 발전을 했다는 뜻일 터인데, 하긴 그렇다. 어디 천 배뿐이겠는가! 만 배, 십만 배일지도 모른다. 나 같은 경제문외한은 감히 상상할 수 없을 정도로 양적으로 도약에 도약을 거듭하였다. 그러니 요즘 청춘들이 10억을 꿈꾸는 게 당연하다면 당연한 노릇이다. 좋다. 그렇다고 치자. 문제는 그 다음이다. 대체 그 돈으로 뭘 할 건데? 그러면 갑자기 표정들이 멍해진다. 자신있게 "10억!"이라고 말할 때의 표정과는 아주 대조적이다. "먹고살려면 그 정돈 있어야 돼요." "그럼 지금 굶고 있냐?" 그러면 아주 작은 목소리로 이렇게 답한다. "아파트랑 자가용을 사야죠……." "그건 지금도 이미 있잖아?" 묵묵부답! 간혹 이런 답도 나온다. "더 큰 집이랑 더 좋은 차…… 암튼 그냥 맘이 편할 거 같아요." "그럼 지금 그냥 맘 편하게 지내면 되잖아?" 그럼, 또 다시 묵묵부답! 그럴 수밖에. 그런 유의 질문은 생각해 본 적이 없어서다. 더 정확히 말하면, 그런 질문이 존재할 수 있는 '담론적 공간'이 사라져 버려서다. 집에서건 학교에서건, 기타 그 어디에서건.

여기가 바로 포인트다. 100만 원에서 10억으로 바뀐 건 단지 수치가 늘어난 것만을 의미하지 않는다. 나와 나의 친구들이 100만 원을 갈망할 때 그건 분명 삶의 '수단'이자 '매개'였다. 그 돈으로 하고 싶은 일들이 너무도 많았기 때문이다. 돈은 그 많은 '이야기'들에 묻혀서 자기를 주장할 여지가 별로 없었다. 그런데 지금 우리 시대 청춘들의 꿈인 10억에는 아무런 이유도, 근거도 없다! 그것으로 뭘 하고 싶다기보다 그 숫자 자체를 갈망한다는 게 더 맞을 것이다. 이를테면, "구체적인 재화에 대한 욕심과는 다른 차원에서 '추상적 부'에 대한 욕심이 존재"고병권, 『화폐, 마법의 사중주』, 그린비, 2005, 225쪽하게 된 것. 이름하여, 화폐지상주의!

그러므로 이젠 "왜 10억이냐?"라고 묻는 건 별 의미가 없다. 질문은 이렇게 바뀌어야 한다. 그 10억으로 뭘 하고 싶은데? 참, 궁금하다. 과연 하고 싶은 일이 있기나 한 걸까?

둘 ― 미워하거나 무관심하거나!

이렇게 돈에 대한 맹목적 열망이 있는가 하면, 저 반대편에 아주 대조적인 태도가 존재한다. 돈에 대한 적대 혹은 무관심이 바로 그것이다. 그런 입장을 취하는 이들은 우리 시대를 풍미하는 화폐지상주의를 천박하게 여기고, 부자들의 탐욕과 비리에 경멸에 찬 시선을 아끼지 않으며, 나아가 돈 자체의 속물성을 강조해 마지않는다. 그런데, 그게 전부다! 엉? 그게 뭔 소리냐구? 돈의 새로운 용법을 배우거나 그것을 일상적으로 실천할 생각은 도통 하실 않는다는 뜻이다. 그들에게 있어 돈은 경제구조나 정책적 사안일 뿐, 개별적이고 일상적 차원의 윤리나 실천과는 무관하다. 그렇게 해서 언제 세상이 바뀌겠는가? 그런 '사소한' 실천 따위가 뭔 의미가 있겠어? ― 그것이 그들의 공통된 목소리다. 그래서 아이러니하게도 그들의 경제생활은 앞의 경우와 크게 다르지 않다. 그냥 남들처럼 벌고 남들처럼 쓴다.

그래서 아주 볼썽사나운 '이중인격'이 난무한다. 경제적 평등과 분배를 외치는 진보적 학자가 자기 제자들한테는 밥 한 끼 사지 않는다든지, 입만 열면 물질만능주의에 대한 한탄을 일삼는 고매한 예술가들이 주식투자와 부동산시세에 골몰한다든지, 술자리에선 늘 한국 교육의 문제를 목청껏 비난하는 386세대가 자신의 아이들만은 기를 쓰고 강남학군으로 옮겨 놓는다든지……. 기성세대만 이런 것도 아니다. 시위현장에선 온갖 과격한 구호를 외쳐 대는 청년들이 정작 소비생활을 할 때는 정신줄을 확 놓아 버린다든지, 또 비판적 지성으로 무장한 골드 미스들이 자신의 연애 상대를 고를 때는 경제적 능력을 제일의적 기준으로 삼는다든지…… 이런 식의 임상사례는 밤하늘의 별만큼이나 많다. 한마디로, 자신의 욕망에 대해서는 어떤 통찰도 하지 않는 것이다. 비판적 지성과 사적 욕망 사이의 극심한 소외 현상이라고나 할까. 요컨대, 공적 담론의 장에선 적대감과 한탄이, 사적 차원에선 무관심과 냉소가 공존하는 '기이한 동거'가 일상화되고 있다.——미워하거나 무관심하거나!

이들은 생각하리라. 돈은 제도나 구조의 문제일 뿐이고, 나는 그 제도에 대해 비난과 냉소를 퍼부으면 그만이라고. 그것만으로도 저 돈에 '미친' 속물들보단 훨씬 훌륭하다고. 맞다. 하지만 그건 하나 마나 한 주장이다. 그건 마치 '눈 먼' 사람들 옆에서 자신의 '지독한 난시'를 정상이라고 우겨 대는 꼴이나 마찬가지다. 적이 지닌 온갖 결함에 의존해서야 비로소 나의 옳음이 입증된다면, 그때 증명되는 건 정당성이 아니라 나의 초라함과 비겁함일 뿐이다. 니체가 말한 '약자 혹은 노예'의 도덕이 이런 것이리라.

그래서 참, 궁금하다. 사회를 바꾸고 자본에 대항한다면서 왜 지금 자기가 서 있는 현장은 돌아보지 않는지. 적대와 무관심, 혹은 비판과 냉소, 그 둘 사이를 왕복달리기 하는 이런 욕망의 배치는 대체 어디에서 유래하는 것인지.

셋 — 낙타와 포대화상

예수께서 말씀하셨다. "부자가 천국에 가는 것은 낙타가 바늘구멍을 통과하는 것보다 더 어렵다." 즉, 부자는 천국에 갈 수 없다는 뜻이다. 낙타가 바늘구멍을 통과한다는 건 '울트라' 마술이 아니고서는 불가능하니까. 우리나라는 기독교 신자가 아주 많다. 20세기 초 서구문명과 함께 이 땅에 도래한 기독교는 한국 근대화의 정신적·물질적 자산이 되었다. 기독교 없는 한국 근대는 상상조차 하기 어렵다. 밤하늘을 수놓는 수많은 십자가들을 보라. 그런데, 참 신기하다. 왜 기독교 신자들은 예수의 가르침을 실천하려 하지 않을까? 인류의 위대한 스승들이 그러했듯이, 예수님 또한 부의 축적을 경계했다. 오죽하면 저 낙타의 비유까지 창안하셨을까? 교리적인 문제를 다 떠나 예수의 생애 자체가 그것을 증명한다. 예수의 생애는 경제적 차원에서 말하면, 오직 주는 행위만 있다. 그것은 어떤 대가도 필요치 않은

'순수증여'에 해당한다. 그러므로 예수의 제자라면 마땅히 저 순수증여의 길을 갈망해야 하지 않는가?

한편, 불교 역시 한국인의 문화적 원형이다. 알다시피 불교의 핵심은 무소유다. 무소유의 대자유, 그것이 붓다의 길이다. 게다가 법정스님이 입적(2010년 3월)하시면서 무소유는 '범국민적 상식'이 되어 버렸다. 그래도 잘 실감이 안 간다고? 그렇다면 이런 부처님은 어떤가. 서울의 명산인 북한산, 그 입구에 자리 잡은 도선사에 가면 보기만 해도 웃음이 절로 나오는 불상이 하나 있다. 이름도 재미있다, 포대화상! 몸매가 어찌나 통통한지 2.5등신 정도나 될라나. 몸매에 걸맞게(!) 얼굴 표정은 천진난만 그 자체다. 포대화상은 걸승이었다. 커다란 포대를 짊어지고 다니면서 여기저기 탁발을 했는데, 포대가 꽉 차면 사람들에게 몽땅 나누어 주고 또다시 탁발을 하곤 했다. 차면 비우고, 차면 또다시 비우고. 그리고 보시를 받을 때마다 사람들한테 길흉을 하나씩 알려 주었다고 한다. 말하자면, 재물뿐 아니라, 인생의 이치와 지혜도 함께 나누어 준 것이다. 그런 기이한 행적과 어린아이 같은 천진함으로 입적한 뒤에 미륵불이 되었다고 한다.

자본주의는 증여가 아닌, 교환법칙이 지배하는 체제다. 그럼에도 이렇듯 아주 가까이에 증여 혹은 무소유의 길이 인접해 있다. 영국의 인류학자 데이비드 그레이버(David Graeber)가 말했듯이, 증여야말로 교환의 원동력인 까닭이다.

프랑스의 아나키스트 경제학자 그룹인 '모스'(MAUSS)는 증여가

'근대의 숨겨진 얼굴'이란 말을 즐겨 사용합니다. 자본주의는 자본주의자의 이상에 반(反)하는 무수한 교환 형태 없이는 기능하지 않는다는 것입니다. 우리 사회에서 매년 우리가 번 돈 가운데 1/3은 정부에 가서 재분배되고, 다른 1/3은 아이들에게 가며, 그 나머지는 가족이나 친구들에게 분배되는 결과로 끝납니다. 우리는 통상 번 돈의 대부분을 공유하고 있는 것입니다. 그런 의미에서 우리는 자기 문명의 기초를 부정하고 있습니다. 이것이 모스의 중요한 통찰 중의 하나입니다. 그레이버 인터뷰,「새로운 아나키즘의 정치」

그러니 종교라서 그렇다고 치부하지 마시라. 오히려 정반대다. 종교의 영역이라 그런 순수증여가 가능한 게 아니라, 본연적으로 그런 욕망을 지니고 있기 때문에 오직 교환만이 진리라고 외치는 이 시대에도 여전히 낙타나 포대화상의 이야기가 사람들 사이에 회자되고 있는 것이다. 20세기의 가장 위대한 영혼으로 불리는 간디는 이렇게 말했다. ─"진정한 경제학은 최상의 윤리적 기준과 갈등하지 않는다." 마하트마 간디,『마을이 세계를 구한다』, 김태언 옮김, 녹색평론사, 2006, 121쪽 그렇다. 증여는 곧 원초적 본능이다!

그럼에도 우리는 왜 이 원초적 본능을 이토록 쉽게 포기하는가? 그것을 왜 돈의 원리로, 아니 삶의 기술로 적극 활용할 생각을 하지 않는가? 십자가는 도심 곳곳에 있고, 포대화상 또한 저리도 가까이 있건마는. 굳이 그걸 포기하고 낙타가 간 그 험난한 길을 가려 하는가? 대체 왜?

1
문제는 돈이다?

돈타령 '천태만상'

『이상한 나라의 앨리스』에 삽입된 존 테니얼의 삽화

자, 질문들은 챙겼고, 이제 길을 나서기만 하면 된다. 이 길은 '징허게' 멀 수도 있고, 의외로 가까울 수도 있다. 목적지는 따로 없다. 구체적인 이정표가 있는 것도 아니다. 중요한 건 일단 길을 나서는 것이다. 질문을 깨치려면 반드시 길을 떠나야 하니까. 그 질문들과 '통'하는 만큼 돈의 달인으로 거듭나게 될 것이다.

우리는 돈을 갈구하지도 않지만, 돈을 미워하거나 배척하지도 않는다. 저 높은 곳에 올려놓고 숭배하지도 않지만, 은밀한 곳에 감춰 둔 채 터부시하지도 않을 것이다. 그저 함께 길을 가는 좋은 벗이 되기를 희망한다. 하지만, 세상에 공짜란 없는 법! 그러기 위해선 몇 개의 문턱을 넘어야 한다. 맨 처음 우리가 통과해야 할 문턱은 돈에 대한 '판타지 왕국'이다. 여기선 모든 사람들이 돈에 '미쳐' 있다. 세상만사 돈만 있으면 만사 오케이라 여기는 '이상한 나라'다. 이 나라에선 대체 무슨 일이?

돈은 내 '운명' — 요람에서 무덤까지

"부자되세요~!"——이게 우리 시대 최고의 덕담이다. 꼬마들부터 대통령까지. 백화점과 은행, 서점까지 어디를 가건 귀에 못이 박히도록 듣는 말이다. 마치 한국인은 부자가 되기 위해 태어난 듯이 말이다. 하긴, 그렇기도 하다. 태어나는 순간부터, 아니, 그 이전부터 돈의 '마력'은 곳곳에 편재한다. 좀 고상하게 표현하자면, 옴니프레젠트(Omnipresent)!

먼저, 아이가 잉태되는 순간부터 엄마는 병원에 다녀야 한다. 마치 규칙적으로 의사한테 숙제검사를 맡듯 태아의 모든 상황은 낱낱이 체크·보고되어야 한다. 문명이 발달할수록, 우리나라가 부자가 될수록 점점 더 자주 가야 한다. 매달, 아니 보름에 한 번, 심하면 일주일에 한 번씩. 체크할 사항도 점점 늘어난다. 어찌 된 영문인지 의학이 진보할수록, 병원시설이 좋아질수록 병의 종류와 검사항목은 늘어만 간다. 그리고 이 모든 과정에는 돈이 든다. 점점 더 많이 든다. 열 달을 그렇게 보내다가 드디어 진통이 시작되면 의사들은 대개 수술을 권한다. 한국은 제왕절개 분만율 35%를 자랑한다. WHO에서 권장하는 수치의 두 배에 달한다. 그래서 또 돈이 '덤탱이'로 든다. 사주팔자상 요즘 애들은 '화'(火)가 많다. 제왕절개를 통해 태어났기 때문이다. 제왕절개랑 불기운이 뭔 상관이냐구? 제왕절개를 하려면 의사들 스케줄에 맞춰야 하는데, 그러다 보니 의사들의 근무시간인 오전이나 한낮에 태어날 확률이 높다(태어난다기보다 꺼내진다고 해야 맞겠지만). 시간적으로 보면 태양이 작열하는 때라 이때 태어나면 사주팔자에 화기를 많이 머금게 된다. 화기 자체가 나쁜 건 아니다. 문제는 과잉이다. 패스트푸드를 많이 먹어서 기본적으로 열이 많은 데다(패스트푸드는 기본적으로 위와 장에 열을 발생시킨다. 그래서 자극적이고, 일단 길들여지면 끊기가 어렵다) 팔자의 분포마저 그렇다 보니 다들 기본적으로 '허열'(虛熱)이 많다. 허열이란 하체가 허약할 때 기운이 위로 치성하면서 생기는 열기다. 진짜가 아니라, 가짜라서 허열이라 한다. 허열은 망상을 낳고, 망상은 정신분열증으로 이어진다. 쉽게 말하면, 방방 뜨거나 아니면 정신줄을 놓게 된다는 뜻.

아무튼 이렇게 해서 태어나면 그 즉시 각종 학습지와 유아 상품들, 영재 프로그램 등이 패키지로 달라붙는다. 조금만, 아주 조금만 생각을 해도 이런 상품의 논리가 얼마나 허무맹랑한 것인지를 간파할 수 있다. 그런데 소위 배웠다는 사람들도, 게다가 자본주의라면 쌍심지를 돋우고 비판을 해대는 (좌파)지식인들조차 이런 유혹에 기꺼이 넘어간다. '자식사랑'이라는 명목하에. 좌우지간 그래서 요즘 애들은 태어나는 순간부터 돈귀신이 들러붙는다. 마치 "탯줄을 자르고 돈줄을 이어 붙이기라도" 임유진, 「88만 원 세대의 돈쓰기」中 한 듯이 말이다.

그래서인가. 아이 적부터 너무나 자연스럽게(?) 돈을 밝힌다. 우리 사회에서 '1318 세대'란 '꽃다운 이팔청춘'이 아니라, 상품 마케팅의 주요 타깃이 된 지 오래다. 물론 스스로의 힘으로는 88만 원은커녕 44만 원을 벌기도 아득한 처지라 부모님과 친인척에 기생할 수밖에 없다. 부모와 자식 간에 정을 주고받을 수 있는 수단이 오직 돈밖에 없다 보니 자연스레 10대들에게 돈이 흘러들어 간다. 그래서 요즘 아이들은 어른처럼 소비생활을 한다. 인간관계의 거의 모든 것을 돈으로 해결한다. 그래서 늘 돈이 부족하다. 늘 뭔가를 사고 있는데, 늘 뭔가가 부족하다. 이건 참 기막힌 난센스다. 소비의 쾌락과 더불어 결핍의 고통이 동시에 덮쳐 온 것이다. 친구보다 더 많은 돈이 있어야 한다는 강박에 시달리는 것도 그 때문이다. 이렇게 10대에 벌써 '돈맛'을 알았으니, 대학에 가는 이유가 돈이 되는 건 당연지사. 고등학생들이 대학과 학과를 고르는 기준은 절대적으로 돈이다. 스승과 배움 같은 기준은 잊은 지 오래다. 구체적으로는 그 학교, 그 학과를 나왔을 때 가질 수 있는 직장, 그 직장의 연봉이 유일한 척도다. 실제로 입시생들의 진학지도표에는 이런 정보가 상세히 제시된다고 한다.(이런!)

그래서 대학은 더 이상 대학이 아니다. 붕어빵에 붕어가 없듯이, 대학에는 더 이상 배움이나 가르침이 존재하지 않는다. 더 큰 문제는 아무도 대학에서 그것을 기대하지도, 욕망하지도 않는다는 사실이다. 학교 당국은 물론이거니와 현장의 주역인 교수나 학생 모두 대학에서 뭔가를 가르치고 배울 수 있다는 믿음 자체를 포기한 지 오래다. 그럼, 지금, 대학은 무엇으로 존재하고 있는가? 취업을 위한 학원으로 존재한다. 청운의 꿈을 안고 대학에 들어가는 순간, 청년들은 곧바로 취업전선에 뛰어든다. 수능교재 대신 토익과 취업교재들을 안고 도서관으로 향한다. 전공이건 부전공이건 모든 수업 역시 취업을 위한 과정일 뿐이다. 그래서인가. 요즘 학생들은 참, 수업을 열심히 듣는다. 출석에 목숨 걸고, 학점과 관련된 일이라면 그야말로 열과 성을 다한다. 시위나 서클활동? 아무 관심 없다! 사회변혁과 세계평화? 가까이 하기엔 너무 먼 주제다. 청년문화의 교두보였던 동아리는 이미 취업과 재테크를 중심으로 재편되었다. 그런데 이렇게 청춘을 알뜰히 바쳤건만 세상은 바야흐로 청년백수의 시대다. 400만, 아니 그 이상의 청년들이 일자리를 찾아 거리를 떠돌고 있다. 스펙이 중요하다고 해서 죽어라고 스펙을 갖췄더니 이젠 스펙은 1차 관문일 뿐 다른 능력이 필요하단다. 하, 이거야 원! 그렇게 백수 탈출을 위해 발버둥을 치다 보면 어느덧 30대.

대부분은 30대가 되어도 크게 별볼일이 없지만, 극소수는 이른바 '잘나가는 정규직'에 진입하게 된다. 그런 계층을 일러 소위 '중산층'이라고 한다. 그럼 이제 살 만해진 거 아닌가. 헌데, 어찌된 영문인지 중산층이 될수록 빚도 늘어난다. 학자금 대출에 카드빚, 주택담보대출, 주식투자 등 한마디로 '빚의 파노라마'가 펼쳐진다. 그 빚을 갚기 위해 40~50대를 질주해야 한다. 어디 그뿐인가. 자식들 사교육비에 허리가 휜다. 그래서 늘 돈이 없단 말을 입에 달고 산다. 연봉이 높으면 높은 대로, 낮으면 낮은 대로 다들 죽는 소리가 체질화되어 버렸다. 거기다 다가오는 노년에 대비하기 위해 노후대책까지 설계해야 한다. 노후를 제대로 누리기 위해서도 10억이 필요하다는 계산이 나온다. 그래서 '투잡'을 해야 한다나. 이런! 10억이 무슨 강아지 이름도 아니고, 10대도 10억이고, 노후에도 10억이고. 정말 '억'장이 무너진다. 그렇게 억! 억! 하다 보면 죽음이 코앞에 닥쳐 있다. 죽음을 처리하는 것도 대학병원 장례식장이다. 병원에서 나서 병원으로 돌아가는, 병원이 고향이자 귀환처가 되어 버린 서글씁쓰레한 인생!

믿어지지 않는다고? 솔직히 이 정돈 약과다. 한 신문사에서 한국인의 라이프 스타일을 이렇게 정리해 놓았다. 「'스펙'에 목매는 대한민국」(『한겨레』 2009년 12월 22일자)을 약간 간추려서 옮겨 놓았으니 음미해 보기 바란다.

- 휘달리는 '초딩' : 앗, 아침 7시. 엄마가 나를 막 흔들어 깨워요. 일어나선 바로 학습지 숙제를 해요. 오후 2시에 학교 수업이 끝나면 피아노 배우러 고고씽. 끝나기 무섭게 토익 공부하러 영어학원에 가요. 끝나면 수학 배우러……. 오후 5시, 집에 가니 학습지 선생님이 와 계세요. 한자 공부하는데 엄마가 컴퓨터 책까지 놓고 가네요.
- 숨가쁜 '고딩' : '초딩'! 엄살 부리기는. 어제 수능 점수 나왔는데…. 정시는 어렵겠고, 수시 2차를 알아보고 있어요. 그런데 논술시험 안 치는 학교를 봤더니 적성검사 시험이 있네요. 친구들은 요즘 토플에 템스, 봉사활동, 미국 대학 수능인 에스에이티(SAT)에다 대학 선이수제도(AP)까지 따요. 뭐든지 남들이 안 하는 것을 찾아야 해요.
- 화려한 '이태백' : 그래 봤댔자 졸업하면 '이태백'이야. 내년이면

스물아홉인데 아직 직장 찾고 있어. 나도 스펙은 빵빵해. 서울의 괜찮다는 대학에서 베트남어를 전공했어. 토익 860점에 학점은 3.47. 베트남 연수도 1년 갔다 왔어. 코트라(Kotra)에서 주관하는 해외 인턴십도 다녀왔지.

▪ '루저' 신드롬 '직딩' : 그렇게 열심히 하면 뭐합니까? 연봉 4,500만 원이 안 되는데. 얼마 전 어느 결혼정보업체 조사를 보니, 우리나라 미혼 여성이 원하는 배우자 연봉이 4,579만 원이랍디다. 난 올해 스물아홉의 대기업 계열사 연구원인데 4,579만 원, 그거 우리 과장님 연봉입디다. 아니, 그럼 과장 되기 전엔 결혼도 하지 말란 말입니까. 요즘은 결혼도 스펙 시대예요. 더구나 전 키 180cm가 안 되는 '루저'라고요. 외모도 중요하다고 해서 요즘 피부과에 다녀요. 내년엔 변리사 시험 준비하려고요. 결혼해서 자식들 대학 보낼 때까지 회사에서 버틸 자신이 없어요.

▪ 아직 배고픈 '사오정' : 여보게, 청년들. 자네들 힘든 거 알지만 그래도 젊을 때 열심히 해야 돼. 이제 마흔인 나는 명함이 3개야. 서울 '스카이' 대학 나와 외국계 회사에서 마케팅 업무를 하다 그만두고 경영학을 공부했어. 친구의 헤드헌팅 회사에서도 일했지. 대학에서 강의 의뢰도 들어와. 그래도 멀었어. 최종 스펙에 CEO를 추가하려고. 이보게들, 세상은 만만치 않아. 난 5년 안에 평생 쓸 돈을 벌어서 여생은 느긋하게 살 거야. 그게 직장인의 로망 아니겠어?

마지막 멘트가 압권이다. 5년 안에 평생 쓸 돈 벌어서 여생은 느굿하게! 그게 직장인의 로망이란다(왠지 내 귀엔 '노망'으로 들린다). 「프롤로그」에 나오는 고딩과 거의 같은 수준 아닌가. 쩝! 좌우지간 이게 금융자본이 지배하는 우리 시대의 라이프 스타일이다. 더 구체적으로는 IMF(1997년) 이후 이런 삶의 방식이 고착화되어 버렸다. 분명, 그 이전엔 이렇게까지 심하진 않았던 것 같은데, 불과 10여 년 사이에 이 지경이 되고 말았다.

사람들은 이제 확고하게 믿는다. 인생이란 오직 이런 코스를 경주하는 것 외에는 어떤 것도 없다고. 그리하여 요람에서 무덤까지 쉬지 않고 외쳐 댄다. ─ 돈돈돈! '너는 나의 운명!'이라고.

한방을 기다리는 마지막 '버블' 히어로들!

현대인의 경제심리를 두 글자로 말하면? 한방! 사자성어로 말한다면? 다다익선! 전자가 시간과 관련된 심리라면 후자는 공간적 표상이다. 즉, 시간이 오래 걸리면 안 된다. 단번에 터져야 한다. 그 액수는 많을수록 좋다. 아무리 많아도 지나치지 않는다. 어디서, 어떻게 굴러온 것이건 일단 수중에 들어오기만 하면 '장땡!'이다. 아무도 터치할 수 없다. 그러니 많으면 많을수록 좋지 아니한가!

400억대의 부자가 있었다. 평범하게 직장생활을 하다가 IMF 이후 벤처로 크게 떼돈을 벌었다. 한방에 '터진' 셈이다. 그 돈으로 타워팰리스 80평 아파트에 입주를 했고, 수백 억대의 학교 건물을 사들여 임대사업을 벌였다. 연구실이 한때 그 건물에 입주하게 되면서 알게 된 사연이다. 그 이야기를 들었을 때 든 의문. 그 사람은 정말로 그 돈이 자신의 것이라 믿어 의심치 않았을까? 그렇게 엄청난 돈이 굴러 들어올 때 그것이 정말, 자신의 능력에 대한 대가라고 생각했을까? 이런 의문을 품고 있었는데, 놀라운 일이 일어났다. 연구실이 입주를 하려고 내부공사를 하고 있는 그 즈음, 건물주가 교통사고로 사망한 것이다.

거액의 재산은 즉시 부인에게 상속되었고, 그 과정에서 하마터면 연구실은 길바닥에 나앉을 뻔했다. 간신히 위기를 모면하고 무사히 입주를 마친 뒤, 그 미망인을 가까이서 접할 기회가 있었다. 그녀는 평범한 가정주부였는데, 남편 덕에 어느 날 벼락부자가 되었고, 불의의 사고로 남편을 잃으면서 재산을 고스란히 물려받게 된 것이다. 그러자 그녀는 불안에 떨기 시작했다. 자신의 재산을 누군가 빼앗아 갈지도 모른다는. 아니나 다를까. 젊은 나이에 중증 심장질환을 앓고 있었다. 거액의 유산과 심장질환을 맞바꾼 것이다.(이건 과연 남는 장사일까, 아닐까?) 아무튼 그럼에도 그녀는 재산이 자신의 병의 원인이라는 생각을 눈곱만치도 하지 않았다. 어떻게 하면 이 재산을 무사히 지켜 낼 것인가? 그것만이 그녀의 소명이자 관심사였다. 건물의 합리적 경영을 표방하면서 그녀가 발표한 첫번째 정책은 청소부 아주머니들의 밥값을 깎는 것. 보통 직원들의 밥값은 한끼 5천 원 정도로 책정되는데, 느닷없이 1,800원으로 하향조정해 버린 것이다. 1,800원! ─ 이 액수는 우리 연구실 주방의 밥값이다. 몇 번인가 연구실 주방에 와서 밥을 먹더니 아주머니들 밥값을 과감하게 내려도 좋겠다는 판단을 한 것이다. 오 마이 갓! 우리 주방이 그런 '착취'의 원인제공을 하게 되리라곤 상상조차 하지 못했다. 그렇게 해서 절감되는 비용은? 한 달에 몇십만 원 정도. 놀랍지 않은가? 몇백억이 굴러오는 건 너무나 당연하고, 한 달에 몇십만 원, 그것도 밥값으로 나가는 건 살이 떨리고. 참 희한한 계산법이다. 그렇게 각종 참담한 '발상'으로 우리를 놀래키더니 부동산 시세가 오르자 가차 없이 건물을 팔아 치우곤 총총히 사라져 버렸다. 그 거래로 적어도 100억 이상의 차액을 남겼다고 한다. 아마 지금쯤 그녀의 노심초사는 더욱 심해졌을 것이다. 재산이 늘어날수록 불안은 더 증폭되는 법이니까.

이런 게 바로 '한방'과 '다다익선'이라는 강령에 붙들려 사는 대표적인 임상사례다. "아, 그거야 100억대 부자들의 이야기고, 연봉 3,4천으로 연명하는 보통사람들하곤 무관한 이야기 아닌가?"라고 반문할지도 모르겠다. 맞다. 그럴 수도 있다. 아니, 그랬으면 참, 좋겠다. 적어도 계급사회라면 그래야 마땅하다. 계급사회라면 계급에 따라 다 다른 방식의 욕망과 윤리를 가지고 있어야 하지 않겠는가? 헌데, 불행히도 현실은 그렇지가 않다. 다음은 한 교사와 가출학생 사이의 대화.

아이 : 선생님, 저 주유소에서 알바하고 있어요.
선생님 : 오, 그래? 잘됐구나. 돈 벌어서 뭐 할 거야?
아이 : 1톤 트럭 살 거예요.
선생님 : 호, 대단한데! 그럼 그걸로 돈 많이 벌면, 그땐 뭐 할 건데?
아이 : 2톤 트럭 살 거예요.
선생님 : 웅? 그럼 그 다음엔?
아이 : 그 담엔 4톤 트럭 사죠!
선생님 : ······.

웃자고 하는 소리가 아니다. 이 아이는 지금 진지하게 자신의 꿈을 말하고 있는 것이다. 1톤에서 2톤으로, 2톤에서 4톤으로······ 이 아이는 자신의 꿈을 이런 방식으로밖에는 표현할 수가 없다. 돈을 벌고 싶은, 그리고 벌어야 할 이유는 다양하다. 부모님한테 효도 한번 제대로 해보기 위해, 자식들한테 좋은 환경을 만들어 주기 위해, 자기가 원하는 일(영화나 음악, 미술 등)을 자유롭게 하고 싶어서 등등. 가난할 때는 다들 이런 소박한 서사를 잃지 않는다. 그런데 문제는 그 다음이다. 일단 돈을 벌기 시작하면 이 서사들은 옆으로 '새고' 언제 그랬냐는 듯 내달리기 시작한다. 더 많은 돈을 향하여……. 그러니 일단 수중에 들어온 돈은 절대 나가서는 안 된다. 그건 너무 '뼈아픈' 상처다. 쓸데가 있건 없건 무조건 챙겨야 한다. 위에 등장하는 미망인도 원래는 평범한 회사원이었다. 그녀 역시 연봉 2,3천을 받을 땐 1억만 생겨도 행복할 거라고 믿었을 것이다. 하지만, 지금은? 100억이 들어와도 행복하지 않다. 이전과는 전혀 다른 욕망의 배치 속으로 들어가 버린 것이다. 이처럼 양극화가 심화될수록, 오히려 전 계층의 돈에 대한 태도는 거의 동질화되어 간다. ─ 한방에 다다익선!
물론 이것은 전적으로 금융자본이 유포한 정서적 기제다.

고대의 아리스토텔레스에서 중세의 토마스 아퀴나스까지 "돈은 돈을 낳지 않는다"는 것은 하나의 진리이자, 상인과 고리대업자들에게 보내는 엄중한 경고였다. "돈이 돈을 낳는 것은 자연을 거스르는 일"이며, 시간이 흐른 뒤 이자를 받는 것은 "신에게 속한 시간을 도둑질한 것"이라는 생각이 오랫동안 서유럽을 지배해 왔다. 그러나 이제는 모든 것이 전도되었다. 비난받는 것은 게으른 화폐, 불임의 화폐들이다. 가치 증식하는 화폐, 부를 생산하는 화폐, 이자를 낳는 화폐야말로 최고의 찬사를 받을 자격이 있다. 이것이 역사상 가장 최근에 도달한 화폐의 이미지다. 고병권, 『화폐, 마법의 사중주』, 283쪽

금융자본은 이 이미지의 극치를 보여 준다. 지금은 단순히 증식하는 화폐 정도가 아니다. 알라딘의 램프처럼 갑자기 펑! 터진다. 이름하여 버블경제. 그래서 다들 한방을 기다린다. 주식으로, 펀드로, 부동산으로. 정 안되면 로또라도. 한방을 기다리는 마지막 버블 히어로들! ─이게 우리 시대 보통사람들의 초상이다. 이런 배치하에서 차근차근 돈을 모은다는 건 절대 경제적이지가 않다. 단번에 거머쥘 수 있어야 한다. 그리고 그렇게 들어온 건 무조건 '내꺼'다. 화폐와 존재, 아니 영혼과의 완벽한 오버랩! 그래서 그 돈이 나를 버리고 떠날까봐 전전긍긍한다. "2년 전, 가슴에 묻은 사랑보다 안타까운 건 그때 묻은…… 내 펀드!"─참, 노골적인 광고문구다. 사랑보다 더 슬픈 건 '정'이 아니라, 펀드가 된 것이다. 어디선가 흘러왔으니 다시 어디론가 흘러갈 수 있다는 생각은 절대 하지 못한다. 개인도, 회사도, 대학도, 국가도. 하지만, 모두 알고 있다. 그 돈이 절대 자신의 노력으로 일굴 수 있는 것이 아님을. 결국은 누군가의 것을 '훔친' 것임을. 그래서 불안하다. 이 불안을 벗어나기 위해 또다시 한방을 기다린다. 불안은 갈증을 낳고 갈증은 더 큰 불안과 공포로 이어지고. ─불안의 일상화!

뒤에서 언급될 터이지만, 우주적 차원에서 보면 다다익선은 결

단코 오류다. 태과(太過)는 불급(不及)만 못하다! ─이것이 동양우주론의 핵심이다. 그러고 보면, 금융자본은 정확히 이 원리와 반대방향을 취하고 있는 셈이다. 그래서 그 어긋남을 질병과 번뇌로 짊어지고 산다. 문제는 사람들은 이런 이치에 대해 전적으로 무지하다는 것. 그래서 지금 이 순간도 많은 사람들이 '더, 더, 더!'를 외쳐 대고 있다. 마치 고스톱 판에서 '못 먹어도 고!'를 외치듯이. 의문의 사고, 심장질환 혹은 우울증, 죽음보다 더 치명적인 고독과 불안 따위를 대가로 치르면서…… 아니, 그것이 대가임을 알지도 못하면서…….

아파트 '토테미즘'—21세기판 '전설의 고향'

대한민국은 아파트 공화국이다. 비꼬자고 하는 말이 아니라, 실상이 그렇다. 강연 때문에 여러 도시를 다니면서 그 생생한 현장을 목격한 바 있기에 하는 말이다. 전국 곳곳에 아파트가 흘러넘친다. 대구나 광주 같은 지방 대도시는 말할 것도 없고, 밀양이나 평택, 천안 같은 소도시, 아니 군이나 읍 소재지에도 아파트가 빼곡히 들어서 있다. 서울처럼 인구가 밀집한 곳도 아니고 공간이 부족한 것도 아닌데, 굳이 사방이 꽉 막힌 아파트를 고집하는 이유가 대체 뭘까? 게다가 주변 풍광을 있는 대로 망쳐 놓고는 '초원마을'이니 '그린파크'니 하는 이름을 붙여 놓는 건 또 뭔가? 민망하게스리.

세상만사 다 그러하듯이, 아파트는 홀로 존재하지 않는다. 일단 아파트가 들어서면, 주변 풍경은 거기에 맞춰 다 재배치된다. 마트와 부동산, 백화점과 학원 기타 등등. 한마디로 사방 몇백 킬로미터의 시공간을 아파트가 다 규정해 버린다. '기차는 세상을 기차로 만든다'는 말이 있다. 기차의 속도가 근대문명을 지배하게 되었음을 뜻하는 말이다. 같은 논리로 아파트는 세상을 '아파트화'한다.

그러다 보니 전국 어디나 도시의 모양이 똑같아졌다. 지방색이라는 말이 무색할 정도로 지역적 차이들이 사라져 버렸다.—동일성의 반복! 천지는 한결같이 밤과 낮, 춘하추동을 되풀이한다. 그런데도 변함없이 무수한 생명들을 만들어 낸다. 그것은 다름 아닌 차이 때문이다. 지구는 탄생 이래 단 한 번도 같은 날씨를 반복한 적이 없었다. 차이 속에서 되돌아오는 것을 '순환'이라고 한다. 순환과 반복은 겉보기엔 비슷하지만 실상은 '하늘만큼 땅만큼' 다르다. 순환은 차이를 생성하지만, 반복은 그렇지 않다. 차이가 없는 되돌아옴은 대지를 불모화한다. 불모의 대지에선 생명력이 움트기 어려운 법. 과연 그렇다. 아파트로 꽉 찬 도시는 공상과학 영화에서 자주 보아 왔던 '디스토피아' 그대로다. 하늘을 찌를 듯한 높이와 화려한 스펙터클, 하지만 생기로움이라고는 찾아볼 데가 없는 음울한 잿빛 실루엣. 아파트는 도시를 복제하고, 도시는 삶을 복제한다. 복제된 삶, 그것은 죽음의 다른 이름이기도 하다.

20세기 초 독일의 한 작가는 현대인의 삶을 투시도 형식으로 묘사한 바 있다. 거기에선 닭장 같은 주거공간에서 아침이 되면 다들 똑같은 자세로 변기 위에 올라앉아 변비나 치질에 시달리고, 저녁이 되면 똑같은 모양의 침대 위에서 같은 체위로 섹스를 하는 엽기적인 장면들이 반복된다. 당시는 아파트가 일상화되기 전이라 이런 묘사가 그로테스크하게 여겨졌지만, 지금은 어떤가? 이 묘사가 오히려 소박하게 느껴질 정도다. 변기와 침대뿐이겠는가. 내부 인테리어는 물론, 생활동선과 주고받는 단어며 문장까지 거의 동일하다. 그런 점에서 복제인간 혹은 사이보그의 시대를 우려할 필요가 없다. 이미 그런 시대에 살고 있는데 뭘?

아, 그리고 정말 놀라운 건 지방 도시에 50층이 넘는 아파트가 있다는 사실이다. 50층이면 거의 마천루 수준 아닌가. 어떻게 그런 '허공'에다 집을 지을 생각을 했을까? 명분인즉, 서울 강남의 타워팰리스와 경쟁하기 위해서란다. 맙소사! 공중부양도 그 정도면 치명적인 수준이다. 하도 어이가 없어서 타고 있던 택시의 기사분한테 물었다. "도심 한가운데 저렇게 높이 있으면 뭐가 좋은 거죠?" "남의 집 불구경하긴 좋겠죠. 허허허!"

설상가상으로 미분양 아파트들이 점차 늘어나고 있다. 얼마나 많이 지어 놓았는지 텅텅 비어 있는 아파트가 수두룩하다. 집이 남아돌아가니 좋은 일 아닌가, 싶지만 그게 그렇지가 않다. 입주자가 없는 건 지나치게 평수가 커서다. 정작 작은 평수의 아파트는 없어서 못들어간단다. 화려한 평수는 남아돌고, 소박한 평수는 턱없이 모자라는 이런 식의 부조리가 어떻게 가능할까. 답은 아주 간단하다. 우리 시대 아파트는 주거공간이 아니라, 투자공간이다. 치고 빠지는 투자상품! 아파트를 선택할 때의 첫번째 기준은 부동산 시세다. 주거지로서의 요건은 형식에 불과하다. 앞으로 불러들일 돈의 액수, 그것이 제일의적 척도다. 다소의 불편함이 있더라도, 내 몸과 잘 안 맞더라도 다 참아 낼 수 있다. 시세만 오를 수 있다면야! 사는(living) 곳(place)이 아니라, 사는(buying) 것(things) ─ 이것이 아파트의 새로운 정의에 부합한다. 그런 점에서 아파트는 현대인들의 '토템'이라 할 만하다. 삶의 터전이라기보다 떠받들어지는 우상이라는 점에서. 그렇게 맹목적으로 떠받들다 보니 결국은 사람이 '살지 않는' 아파트들이 대거 출현하게 된 것이다.

미분양 아파트 단지는 그야말로 '공포영화'의 한 장면들을 떠올리게 한다. 한동안 「여고괴담」 시리즈가 히트를 친 적이 있다. 그걸 보면서 현대판 유령들은 공동묘지나 뒷간이 아니라, 학교, 그 중에서도 여고를 맴돌 수밖에 없구나 하는 걸 실감했었다. 헌데, '아파트 괴담'에 비하면 「여고괴담」은 '귀여운' 편에 속한다. 미분양 아파트의 밤풍경을 한번 떠올려 보라. 음습하지, 스산하지, 가끔 경비원들의 플래시가 여기저기를 비추지, 게다가 미분양되는 바람에 '죽거나 나쁘거나'의 상황에 처한 이들의 원망과 탄식 소리가 사방을 가득 메우고 있지…… 생각만 해도 등골이 오싹하다. 이러매 생각해 볼밖에, '아파트괴담'이야말로 21세기판 '전설의 고향'이 되지 않을는지.

"흥! 물정 모르는 소리! 셋방살이 전전하는 설움이 어떤 건지나 알기나 하나? '내집 마련의 꿈'이 얼마나 아름답고 소박한 건데?"──이게 아마 보통사람들의 소박한 항변일 터이다. 전적으로 맞는 소리다. 그런데 딱 거기까지라면 누가 뭐랄 것인가? 문제는 거기서 멈추질 않는다는 것. 처음엔 다들 스위트 홈, 보금자리에 대한 꿈으로 시작한다. 그때의 아파트는 분명 주거공간이다. 근데, 일단 내집 마련의 레이스에 들어서는 찰나, 저 깊은 곳에서 부동산에 대한 욕망이 꿈틀거리기 시작한다. 이왕이면 좀더 큰 평수가 좋시 않을까? 또 이왕이면 역세권이나 8학군이 좋겠지? 이왕 사는 거 시세변동도 무시할 순 없겠지? 등등……. 그런 집들은 당연히 비싸다. 내 능력의 범위를 훌쩍 넘어선다는 뜻이다. 그래서 대출이나 융자를 받아야 한다. 그러고 나면 이제 집은 더 이상 보금자리가 아니라, 우리 가족의 현재와 미래를 지배하는 '토템'이 되어 버린다. 빨리 오르기를, 더 많이 오르기를 기도하는 수밖엔 도리가 없다. 개중에는 느닷없이 집값이 뛰어서 순식간에 몇 단계를 뛰어오르는 이도 있다. 내집 마련과 경제적 자립까지 두 마리 토끼를 한꺼번에 잡게 된 셈이다. 그러고 나면 이제 집 걱정, 살림 걱정에서 벗어나 자유롭고 해피한 인생이 펼쳐질 법도 하건만 놀랍게도 그런 케이스는 정말 드물다. 거의 대부분 다시 그걸 밑천 삼아 더 넓은 평수로 이동할 야망에 불탄다. 평소, 부동산 정책이나 시세에 한탄을 금치 못하던 이들조차 "흠, 이거 꽤나 재밌는걸. 이왕이면 하나 더 갖고 있는 것도 나쁘진 않겠지?" 하며 새로운 도전에 나선다. 그래서 결국 전세방을 전전할 때나 삶의 질은 하나도 달라진 게 없다. 아니, 어찌 보면 더 나빠졌다고 할 수 있다. 매달 은행에 상당한 액수의 이자를 갖다 바쳐야 하는 빚쟁이가 된 탓이다. 그러다 시세가 떨어지고 금리가 오를라치면 순식간에 '하우스 푸어'(House Poor) 신세로 전락해 버린다. 부동산에 대한 집착이 불러온 자업자득의 결과다.

　아파트만 그런 것이 아니라, 사회 전체가 건물, 즉 부동산에 집착한다. 기업이나 백화점, 은행은 말할 것도 없고, 출판사들조차 일단 크고 화려한 건물에 올인한다. 가장 심한 게 대학이다. 80년대 허구한 날 데모로 시작해서 데모로 끝나던 그때 한 대학 학생처장이 분기탱천해서 이렇게 내지른 적이 있었다. "대학의 주인은 학생도 교수도 아니다." 그럼 뭐냐? "건물이다!" 엥? 그게 뭔 소리? 학생도 졸업을 하면 학교를 떠날 거고, 교수도 정년을 하면 학교를 떠나야 한다. 하지만, 건물은 영원하다. 고로, 학교의 주인은 건물이다. 이렇게 호언장담을 한 배경은 간단하다. 학생들이 대학의 주인인 양 설치지 말라는 뜻이었다. 한동안 '인구에 회자되던' 유머였다. 그런데 요즘 대학들을 보면, 그때 그분이 대단한 예지력(?)을 갖고 있었다는 느낌이 든다. IMF 이후 거의 모든 대학이 건물과 시설투자에 올인해왔다. 어느 대학은 화장실 개조에만 10억이 들었다는 '설'도 있다. 대학의 광장들은 거의 대부분 주차장으로 개조된 지 오래다. 결과는? 시설만 남고 학문은 실종되었다. 대학의 경쟁력 역시 사람이 아니라 건물에 있다고 믿은 탓이다. 부동산에 대한 놀라운 확신 아니, 신앙!──이것이 '아파트는 세상을 아파트화한다'는 아파트 '토테미즘'의 현주소다.

우리를 '슬프게' 하는 것들 — 대출과 보험

인터넷의 진화와 더불어 '정보 홍수의 시대'를 살아가다 보니, 나 같은 넷맹한테도 스팸문자가 적지 않게 쏟아진다. 대부분이 대출에 대한 것이다. "○○○ 팀장입니다. 고객님은 최저이율로 최대 1000만 원까지 대출 가능하시며 30분 이내 통장입금 가능합니다."——최근에 받은 문자 중 하나다. 아마도 수천, 수만 명한테 동시에 쏘는 것일 텐데, 언뜻 보면 마치 나의 지인이 보낸 것인 양 친절하다. 이젠 좀 익숙해졌지만 처음엔 정말 이상했다. 은행에 저금을 해달라든지, 아니면 꿔달라고 하는 거면 차라리 이해가 가겠다. 그게 아니라, 목돈을 꿔줄 테니 빨리 연락하라고? 어디에 쓸 건지 언제 갚을 건지도 묻지도 않은 채? 대체 날 뭘 믿고? 이것만 딱 보면 정말 아름다운 세상인 거 같다. 조건 없는 증여가 무시로 이루어지는. 물론 그렇게 생각하는 바보는 아무도 없으리라. 이 친절한 서비스가 사실은 고리대금업의 하나라는 건 삼척동자도 다 안다. 세상에, 얼마나 고리대금업이 판을 치면 이런 문자를 무차별로 쏘아 대는 것일까? 그야말로 '빚 권하는' 사회 아닌가.

카드가 상용화되기 전까지만 해도 빚을 진다는 건 아주 예외적인 경우에 속했다. 어떻게든 빚을 지지 않으려고 기를 썼고, 빚을 진다음엔 가능한 한 빨리 갚으려고 애를 썼다. 그러지 않으면 신용도 신용이지만 일단 자존심이 몹시 상했기 때문이다. 하지만, 언젠가부터 세상은 완전 딴판이 되었다. 이젠 누구나, 언제나, 빚을 질 수 있다고 생각한다. 빚이 없는 게 오히려 예외상황일 정도다. 가랑비에 옷 젖는 줄 모른다고 처음엔 아주 소소하게 시작하지만, 시간이 지날수록 자기도 모르게 점점 단위가 커져 간다. 학자금 대출에 주택융자는 기본이고, 그 밖에도 각양각색의 융자와 대출이 수두룩하다. 그 결과 모든 계층, 모든 세대가 파산의 위기를 만성적으로 겪고 있다. 이런!

대출 못지않게 우리를 괴롭히는 것 중의 하나가 보험상품이다. 이 경우는 문자나 이메일보다는 직접 연락을 취하는 편이다. 대출보다는 가입절차가 까다로운 모양이다. 타이밍을 놓쳐서 바로 끊지 못하고 좀 들어줄라치면, 멘트가 정말 가관이다. "교통사고를 당할 시에…… 암에 걸리고, 뇌사상태가 되었을 때……치매와 우울증……" 온갖 끔찍한 상황을 가정한 뒤, 그럴 때 도움과 배려를 베풀어 주겠노라는 것이다. 마치 천사의 손길이라도 되는 양. 하지만 그건 천사가 아니라 저승사자의 최후통첩에 더 가깝다. 듣다 못해 이렇게 대꾸한다. "그 훌륭한 혜택을 받으려면 제가 그 지경에 처해야 되는 거네요? 뇌사상태가 되거나 말기 암에 걸리거나." 그러면 화들짝 놀라서 전화를 끊는다. 그렇게 들리리라곤 생각을 못한 모양이다.

보다시피, 보험은 질병과 죽음을 주제로 한 '테마상품'이다. 늙고 병든다는 것, 그리고 죽는다는 것. 살아 있는 모든 이들은 이 과정을 피할 도리가 없다. 그래서 불안하다. 그러니 미리미리 철저히 대비하라! 뭐, 거기까지는 좋다. 그런데 그게 왜 꼭 보험이어야 하는 거지? 건강보험에 국민연금도 벅차 죽겠는데, 거기다 또 각종 보험상품까지 들어야 하다니. 미래에 대한 대비치고는 좀 심하지 않나? 이걸 다 따라가노라면, 조지 오웰의 『동물농장』에 나오는 주인공 나폴레옹이 그랬던 것처럼 평생 노후를 걱정하며 살아가야 한다. 생로병사의 번뇌에서 자유로워지는 게 행복의 기초라면 보험상품은 정확하게 반대방향을 취하고 있는 셈이다. 생로병사의 전 과정을 불안과 공포의 원천으로 만들어 버리기 때문이다. 그러다 보니 상품의 유형과 숫자가 정신없이 늘어만 간다. 태아보험에 어린이보험, 급기야 사후보험까지 출현했다. 죽은 뒤에 뭘 보장해 주겠다는 건지, 보험회사 직원이 저승까지 따라올 참인가, 나 원.

그러다 보니 보험료 자체가 또 하나의 빚이다. 특히 보험은 중도에 해지하면 원금을 거의 떼이기 때문에 빼도 박도 못하게 된다. 그래서 그걸 계속 메울라치면 다시금 대출에 의존할 수밖에 없다. 대출로 보험료를 메우는, 참 기막힌 세상이다. 정 미래가 불안하면 매달 조금씩이라도 저축을 하는 게 훨씬 낫다. 저축을 대출받아 하는 이는 아마 없을 것이다. 그게 바로 자립성이다. 반면, 보험에 길들여지면 경제적 의존성도 문제지만, 더 나아가 질병과 노후를 자신의 문제로 생각하는 능력을 잃어버리게 된다. 실제로 그런 식으로 말하는 광고가 있다. "내 몸 내가 지켜야지" 하면서 운동을 하고 있는데, 누군가 불쑥 나타나선 정말 좋은 보험이 있다고 소개하는. 마치 운동을 하는 것보다 좋은 보험 하나 제대로 들어 놓는 게 장땡이라는 식이다. 병이란 내 몸에서 일어나는 사건이다. 그런데 왜 스스로 자신을 치유할 생각은 않고, 일단 병에 걸린 다음 혜택을 받을 생각부터 하는가. 보험료에 쏟는 노력의 반만 들여도 자신의 몸은 자신이 지킬 수 있을 텐데 말이다. 노후와 죽음의 문제 역시 마찬가지다. 한 번뿐인 인생인데 그걸 어찌 보험제도에 맡길 것인가. '현재는 선물이다'는 말이 있다. 영어로는 현재(present)와 선물(present)이 같은 단어인 데서 유래한 것이다. 보험에 길들여지면 무엇보다 현재가 선물임을 잊어버리게 된다. 각종 보험상품에 노출되다 보면 마음이 편안해지기는 커녕 현재까지도 만성적인 불안상태에 돌입하게 되는 것이다. 그리고 누구의 말마따나 불안은 영혼을 잠식한다!

언제든 돈을 꿔주는 사회, 질병과 노후를 세심하게 배려해 주는 사회, 이 정도면 참 좋은 세상 아닌가. 그런데 결과는 보다시피 정반대다. 빚은 늘어만 가고 불안은 쌓여만 간다. 보험과 대출이 빚과 불안을 해소해 주는 게 아니라, 거꾸로 거기에 기생하고 있다는 결정적 증거다. 고로, 보험과 대출이야말로 우리를 슬프게 하는, 개그콘서트 식으로 말하면 '술푸게' 하는 주범이다.

악착같이 모아서 가족한테?

요즘 사람들은 드라마에 울고 드라마에 웃는다. 해서, 드라마야말로 세태를 읽을 수 있는 아주 좋은 거울이다. 물론 렌즈가 좀 일그러져 있긴 하지만, 좌우지간 거울은 거울이다. 최근 드라마를 주욱 훑어보노라면 눈에 띄는 경향이 하나 있다. '출생의 비밀'이라는 모티브가 그것이다. 아침드라마건 주말드라마건 혹은 액션물이건, 한참 스토리가 진행되다 보면 숨겨 놓은 자식이 튀어나오거나 아니면 사실은 '남의 자식'이라는 스토리 라인이 설정된다. 요즘이 무슨 전란이나 유랑시대도 아닌데, 왜 그렇게 핏줄이 섞이는지, 친자 여부는 왜 그리도 중요한지, 참으로 알다가도 모를 일이다.

    이 '포스트 모던'한 시대에 핏줄타령이라니. 처음엔 고개가 갸웃했다. 지금도 여전히 핏줄보다 더 소중한 건 없다는 뜻인가? 그럼 언제는 핏줄이 소중하지 않았나? 20세기 이전, 조선시대야말로 혈연의 시대였다. 핏줄에 따라 신분이 세습되었으니까. 헌데, 그때는 대중문화가 핏줄보다는 우정과 의리, 충성과 열(烈) 따위를 주로 다루었다.『삼국지』,『서유기』,『임꺽정』등을 떠올려 보라. '잃어버린 아버지를 찾아서'라든가 '출생의 비밀' 같은 건 그다지 핫이슈가 아니었다. 그러다가 20세기에 들어서면서 그런 가치들은 일순, 증발되고 말았다. 바야흐로 계약과 교환의 시대가 도래한 탓이다. 그에 발맞춰 가족제도도 대가족에서 핵가족으로, 핵가족에서 다시 3인 혹은 1인 가족으로 끊임없이 분화하고 있다. 헌데, 뜬금없이 웬 핏줄타령? 그래서 곰곰이 생각해 보니, 인과가 혹시 거꾸로가 아닐까 싶다. 즉, 핏줄이 새삼 소중해졌다기보다 핏줄 말고는 달리 소중한 것이 없어졌기 때문이 아닌가 하는. 둘은 비슷해 보이지만, 실상은 영 딴판이다.

20세기와 더불어, 우정과 의리, 충, 열 등 중세를 지배한 고매한 가치들이 몽땅 실종되어 버리자 일상의 공간은 이루 말할 수 없이 헛헛해졌다. 게다가 대가족의 연계마저 사라지자 현대인들은 당최 마음을 둘 데가 없다. 그러니 남는 건 나의 유일한 분신, 곧 자식이 인생의 전부라는 신념(!)이 등장하게 된 것이다. 좀 세련되게 생명과학의 논리를 빌려 말하자면, 나와 동일한 유전자를 영속적으로 복제하고픈 '이기적 유전자'주의만 남게 된 셈이라고나 할까. 일단 여기까지가 통상적인 이해방식이다. 헌데, 그렇게만 이해하기에는 뭔가 석연치가 않다. 핏줄이 그토록 소중하다면, 또 자식이 나의 분신이라면, 왜 삼촌, 사촌들에 대해서는 그토록 무심한가? 삼촌, 사촌들도 나와 핏줄을 공유하고 있지 않은가 말이다. 조선시대에는 사돈의 팔촌까지 하나의 경제단위를 이루고 있었다. 사돈의 팔촌이면 실은 피 한방울 섞이지 않은 관계다. 이웃사촌이라는 말과 그닥 다를 바가 없다. 그러니까 당시엔 혈연공동체의 범위가 상당히 넓었던 셈이다. 유전자가 얼마나 섞였느냐가 아니라, 함께 살아가는 식구면 마치 피를 나눈 가족처럼 여겼던 것이다. 지금은 정반대다. 이웃사촌, 사돈의 팔촌은 말할 것도 없고 일촌을 넘어선 친척은 숫제 가족으로 취급하질 않는다. 요즘 세대한테 친척들이란 명절 때나 마주치는 '낯선 이방인'일 뿐이다. 사돈의 팔촌은 더 말할 나위도 없고. 결국 남는 건 오직 부모와 자식, 일촌의 관계뿐.

따라서 이 문제는 유전자가 아니라, 경제적 관점에서 풀어야 한다. 일촌에 대한 집착은 결국 돈이 흐르는 루트와 일치한다. 요즘 부모들이 악착같이 돈을 모으는 명분 가운데 하나가 자식에게 물려주기 위해서다. 경쟁이 치열한 시대에 자식들이 기죽지 않고 살려면 재산이 있어야 한다는 명목하에서. 아니, 그 이전에 중산층한테 가장 중요한 비용은 사교육비다. 자식이 성공할 수만 있다면 각종 사교육비는 물론이려니와 외국유학을 보내는 모험도 마다하지 않는다. 그 모든 게 다 돈덩어리다. 웬만한 경제력으론 감히 엄두조차 낼 수 없다. 아이들도 이 사실을 잘 알고 있다. 그래서 참으로 부담스럽다. 어떻게 하면 그 지독한 헌신과 기대에 보답할 수 있을까? 그들에겐 이게 최고의 관건이다. 이렇게 말하면 무척 아름다운 효심으로 느껴지지만 그게 또, 그렇지가 않다. 여기서 '효'란 어디까지나 경제적 보답을 의미한다. 효도를 하기 위해선 그에 걸맞은 연봉을 확보해야 한다. 근데, 그게 어디 쉬운 일인가? 그러니 시간이 지날수록 부담 만땅이다. 부모는 부모대로 뒷바라지에 지쳐 버리고, 자식은 자식대로 참을 수 없이 무거워지고. 결국 이 과정 속에서 가족 자체가 위태로워진다.

가족의 위기를 잘 보여 주는 담론이 하나 있다. 아버지, 돈 벌어오는 기계 ― 왕인 줄 알았더니 왕따더라. 엄마, 내조의 여왕 ― 남편과 자식들 뒷바라지로 생을 송두리째 빼앗겼다. 세월은 가고 남은 건 우울증 혹은 치매. 자식, 집안의 제왕 ― 부모의 기대에 부응하느라 청춘의 열정마저 스러졌다. 그 결과 서른이 넘어서도 부모의 품을 떠나지 못하는 캥거루족 신세. 이것이 우리 시대 가족의 '페르소나'란다. 모두가 희생자고 모두가 피해자가 되는, 그야말로 엽기적인 트라이앵글이다. 대가족에 고부갈등이 극심한 것도 아니고, 달랑 셋 아니면 넷, 일촌들끼리만 사는데, 대체 뭐가 이토록 힘겨운 것일까. 사랑이 부족해서? 대화가 모자라서? 오 노! 이 미스테리의 실마리는 아주 간단하다. 앞에서 이미 짚었다시피, 아버지, 엄마, 그리고 자식, 이 셋을 하나로 엮어 주는 건 화폐다. 아버지의 책임감, 엄마의 헌신, 자식의 효심 그 모든 것은 다 화폐로 환산된다. 그리고 화폐는 모든 공동체를 해체한다. 왜? 화폐는 본디 자기의 증식 외에는 관심이 없기 때문이다. 결국 오늘날의 가족은 혈연공동체라기보다 차라리 화폐공동체에 더 가깝다. 요컨대, 서로는 서로를 위해 모든 것을 다 바쳤다고 생각하지만, 실제론 재산(아파트와 자가용, 기타 부동산과 주식 등등)을 일구기 위해 각개분투를 한 셈이다. 자신의 청춘과 일생을 다 바쳐 모은 재산이 다시 나의 분신인 일촌에게 전달되고, 그 일촌은 다시 또 불리고 불려서 그 다음 세대로……. 그러니 최대한 일촌의 범위 안에 머무르는 것이 안전하다. 더 노골적으로 말하면, 자식을 위해 재산을 물려준다기보다 재산을 잘 관리하려면 자식한테 쏟아붓는 것 말고는 달리 방도가 없는 셈이다.

하여, 이제 완벽한 전도가 이루어진다. 가족과 혈연이 가장 소중한 가치고, 그래서 그걸 잘 지키기 위해 재산이 필요한 게 아니라, 재산을 잘 관리하기 위해서 결혼을 하고, 또 '가족애'가 필요한 것이다. 결국 드라마의 단골소재인 핏줄타령은 이 경제적 심리구조를 반영하는 셈인데, 이것마저 무너지면 어떻게 될까? '자식도 믿을 수 없다'가 되면? 이미 그런 징후가 농후하다. 재산을 둘러싼 부모 자식 간의 치열한 갈등이 도처에서 벌어지고 있는 실정이다. 불륜과 이혼을 다루는 막장드라마가 판을 치는 것도 같은 맥락일 터. 경제적인 이해관계가 얽히지 않는다면, 그때도 불륜과 이혼이 그토록 괴로운 일이 될까? 이혼이 늘상 '재산권 소송'으로 이어지는 것 역시 부부가 무엇으로 존재하는가를 한눈에 보여 주는 증거에 다름 아니다.

그러니 이제 현대인들은 두 가지 중 하나를 택해야 할 것이다. 핏줄이 소중하다면 피가 섞인 사촌, 오촌을 다 소중하게 여기든가 만약 그게 아니라면 핏줄 자체에 대한 집착을 깨끗이 버리든가. 어느 경우건 자식을 위해 악착같이 돈을 모아야 한다는 명분은 이제 더이상 그럴싸~하지 않다. 그렇게 옹색한 변명을 할 바에야 그냥 솔직하게 재산이 인생의 전부인데, 그걸 더욱 불리기 위해선 자식한테 투자하는 것 말곤 다른 도리가 없다고 말하는 게 낫지 않을까? 마치 가족을 위해, 또 자식을 위해 어쩔 수 없이 희생양이 되는 것처럼 포즈를 취하는 건 좀 '거시기'하다. 또 꼴랑 두서너 명을 넘지 않는 핵가족을 위해 평생을 '버블인생'으로 산다는 건 더더욱 '머시기'하고!

소비의 거룩한(?) 형식 — 쇼핑과 회식

백수들은 정규직을 꿈꾼다. 비정규직 역시 정규직을 꿈꾼다. 정규직은 대한민국 청년들의 야망이자 꿈이다. 사회적 실천이라거나 자아의 구현 따위를 위해서가 아니다. 정기적으로 들어오는 수입 때문이다. 매달 규칙적으로 수입이 생긴다면……. 이것이 정규직을 선호하는 거의 유일한 이유다. 헌데, 정규직 진입에 성공한 이들, 곧 승자들은 어떻게 사는가? 한마디로 죽지 못해 산다! 농담이 아니다. 피 말리는 경쟁 속에서 '생의 의지'를 헌납한 채 살아간다. "오늘날 많은 사람들에게 직장은 '삶의 터전'이라기보다는 '죽어 가는 현장'이다." 크리스티안 노스럽, 『여성의 몸, 여성의 지혜』, 강현주 옮김, 한문화, 2000, 422쪽 오죽하면 '성공의 희생양'이라는 말이 나왔겠는가. 백수와 비정규직이 있는 한, 더 정확히 말해 백수와 비정규직이 소외되고 억압받는 한, 정규직 역시 절대 자유로울 수 없다.

그럼, 그 스트레스를 무엇으로 푸는가? 쇼핑과 회식으로 푼다. 대한민국은 거대한 쇼핑몰이다. 시골 구석구석까지 대형 마트가 들어서 있고, 깊은 산골에서도 인터넷 쇼핑이 가능하다. 현대인들에게 있어 쇼핑은 그야말로 생의 열락이자 보람이다. 그 단맛에 취하다 보면 결국 명품에 대한 집착으로 이어진다. 소위 골드 미스들 가운데는 주말마다 명품을 바리바리 사서 장롱에 처박아 두는 이들이 적지 않다고 한다. 오직 물건을 사는 그 순간만을, 즉 자신의 '구매력'을 만천하에 과시하는 그 순간만을 즐기는 것이다. '그건 특수계층 얘기고 보통사람들이야, 그럴 리가 있겠어?'라고 생각하겠지만, 천만의 말씀!이다. 다음의 예를 보시라.

열심히 일하고 열심히 돈을 모은 D양. 애초에 결혼을 하고 싶은 것도 아니었고, 비싼 외제차를 갖고 싶은 것도 아니었다. 그냥 전세금 정도만 있으면 되겠다 생각하고 돈을 모았고, 마침내 전세금이 모였다. 더 이상 월세로 한달에 몇십만 원씩 지출하지 않아도 된다고 생각하니 돈 모으는 데 힘이 빠졌다.
주변 사람을 따라서 우연히 따라 들어간 명품 매장. 150만 원짜리 가방을 샀다. 가방이 명품이니 옷도 명품으로 사고 싶었고, 시계도 기왕이면 명품이었으면 했다. 명품 가방에 명품 지갑이면 더 좋겠지. 어차피 결혼자금이 필요한 것도 아니니 그냥 지르지 뭐. 어려서부터 "돈 없다, 돈 없다" 하는 엄마의 돈타령만 들으며 컸던 터라 D양은 돈을 쓰고 싶을 때는 좀 쓰면서 살고 싶었다. 돈을 아껴 궁색한 것과 돈을 써야 할 곳에 제대로 쓰는 것을 구분하는 게 가능할 리 없었다. 속옷과 양말에서부터 안경과 액세서리까지, 그냥 비싼 것을 마음껏 사는 구매 당시의 만족감이 좋았다. 어차피 다른 데 돈 쓸 일도 없으니. 임유진, 「88만 원 세대의 돈쓰기」 中

이게 우리 시대 젊은이들의 아주 평균적인 행보다. 이 행보가 주욱 이어지다 보면 '쇼핑족들의 헤븐'이라는 홍콩까지 드나들게 된단다. 허걱! 이런 것도 취미라고 해야 하나. 취미라기엔 너무 변태적이고, 취미가 아니라고 하자니 달리 부를 명칭이 없고. 한편, 방안에 콕 박혀서 하루 종일 홈쇼핑, 인터넷 쇼핑몰의 신상들을 클릭해 대는 '쇼핑폐인'들도 수두룩하다. 이들의 쇼핑은 이미 물건의 실용성과는 아무 상관이 없다. 일년 내내 한 번 쓰지도, 입지도 못한 물건이 태반이다. 심지어 포장지를 뜯지 않은 것조차 수두룩하다. 그야말로 '쇼핑을 위한 쇼핑', 곧 '쇼핑지상주의'에 다름 아니다.

왜? 대체 왜 그렇게 사 대느냐고 묻는다면, 가장 정직한 대답은 이 정도가 아닐까 싶다.

> 사람이 일을 하고 돈을 벌고 하는 것이 다 잘먹고 잘살기 위해서일 텐데, 아무리 돈을 벌고 돈을 써도 잘사는 것 같은 느낌이 들지 않았던 D양은 마침내 허무해졌다. 나는 무엇을 위해 사는 것일까 하는 생각이 들었다. 나는 어떻게 해야 행복할까 하는 생각, 어떻게 살아야 하는 것일까 하는 생각. 그러나 아무리 머리를 굴려 보아도 자기의 몸뚱이에 두를 비싸고 좋은 물건을 사는 것 외에는 자신을 기쁘게 하는 일은 떠오르지 않았다. 임유진, 「88만 원 세대의 돈쓰기」 中

그렇다! 허무를 이겨내고, 존재의 희열을 느낄 수 있는 유일한 행위, 그것은 오직 쇼핑뿐이다. 이쯤 되면 취미를 넘어 종교적 의례라고 불러야 옳다.

여성들이 주로 쇼핑에 몰두한다면, 남성들은 회식에 올인한다. 회식에도 급이 있다. 연봉이 높을수록 강도가 세다. 폭탄주에 성적 서비스. 이것을 상습적으로 누릴 수 있다면, 당신은 성공한 사람이다. 정치가와 기업가는 말할 것도 없고, 판검사·의사·회계사 등 소위 우리 사회 승자들의 취미활동은 늘상 이 회로를 맴돈다. 『동의보감』에 따르면, 주색(酒色)의 강도가 높을수록 선천(先天)의 정기는 손상된다. 정(精)을 보존하려면 간과 신장을 보호해야 한다. 헌데, 술은 간에, 색(섹스)은 신장에 치명적이다. 쉽게 말해 쾌락의 지수가 올라갈수록 생명줄이 짧아진다는 것. 그런데 이것이 성공의 징표라니. 어 이상실! 이 정도까진 아니라 해도 회식은 정규직의 일상적 패턴이 되었다. 교사건 변호사건 기자건, 사회적 관계망에 편입되었다는 건 괜찮은 요리집에서 거나한 회식에 참가한다는 걸 의미한다. 1차는 술과 고기. 있는 대로 피를 탁하게 만들고, 2차, 3차에선 노래방이나 섹스로 정기를 불태워 버린다. 한마디로 몸을 바쳐 회식을 완성시키는, 살신성인(殺身成仁)의 경지!

그래서 여성이건 남성이건 정규직은 돈이 없다. 이것도 참 아이러니다. 돈을 규칙적으로 버는 게 정규직인데 정규직일수록 돈이 없다니. 그게 말이 되나 싶겠지만, 주변에 정규직 진입에 성공한 친구들을 한번 보라. 늘 돈에 허덕인다. 그러니 늘 퇴출될까 전전긍긍할 밖에.『부자 아빠 가난한 아빠』의 저자는 말한다. "부의 척도는 당장 회사에서 짤렸을 때 생존할 수 있는 기간"이라고. 과연 우리 시대 정규직들의 생존기간은 얼마나 될지 궁금하기 짝이 없다.

　요컨대, 문제는 정규직이냐 아니냐가 아니다. 연봉이 얼마냐도 다음다음 문제다. 중요한 건 돈을 쓰는 용법이다. 하지만 불행히도 이 방면의 상상력은 고갈되어 버렸다. 해서, 정규직이 되기 위해 전력을 다 기울이고는 정작 돈이 생기면 아주 허무하게 써 버린다. ──쇼핑과 회식으로. 마치 신이 정해 준 소명인 양 아무런 의심도 질문도 없이 이 길을 간다. 그 태도가 어찌나 확고부동한지 심지어 거룩하게 보일 지경이다.

　물론 이게 잘나가는 정규직이나 골드 미스에 한정된 사항만도 아니다. 거의 모든 세대, 모든 계층이 쇼핑과 회식이라는 이 거룩한 형식을 일상의 중심에 놓게 되었다. 다음은 10대인 해완이가 또래 친구들과 인터뷰를 한 뒤에 정리한 리포트다.

　　이번 인터뷰를 시작하면서 내가 제일 궁금했던 것은 '돈을 어디에 몇 % 쓰는지'였다. …… 예상대로 가장 높은 순위를 차지한 것은 '옷'이었다. 좀더 용돈이 풍족한 아이들은 인터넷 쇼핑몰을 이용하여 더욱 자주 옷을 구매했다. …… 옷에 관해서는 부모님들의 지갑이 관대하다는 것이다. 옷을 산다고 하면 금액을 보태 주거나 카드를 내주는 부모님들이 많았다. …… 2위는 식비가 차지했다. …… 그 아이들은 밥 먹으러 분식집에 가질 않았다. 아주 가끔씩 마음 내킬 때나 갈 뿐, 평소에 제대로 식사를 했다고 말을 하려면 제대로 꾸며진 음식점에 들어가 7천 원에서 만 원 정도 되는 가격대의 음식을 먹어야 한다는 것이다. 그뿐이 아니다. 식사 이후에는 카페에 가서 음료와 디저트를 시키고 수다를 떨어야 했다. 길거리에 즐비하게 늘어서 있는 포장마차도 한 번씩 들러 주고, 영화관에 가서는 팝콘과 콜라를 시키고. …… 이 지출 1순위와 2순위에는 공통점이 있었다. 둘 다 친구들과 노는 코스의 일부였던 것이다. 함께 쇼핑몰에 가서 서로 옷을 고르는 것, 함께 식당에 가서 밥을 먹는 것, 디저트를 먹는 것, 함께 영화관에 가서 팝콘을 시켜 영화를 보는 것, 노래방에 가는 것, 다시 카페에 가서 수다를 떠는 것. 친구들은 이렇게 돈을 쓰며 시간을 함께 보냈다. 이 시대에 관계를 맺기 위해서는 소비하는 수밖에 없다는 말을 눈앞에서 확인한 순간이었다.

김해완, 「44만 원 세대의 돈 이야기」 中

쇼핑하고 회식하고, 다시 쇼핑하고 또 회식하고……. 마치 성지순례하듯 두 코스를 밟아 가고 있다. 규모나 액수도 크게 다르지 않다. 저 정도로 쓰려면 어지간한 정규직도 버거울 법하다. 게다가 놀랍게도 이미 명품에 '미쳐 있다'. 아무도 가르쳐 주지 않았는데도 이미 충분히 쇼핑의 전 과정을 마스터한 것이다.

요컨대, 우리 시대에 사회적 관계는 쇼핑과 회식을 통해서만 구성된다. 뭔가 관계를 맺으려면 이 회로를 따라 움직여야만 하는 것이다. 해완이 말처럼 우리 시대에 친구란 "함께 소비할 수 있는 사람"으로 정의된다. 연애는 더 말할 것도 없다. 연애야말로 화폐권력의 주요 타깃이니까. 각종 '데이'(Day)며 이벤트에서 일상적 데이트에 이르기까지, 연애의 기승전결을 주재하는 건 어디까지나 화폐다. 그러니 늘 "나, 돈 없어!" "돈이 필요해!"를 연발하고, 그러다 보면 어느덧 돈이 인생의 꿈이 되어 버린다. 꿈? 이 낱말은 부적절하다. 꿈이라면 그건 한바탕 악몽에 가깝다. 삶을 소외시키고 욕망을 소거해 버리는 끔찍한 악몽. 해완이 인터뷰의 마지막 대목.

해완 : 커서 돈을 많이 벌고 싶니?

친구 : 응. 일단은 그냥 돈이 많았으면 좋겠어. 돈이 많다고 행복해지는 건 아니지만 돈이 없어서 불행해질 수는 있다고 생각해. 생각해 봐. 요즘 시대에 돈이 없으면 아무것도 못 사잖아?

해완 : 그렇게 갖고 싶은 물건이 많아? 지금도 웬만한 건 다 가지고 있잖아?

친구 : 음. 그냥 물건을 산다는 행위 자체가 행복을 주는 것 같아.

해완 : 행복을 준다고?

친구 : 아니… 잘 모르겠어.

해완 : 그럼 네가 진짜로 하고 싶은 일이 뭐야?

친구 : 그걸 모르겠어. 누구보다도 내가 제일 알고 싶어.

서글픈 '왕복달리기'—탐욕 아니면 청승

"이러저러한 곳인데요, 요만저만한 취지로다…… 선생님을 꼭 초대하고 싶으니 강연을 부탁드립니다."
"아, 네, 잘 알겠구요. 근데 강연료가 얼마죠?"
"앗!…… 아…… 글쎄 얼마를 드려야 할지…… 저희가 좀 가난한 단체라…… 많이는 못 드리고……."

프리랜서로 뛰다 보니 이런 식의 대화를 종종 나누게 된다. 보다시피 상당히 어색하다. 일단 강연료가 얼마냐고 묻는 것 자체가 쉽지 않다. 그쪽에서 먼저 말해 주길 바라지만, 그런 경우는 흔치 않다. 계속 취지가 어떻고, 의도가 저떻고 하면서 변죽만 울린다. 해서, 초기엔 그냥 갔다. 그리고 주면 주는 대로 받았다. 괜찮다 싶을 때도 있고, 아주 짤 때도 있다. 대개는 후자다. 짜다는 건 액수가 적다는 뜻이 아니라, 그 조직의 스케일이나 투여된 시간에 비해 매우 부적절하게 느껴졌다는 뜻이다. 당연히 기분이 좋지 않았다. 돈도 돈이지만, 미리 물어보지도 않고 일방적으로 주는 관행이 더 얄밉게(!) 느껴졌다.

나는 프리랜서고 따라서 강연과 원고가 생업이다. 당연히 돈이 중요하다. 그 돈으로 먹고살고 공동체를 꾸리고, 또 공부를 하고……

기타 등등. 근데 왜 마치 돈하고는 무관한 사람으로 간주하는가? 실례가 될까 싶어서 그런다는 분도 있었다. 풋, 더 어이없다. 전기를 고치거나 청소를 부탁할 때도 그렇게 하는가? 그분들한테도 그냥 "와주세요" 하고 주고 싶은 대로 주는가? 그럴 리가 없다. 그럼 그분들한테는 실례를 막 저질러도 되나? 그건 육체노동이고 이건 정신노동이라서? 아니 전자는 노동이고, 후자는 비노동이라서? 이를테면, 돈은 물질적이고, 지적인 활동은 정신적인 것이다. 그래서 후자는 돈과는 동떨어진, 아주 '고상한' 무엇이다. 고로, 대충 뭉개고 적당히 주면 된다, 고 간주한다. 설마 강연료가 적다고 불평하진 않겠지? 명색이 지식인이고 공동체 활동을 한다는 사람이…… 이런 식이다.

　천만의 말씀! 생업을 위한 활동인데 강연료가 왜 중요하지 않은가? 공동체를 하면 돈에 무관심하다고? 그 또한 만만의 말씀. 나뿐 아니라, 우리 공동체 식구들은 돈을 아주 좋아한다. 돈을 '쓸!' 데가 너무너무 많기 때문이다(다만 정규직을 통해 돈을 벌겠다는 생각만은 절대! 하지 않을 뿐이다). 그리고 미리 말하지만, 공동체는 돈에 대해 무관심한 곳이 아니라, 돈의 속성과 용법을 치밀하게 터득하는 곳이다. 그렇게 해야만 자본의 대공세 속에서도 거뜬히 살아남을 수 있으니까.

　그래서 이젠 솔직하게 먼저 묻는다. 강연료가 얼마냐고. 시간과 거리, 들이는 품에 비해 적다고 생각되면 터놓고 말을 한다. 돈이 너무 적어서 못 가겠다고. 그러면 몹시 당혹해한다. 그렇게 노골적으로 말하리라곤 생각지 못한 것이다. 더러는 이런 뒷담화가 들려올 때도 있다. "그 사람, 돈을 너무 밝히는 거 같아…" 그런 말을 들으면, 풋! 다만 우스울 따름이다. 본인은 어떤가? 본인은 생업을 기분 내키는 대로 하는가? 주든 말든 상관없이 가는 게 더 고상한가? 속으론 불쾌해하면서 겉으론 아닌 척하는 게 더 지적인가? 또 우리 단체가 가난해서 어쩌구 저쩌구 하지만, 솔직히 그런 청승도 믿기 어렵다. 강연료가 무슨 엄청난 액수도 아니고, 회원들이 5천 원에서 1만 원만 더 내도 되는 일이다. 자신들은 그만큼도 지불할 의향이 없으면서 왜 상대한테는 돈에 대해 초연하기를 요구하는가? 더 황당한 경우도 있다. 강연료를 깎아 달라고 갖은 궁상을 떨어서 큰맘 먹고 갔는데, 끝나고 나선 걸판지게 회식을 한다. 그럼, 이 돈은 대체 어디서 나오는 거지? 가난하다면서 이렇게 과식을 해도 되는가? 한마디로 돈을 쓰는 차서(次序)를 모르는 것이다. 주는 사람은 떳떳하지 못하고, 받는 사람도 기분이 영 언짢고, 이런 배치하에서 어찌 좋은 인연이 만들어질 수 있으랴.

사실 이런 습속은 부자들의 '나쁜 행태'와 똑 닮아 있다. 다 그럴리야 없겠지만, 내가 아는 한 부자들은 대개 쩨쩨하다. 그들의 부는 남에게 과시를 할 때, 그리고 자신의 쾌락지수를 높일 때만 위용을 자랑할 뿐, 일상적인 현장에서는 쪼잔하기 이를 데 없다. 예를 들면, 연봉 1억 가까이 되면서도 조교들 수당이나 월급 몇 푼은 슬쩍 떼어먹는 교수들, 쇼핑을 위해 홍콩을 드나들면서도 데이트할 때는 어떻게든 남친을 뜯어먹지 못해 안달하는 골드 미스들, 집이 몇 채나 있으면서도 세입자가 나갈 때는 어떻게든 보증금을 미루려고 드는 건

물 주인들 등등. 하나같이 이중 플레이, 아니 더티 플레이의 대가들이다. 부자들이야 그렇게 살기로 작정을 했으니 그렇다 치고, 문제는 이것이 점점 더 일반화되어 간다는 사실이다.

특히 사회운동을 하는 단체의 경우 이런 식의 이중성은 고질적인 병폐가 된 지 오래다. 그저 더 많은 제도적 지원을 바랄 뿐, 구체적 일상에서 돈을 운용하는 지혜에 대해서는 대체로 무관심하다. 강연료도 강연료지만, 공간과 시설에 대한 태도 역시 문제가 있다. 요즘은 사회운동단체들도 건물이 다 그럴싸하다. 예전처럼 지하의 음침한 곳이거나 궁색한 쪽방이 아니다. 화려한 외양과 인테리어에 조명시설까지 끝내준다. 그런데, 대개는 지저분하다. 정성껏 쓰고 있다는 느낌이 전혀 들지 않는다. 그런 공간을 확보하기 위해서 얼마나 많은 노력을 들였던가? 만약 80년대에 이런 공간이 있었다면 세상 부러울 게 없었을 것이다. 그런데 막상 그걸 갖게 되자 이런 식으로 방치해 버리는 것이다. 그러고선 또 말한다. 자금과 시설이 부족해서 활동이 잘 안 된다고. 그들에게 있어 돈은 오직 액수일 뿐이다. 그러니 늘 부족할 수밖에. 헌데, 그러다가 막상 거액의 지원금이 들어오면 돈을 주체하지 못해 허둥거린다. 기껏 한다는 게 진부한 이벤트와 걸판진 뒤풀이. 그러다 결국 돈을 둘러싼 각종 루머와 스캔들에 휩싸인다. 이어지는 '진흙탕에 개싸움'! 더티한 부자들이나 정치가들의 행태를 고스란히 답습해 버리는 것이다. 평소 돈의 기술을 제대로 익히지 못한 탓이다. 아니, 그 이전에 그것이 필요하다는 생각조차 못한 탓이다.

없을 땐 있는 대로 청승을 떨고, 좀 있다 싶으면 탐욕을 주체하지 못하고, 탐욕과 청승 사이를 정신없이 오가는, 아, 이 서글픈 왕복달리기!

대체 돈이 뭐길래? ─생명과 화폐

1923년에 유명한 지도자와 사업가들이 시카고의 한 호텔에서 모임을 가졌다. 그들의 면면을 보면, 세계 최대의 민간 철강 회사를 소유했던 찰스 슈워브, 세계 최대의 유틸리티 회사를 이끌었던 새뮤얼 인설, 세계 최대의 가스 회사 사장이었던 하워드 홉슨, 당시 세계적인 기업의 하나였던 인터내셔널 매치사(International Match Co.)의 이바르 크뤼예르, 뉴욕 증권 거래소의 이사장이었던 리쳐드 휘트니, 세계 최고의 주식 투자가였던 아서 커튼과 제시 리버모어, 그리고 하딩 대통령의 각료였던 앨버트 폴 등이었다. 그로부터 25년 후 (위에서 소개한) 아홉 명 사람들의 인생은 이렇게 끝이 났다. 슈워브는 5년 동안 빌린 돈으로 살다가 무일푼으로 죽었다. 인설은 외국에서 살다가 알거지로 죽었다. 크뤼예르와 커튼도 알거지로 죽었다. 홉슨은 미치광이가 되었다. 휘트니와 앨버트 폴은 막 감옥에서 나왔다. 리버모어는 자살을 했다. 로버트 기요사키·샤론 레흐트, 『부자 아빠 가난한 아빠 1』, 형선호 옮김, 황금가지, 2000, 91쪽

세계 최고의 부자에서 알거지로, 혹은 미치광이로, 또는 자살로. 이럴 수가! 믿어지지 않겠지만 엄연한 사실이다. 따지고 보면 우리 주

변에서도 무시로 일어나고 있는 일 아닌가. 다다익선에 끊임없이 한 방을 추구하지만, 실제로 어떤 부자도 부를 계속 증식하지는 못한다. 올라가는 길이 있으면 내리막이 있는 법, 이런 식의 파탄은 애초부터 예정되어 있는 셈이다.

그럼에도 대중들은 부에 대한 판타지를 결코 멈추지 않는다. 왜? 성공의 이미지가 늘 미디어를 통해 재생산되기 때문이다. 미디어에는 언제나 벼락부자 혹은 미다스의 손들이 화려하게 무대를 장식한다. 무대를 채우는 배우는 끊임없이 바뀌지만, 대중들은 그걸 감지하지 못한다. 달빛만 보고 그 이면을 보지 못하듯이. 다시 말해서, 부의 정점, 그 다음엔 무슨 일이 일어나는지를 눈치채지 못하는 것이다. 이런 시대를 살아가노라면 "누구에게나 들리는 환청이 있다. '화폐의 노예가 돼라. 그러면 모든 것의 주인이 될 수 있다.'"고병권, 『화폐, 마법의 사중주』, 19쪽 —— 대체 돈이 뭐길래?

새삼스러운 말이지만, 자본주의는 사적 소유에 기초하고 있다. 즉, 신분적 차별이 사라진 대신, 소유가 곧 인격이자 정체성이 되어 버린 시대다. 그런 점에서 자본주의란 '사적 소유와 자아'가 그대로 '혼연일체'를 이루는 체제라 할 수 있다. 그리고 이 소유의 핵심이 바로 돈, 아니 화폐다. 돈과 화폐, 자본. 이 셋은 교환의 매개라는 면에선 동일하지만, 주체와 맺는 관계의 측면에선 그 속성이 조금씩 다르다. 돈이 좀더 포괄적(약간 촌스러운) 명칭이라면 화폐나 자본은 특정한 교환관계를 표현하는 명칭에 해당한다. '교환' 하면 곧바로 화폐를 떠올릴 테지만, 처음부터 그랬던 건 아니다. 교환의 원조는 어디까지나 물물교환이다. 물건과 물건이 교환될 때는 주체와 대상 사이에 긴밀한 상호작용이 가능하다. 이른바 증여로서의 속성이 살아 있기 때문이다. 증여란 "경제적으로 유용한 것만이 아니라 예의, 향연, 의식, 군사적 서비스, 여자, 어린이, 춤, 축제 등"을 함께 주고받는 것이다. 이를테면, "원시 부족들 사이의 증여와 답례 형식을 취하는 교환은 경제적인 것을 넘어 사회총체적인 것이다. 즉 그들은 경제적 필요 때문이 아니라 공동체 사이의 유대 강화, 공동체적 질서 유지를 위해 교환한다는 것이다."고병권, 『화폐, 마법의 시중주』, 174쪽 말하자면, 교환보다는 증여가 더 주도적인 배치인 것.

하지만 이 배치가 전도되기 시작하면, 다시 말해 교환이 증여를 압도하게 되면, 인간과 물건 사이엔 치명적인 거리가 생겨난다. '증여는 연결하고, 교환은 분리한다'는 보편적 원리가 작동하기 시작하는 것이다. 화폐가 탄생되는 지점이 바로 여기다. "고대 그리스의 현명한 왕 미다스는 화폐가 발명된 것을 알고 화폐를 손에 들고 들여다봤는데, 그 순간 끔찍한 예감에 휩싸여 들고 있던 화폐를 엉겁결에 떨어뜨리며 이렇게 외쳤다."――"이 화폐라는 것은 대지를 죽일 것이다!" 미다스 왕은 화폐 그 자체가 대지에 대한 저주라는 것을 직감했던 것.나카자와 신이치, 『사랑과 경제의 로고스』, 김옥희 옮김, 동아시아, 2004, 116쪽 과연 그의 예언은 적중하였다. 화폐는 탄생하자마자 마주치는 모든 것들――유형적이든 무형적이든, 삶이든 가치든――의 고유성을 먹어 치우기 시작했다.

일반화된 교환은 동일화 논리이다. 원시사회가 무엇보다 거부하는 것이 바로 이 동일화 논리이다. 타자와 동일시되는 것에 대한 거부, 자신을 자신으로 구성해 주는 것, 자신의 존재 자체, 자신의 고유성, 스스로를 자율적 '우리'로 생각하는 능력 등을 상실하는 것에 대한 거부가 그것이다. …… 만인 사이의 교환은 원시사회의 붕괴를 가져온다. 동일화는 죽음을 향한 운동인 반면, 원시사회의 존재는 삶의 긍정이다.피에르 클라스트르, 『폭력의 고고학』, 변지현 외 옮김, 울력, 2002, 279~280쪽

그리하여 인류사에는 기본적으로 두 개의 공동체가 존재해 왔다. "화폐를 거부하는 공동체와 화폐로 조직된 공동체. 화폐를 두려워하는 공동체와 화폐를 욕망하는 공동체." 흔히 생각하기론 전자에서 후자로 나아갔으리라 간주하지만, 실제론 그렇지 않다. 둘 사이엔 진화나 발전이 아니라 단절이 있을 뿐이다. 그만큼 서로 다른 힘이자, 다른 운동인 까닭이다.

자본은 화폐의 그와 같은 속성을 극단화한다. 돈이 돈을 낳는 것, 생식하는 화폐, 그것이 곧 자본이다. 자본은 자기 가치를 증식하는 것 외에는 아무 관심이 없다. 특히 금융자본은 이런 화폐의 '속성'을 최고의 형태로 표현했을 뿐 아니라, 미다스 왕의 오래전 예언까지 실현하고야 말았다. 금융자본은 한마디로 버블경제다. 버블이란 거품이요 신기루다. 다시 말해, 산업자본이 가지고 있었던 돈과 인간, 돈과 살림 사이의 최소한의 연관관계도 해체해 버렸다. 마침내 대지가 사라진 것이다! 어떤 목적도, 방향도 없는, 그리고 휴식조차 없이

무한을 향해 달려가는 화폐, 금융자본! 하여, 이 자본은 모든 생명 있는 것들의 순환계를 파괴하고 잠식해 버린다. 정신분석에서 죽음본능이 하는 역할, 병리학에서 암세포가 하는 역할을 삶 전체, 세계 곳곳에서 수행한다. 요컨대, 자본과 생명은 본래적으로 정반대의 벡터를 지니고 있는 셈이다. 그러므로 자본의 흐름을 그대로 따라가면 필시 존재 자체가 위태롭게 된다. 앞에 등장한 세계 최고 부자들의 비참한 말로가 바로 그 뚜렷한 증거다.

    이 정도면 이제는 대강 감을 잡을 수 있으리라. 앞에서 살펴본 우리 시대 '돈타령 천태만상'의 근원에 무엇이 있었는지를. 예컨대, 사람들이 왜 다다익선의 함정에 빠져 있는지를, 왜 무조건! 100억, 200억이라는 '추상적 부'를 열망하는지를, 또 가지면 가질수록 왜 더더욱 불안과 고독에 휩싸이는지를……. 요컨대, 화폐와 생명, 이 둘 사이의 유서 깊은 전투는 아직도 계속되고 있는 중이다. 아무도 이 전장에서 벗어날 도리는 없다. 우리에게 주어진 건 다만 맞서 싸울 수 있는 자유와 권리뿐!

버블중독증

비가 내린다. 하염없이 내리고 또 내린다. 잠시 멈췄는가 싶으면 이번엔 햇볕이 쨍! 하고 내리쬔다. 잠시 태양의 열기를 즐길라 치면 문득 구름이 몰려와 다시 비를 퍼붓는다. 폭염 아니면 폭우, 이것이 최근 우리가 보내는 여름의 풍경이다. 도무지 중간이 없다. 이렇게 긴 우기도 처음이고, 이렇게 양극단을 오가는 여름도 처음이다. 첨단의 기상관측소가 있어도 자연은 늘 예측불가에 불가사의다.

　이상기후에 감응(?)한 탓일까? 인간사 또한 아주 가관이다. 입추와 함께 '블랙 먼데이'가 시작되면서 더블딥이니 R(Reccession; 경기침체)의 공포니 하는 온갖 괴담들이 쏟아지기 시작했다. 그래서 아, 이제 드디어 금융자본의 버블이 꺼지나 보다, 했더니 언제 그랬느냐는 듯 또 희희낙락이다. 그러다 일주일도 안 돼서 다시 '검은 금요일'이란다. 지옥 아니면 천국? 역시 중간이 없다.

　폭염과 폭우야 어쩔 수 없다지만 자본과 시장이 이렇게 널뛰기를 하는 건 좀 이상하지 않은가. 더구나 경제는 수학과 통계의 영역이다. 그런데 어쩜 저렇게 예측이라는 것이 안 통할 수 있는가? 더 놀라운 건 그렇게 요동을 쳐도 사람들은 그 소용돌이에서 빠져나올 생각을 하지 않는다는 점이다.

생각건대, 버블경제는 더 이상 '경제'가 아니다. 솔직히 나는 사람들이 '돈에 미쳤다'고 생각했다. 하지만 그것도 순진한 발상이었다. 사람들이 미친 건 돈이 아니라, 버블 자체다. 구체적인 현장에서 재화를 일구는 경제활동이 아니라, 다만 '머니게임'을 하고 싶은 것이다. 짜릿한 쾌감과 아찔한 공포 사이를 정신없이 오가는 고강도의 스트레스, 이것을 열망하고 있는 것이다. 그 속에서만이 '미친 존재감'을 확인할 수 있으므로.

이름하여, '버블중독증!' 신자유주의가 인류에게 선사한 최고의 재앙이다. 덕택에 전 세계가 빚더미다. 도처에 빚이고 사방에 빚쟁이들로 넘친다. 가장 엽기적인 건 대학생들의 대출 빚이 800억 원이라는 괴담이다. 대체 어떻게 이런 일이 가능한가? 만약 제도적 문제라면 이 지경이 되기 전에 '제도적으로' 멈추었어야 하지 않는가? 대학이 취업의 수단이 되어 버렸다는 한탄이 많다. 그렇다고 치자. 헌데, 그러면 더 이상한 노릇이다. 취업과 대출은 경제의 논리다. 그런데 어떻게 저렇게 '반경제적' 결과를 초래할 수 있단 말인가? 인문학이고 청춘의 열정이고 다 헌납한 채 오직 취업만을 위해 대학생활을 했는데 빚만 잔뜩 지고 나온다고? 이게 말이 되는가?

『거의 모든 것의 역사』의 저자 빌 브라이슨은 생명과 우주에 대한 과학적 성과를 흥미진진하게 엮은 다음 이렇게 말하고 있다. "결국 우리는 나이를 정확하게 계산할 수도 없고, 거리를 알 수 없는 곳에 있는 별들에 둘러싸여서, 우리가 확인도 할 수 없는 물질로 가득 채워진 채로, 우리가 제대로 이해할 수도 없는 물리 법칙에 따라서 움직이는 우주에 살고 있는 셈이다." 과학이 아무리 발전해도 아는 것보다는 모르는 것이 더 많다는 걸 토로한 대목이다.

앎이 증가될수록 그에 비례하여 무지의 영역 또한 늘어난다는 '무지의 법칙'이 바로 이것이다. 이 말을 흉내내어 말해 보면, 우리는 예측도, 측량도 불가능한 제도와 구조에 둘러싸여서, 뿌리도, 방향도 알 수 없는 욕망에 휩싸인 채로, 하면 할수록 계속 불리해지는 이상한 경제법칙에 따라서 살고 있는 셈이다. 물론 여기서도 '무지의 법칙'은 적용된다. 버블이 커질수록 그에 비례하여 삶은 증발된다. 사람은 무엇으로 사는지, 좋은 삶이란 무엇인지를 생각할 능력도, 의지도 없어져 버렸다.

어떤 폭염이 와도 입추를 지나 처서가 되면 하늘이 문득 높아지며 가을기운이 완연해진다. 아무리 이상기후라 해도 계절에는 차서(次序)가 있다. 가을이 다시 여름으로 가는 일 같은 건 없다. 그리고 결코 동일한 기후를 두 번 반복하지는 않는다. 그래서 내년에는 아주 '색다른' 여름이 우리를 기다리고 있을 것이다. 하지만 이 버블중독에는 차서가 없다. 결국 갈 데까지 가고야 말 것이다. 존재 자체가 버블이 될 때까지. 마침내 버블과 함께 존재가 산산히 흩어질 때까지.

아무리 채워도
채워지지 않는 욕망

바실리 페로프 「도스토예프스키의 초상」, 1872

언제나 돈이 부족했던 도스토예프스키

도스토예프스키는 중산층 부모에게 물려받은 재산은 일찌감치 다 써버리고 단 한 푼의 원고료라도 더 받으려고 열심히 글을 썼다고 한다. "도스토예프스키의 과시용 소비는 모든 것을 엉망으로 만들어 놓았다. 그는 돈을 보기가 무섭게 썼다. 또 돈이 실제로 안 보여도 앞으로 들어올 돈을 상상하면서 당겨썼다. 혹시 미래에 들어올 돈이 상상의 영역 밖에 있을 경우 그는 운명과 주변 사람들을 저주했다. 그래서 또 돈을 빌릴 수밖에 없었다."(석영중, 『도스토예프스키, 돈을 위해 펜을 들다』, 예담, 2008, 28쪽)

존 슬론, 「그림 가게 앞에서」, 1907

소비의 이론?

"옛날에 희소성 속에 살고 있는 한 남자가 있었다. 경제학을 통해서 많은 모험과 오랜 여행을 한 끝에 그는 풍부한 사회라는 여자를 만났다. 그들은 결혼하여 많은 욕구를 낳았다."(장 보드리야르, 『소비의 사회』, 이상률 옮김, 문예출판사, 1992, 85쪽)

요한 하인리히 퓌슬리, 「맥베스 부인」, 1784

희망을 이루어도 만족은 없다

불교 경전에는 "히말라야 산맥 전체를 황금으로 바꾸고 또 그것을 두 배로 한다 해도 한 사람의 갈애를 만족시킬 수 없다"는 이야기가 있다. 또한 셰익스피어의 『맥베스』에서 맥베스 부인은 이런 말을 했다. "희망을 이루어도 만족은 없다."―두 경우 모두 갈애의 성격을 잘 보여 주는 케이스이다. 아무리 채워도 채워지지 않는 욕망. 빚을 지면서까지 집 평수와 자동차의 크기를 늘린다 한들, 이제 사람들은 행복해지지 않는다. "사람들은 모두들 행복에 대해 막연한 생각이 있어서 생각지도 않은 돈이 느닷없이 들어오면 행복해질 거라는 인식을 하죠. 현대인은 지나칠 정도로 돈과 행복을 동일시하는 경향이 있어요."(가와이 하야오·나카자와 신이치, 『불교가 좋다』, 김옥희 옮김, 동아시아, 2007, 154쪽)

2
돈

'잘' 벌고 잘 '쓰는'
실전 노하우

김홍도,「대장간」

'피할 수 없다면 즐겨라!'는 말이 있다. 화폐와 생명 사이의 전투 역시 그러하다. 그것이 운명이라면 그 운명을 기꺼이 수락하는 수밖에 없다. 그럼 어떻게 해야 이 전투를 즐길 수 있을까? 문제는 상상력이다. 돈에 '피와 살'을 불어넣는 상상력. '돈 나고 사람 난' 게 아니라, '사람 나고 돈 났다'는 평범무쌍한 진리를 만천하에 공언할 수 있는 상상력.

일단은 잘 버는 것이 중요하다. 여기서 방점은 '잘'에 있다. '잘' 번다는 건 돈을 버는 것과 나의 자존심이 오버랩되는 것을 의미한다. 다시 말해 벌면 벌수록 자신에 대한 존중감이 높아지는 것, 그것이 제대로 잘 버는 것이다. 그 다음엔 잘 써야 한다. 여기선 '쓴다'에 방점이 찍힌다. 돈은 쓰기 위해 버는 것이다! ─'쓴다'고 하면 곧바로 방탕 아니면 투자를 떠올릴 것이다. '방탕'은 쓰는 것이 아니라, 돈으로 쾌락을 교환하는 것이니 명품을 사재기하는 거랑 별반 다를 게 없다. 투자 역시 쓰는 게 아니다. 벌기 위해 쓰는 것이니 결국은 버는(!) 것이다. 말이 투자지 사실은 투기요 도박에 불과하다. 그럼 방탕도 아니요, 투자도 아니면서 '쓰는' 건 대체 뭐지? 그걸 궁리해야 한다. 원칙은 버는 것과 동일하다. 쓰면 쓸수록 더더욱 삶이 풍요로워지고 자존감이 높아져야 한다는 것.

부자가 되려면 학교에 다니지 마라

부자가 되려면 학교에 다니지 마라. 초반부터 너무 과격하다고? 오해하지 마시라. 이 슬로건은 내 머릿속에서 나온 것이 아니다. 『부자 아빠 가난한 아빠』라는 책에서 주장하는 구호다. 이 책은 부자가 되는 각종 노하우를 담고 있는 베스트셀러다. 그래서 좀 놀랐다. 자본이나 부 자체에 대한 근본적 질문을 던지는 책이 아닌데도 이렇게 선동적인 문구가 가능하다는 사실에. 이 슬로건에 대한 저자의 논지는 이렇다. 학교에선 부에 관한 지식을 가르쳐 주지 않는다. 대학에 가서 좋은 직장을 얻어라, 좋은 직장을 얻으면 평생 편안하게 살 수 있다. 고작 이게 전부다. 그래서 다들 청년기엔 대학에 가기 위해 올인하고 대학에 간 다음에는 정규직에 올인한다. 결과는? 평생 대출과 빚에 얽혀 산다(미국인들의 인생경로도 우리와 별반 다르지 않단다. 다행이라고 해야 하나? 아님 절망적이라고 해야 하나?). 결국 단 한 번도 돈의 주인이 되지 못한 채 이리저리 끌려다니다 노후를 맞이한다. 따라서 정말로 부자가 되는 게 인생의 목표라면 학교가 아닌 '거리'에서, 다시 말해 실물 경제의 현장에서 돈에 대한 지식을 제대로 배우는 게 낫다는 것이 저자의 요점이다.

전후맥락은 다르지만 최종 결론에는 적극 동의한다. 한번 따져 보자. 중고등학교는 그렇다 쳐도 대학만 포기해도 가계의 경제적 부담은 대폭 줄어든다. 대학을 가기까지는 일단 엄청난 사교육비가 필요하고, 또 대학에 간다 한들 졸업을 하고 취직을 해서 돈을 벌기까지는 실로 요원하기만 하다. 그 사이에 들어가는 비용은 그야말로 천문학적 규모다. 그럴 바에야 그 돈으로 인생을 다양하게 경험하는 데 쓰는 게 낫지 않을까? 여행을 하든 기술을 익히든 사람을 사귀든.

실제로 내 조카의 경우, 고등학교를 졸업할 무렵, 집안 사정이 어려워지는 바람에 대학을 포기하고 2년제 직업학교(개근만 하면 매달 용돈을 준다)에 들어갔다. 이후 군복무에 취업까지 다 해결되었다. 본인도 그때의 선택을 아주 자랑스럽게 여긴다. 왜냐면 20대 초반에 이미 경제적으로 자립했을뿐더러 인생에 대한 다양한 체험을 하고 있기 때문이다. 정말로 공부를 하고 싶다면 책을 읽으면 될 것이고, 그래도 대학이라는 배움터가 필요하다면 언제든 가면 되니까. 오히려 고등학교를 졸업할 때보다 선택의 폭이 훨씬 넓어진 셈이다.

그런가 하면, 이런 예도 있다. 홀몸으로 아들 하나를 키우던 40대 여성이 있었다. 공부에 대한 열정과 생활을 책임져야 하는 두 갈래 길에서 갈등하던 차, 아들이 고등학교 진학을 하면서 대학을 포기하겠다며, 그래서 인문계가 아닌 기계공고에 가겠다고 선언을 했다. 이틀 정도는 아주 서운했단다. 그래도 대학은 가야지, 그때까진 어떤 고생을 하더라도 참아야지, 하며 살아온 탓이다. 헌데 곧 갑자기 세상이 너무너무 편해졌단다. 아, 이젠 내가 하고 싶은 공부와 사회활동을 마음껏 할 수 있겠구나. 갑자기 시간적으로나 경제적으로나 엄청난 여유 공간이 생긴 것이다. 아들은 아들대로 자신의 진로를 개척하고, 엄마는 엄마대로 하고 싶은 공부랑 활동을 맘껏 하고. 때론 같이 또 때론 따로. 그렇게 친구처럼 잘 지내고 있다. 따지고 보면 우리나라 가정의 80%가 자식의 대학입학에 인생스케줄이 맞춰져 있을 것이다. 그것만 아니어도 아마 많은 가정, 특히 엄마들이 해방(?)되지 않을까? 그리고 엄마의 행복은 다른 가족한테도 축복이다!

솔직히 대학졸업장이 필요한 시대는 지났다. 최근에는 대기업들도 고졸 공채를 실시하기도 하고, 또 실제 기업에서 고졸 직원의 능력이 충분히 인정받는 사례를 어렵지 않게 찾아볼 수 있다. 회사에서는 학벌을 원하는 게 아니라 실무능력을 원한다. 그런데 정말 중요한 실무는 관계를 파악하고 현장을 장악하는 힘이다. 예전에는 대학에서 이 모든 걸 배울 수 있었다. 동아리나 학회 활동을 통해 선후배와의 끈끈한 연대나 사회적 책임과 리더십, 술 마시는 매너까지. 386세대는 말한다. 강의실이 아니라, 학생회관에서 인생을 '통째로' 배웠노라고.

하지만 지금 대학은 이런 것을 배울 수 있는 현장이 아니다. 각종 스펙으로 경쟁력을 갖는다지만, 그것 자체는 사실 아무런 힘이 되지 못한다. 토익 만점에 최고의 학벌, 거기다 훤칠한 키에 깔끔한 외모까지. 스펙으론 완벽한 인재들이 수두룩하다. 헌네, 막상 뽑아 놓고 보면 완전 '생초보'라는 거다. 그러니 결국 현장에서 '생기초'부터 다시 가르쳐야 한다. 실제로 요즘은 대졸자들을 위한 직업학교들이 성행하고 있다. IT학교, 언론학교, 디자인학교 등등. 거기서는 물론 그 직업에 필요한 기초적 지식을 가르친다. 하지만, 그 이전에 그 직업에 필요한 상상력과 끈기, 품성 등을 강조한다. 이것도 참 기막힌 역설이다. 현장에선 기본기와 잠재적 능력을 강조하고, 대학에선 오직 취업에 필요한 형식적 절차와 잔재주만을 강조하고. 요컨대, 그간 대학에서 경쟁력을 위해 필요하다고 강변해 왔던 것들이 사회에 나가면 거의 무용지물임이 판명난 것이다. 가장 실용적인, 사실은 가장 쓸모 없는!

『부자 아빠 가난한 아빠』 저자의 말 중에 가장 눈에 띄는 구절이 하나 있었다. 자신을 통제하는 능력이 없는 사람은 돈부터 벌지 말고 해병대나 명상센터에 가서 마음수련을 먼저 하라는 대목이 그것이다. 딱 맞는 소리다. 해병대나 명상센터는 좀 '머시기'하지만, 돈을 벌기 전에 마음과 몸을 컨트롤하는 능력을 키워야 한다는 말은 백번 지당하다. 그런 훈련이 되어 있지 않으면 돈이 잘 벌리지도 않거니와, 갑자기 돈이 생긴다 해도 우왕좌왕하다가 인생 볼 장 다 보게 된다. 부동산 졸부나 로또 당첨자들이 대개 이런 코스를 밟곤 한다.

저자는 '최고로 양질의 교육을 받는다'는 미국인인데도 저렇게 주장하는 걸 보면 미국이라고 뾰족한 수는 없는 모양이다. 고로 부자가 되고 싶으면 학교에 다니지 마라! 아직도 너무 과격한가? 그럼, 이 구호를 이렇게 바꾸면 어떨까?──돈을 벌기 위해서라면 대학에 갈 필요가 없다. 대학에선 절대 돈을 다루는 기술을 가르쳐 주지 않는다. 내친 김에 하나 더. 대학에서 취직공부 하지 마라. 그건 자신의 청춘을 모독하는 바보짓이다!

유산과다 = 위산과다

일본의 한 사람이 갑자기 거액의 유산을 상속받았다. 그런데 그때부터 친척들이 몰려들어 돈을 요구하기 시작했다. 워낙 많은 유산을 물려받았기 때문에 기꺼이 나눠 주었다. 그런데 아무도 고마워하질 않을뿐더러 끊임없이 요구하기만 했다. 결국 이 사람은 우울증에 걸려 자살충동까지 느끼게 되었고 그래서 병원엘 오가는 신세가 되고 말았다. 일본어에선 유산과다와 위산과다가 같은 발음이라고 한다. 그래서 유산이 많으면 위산과다에 걸린다는 조크가 생겼단다. '유산과다'는 '위산과다'라는. 일본의 유명한 인류학자 나카자와 신이치의 『불교가 좋다』에서 본 에피소드다.

'위산과다에 시달릴지언정 일단 받고 보겠노라!'고 생각하는 이들이 많을 것이다. 하지만 결론부터 말하면 유산은 절대로 물려주어서도, 물려받아서도 안 된다. 먼저, 자식한테 유산을 물려준다는 건 실로 위험천만한 일이다. 일종의 불로소득을 넘겨주는 꼴인데, 그럴 경우 반드시 환기해야 할 사항이 있다. 그 재물을 누리는 내신 다른 형태로 대가를 치르게 될 것이라는 것. 돈은 무성(無性)의 물건이 아니다. 거기에는 수많은 인과들이 들러붙어 있다. 그것들은 어떤 형식으로든 따라다니게 마련이다. 그러므로 재산을 물려준다는 건 그 인과들을 함께 넘겨주는 격이다. 그 인과에 자신이 있다면, 즉 이 돈에 붙어 있는 인연들이 자식에게 진정한 행복을 줄 거라는 확신이 있으면 그땐 물려줘도 좋다. 헌데, 우리 시대에 과연 그런 재산이 가능한가? 만약 자식이 성장할 때까지 온갖 뒷바라지를 해주고도 또 물려줄 게 있다면 그건 틀림없이 버블경제의 혜택이다. 버블은 경로가 어찌됐건 좌우지간 버블에 불과하다. 언제 흩어질지 모를 거품을 움켜쥐고 있는 꼴인데, 그것을 자식한테 물려주어서야 되겠는가. 만약 자식이 그걸 덥석 움켜쥔다면, 그 순간, 그에 비례하여 그의 인생마저 버블이 될 수 있음을 명심할 일이다. 현대인들이 겪는 정신분열, 우울증, 각종 마음의 질병 등이 그 뚜렷한 증거다. 병원시설이 좋아지고, 의학이 아무리 발전해도 이 질병들의 행군은 웬만해선 막을 수 없다. 사스(SARS)며 신종플루 같은 독감에도 당황해서 쩔쩔매는 게 현대의학의 수준인데, 하물며 이 사이의 인과를 파헤칠 여력이며 정성이 어디 있으랴.

솔직히 그렇지 않은가. 유산을 상속받게 되면, 일단 형제들, 친척들 사이의 관계가 틀어진다. 거액이든 소액이든 마찬가지다. 재벌들은 '형제의 난'을 치르지만, 보통사람들 역시 형제들 사이의 '이전투구'를 면치 못한다. 부부사이가 어긋나는 건 말할 나위도 없다. 요즘은 고부간 못지않게 장모와 사위 사이의 갈등도 장난이 아니다. 헌데, 그 진원지를 가만히 따져 보면 대부분 돈문제가 걸려 있다. 부모쪽에선 돈을 무기로 자식을 압박하고, 자식은 그 돈에 대한 미련 때문에 부모에게 정직하지 못하고. 그러니 다들 마음지옥을 헤맬 수밖에. 이 경우, 유산이 곧 위산이라는 말이 참으로 리얼하지 않은가.

그러니 유산을 물려주기 위해 악착같이 돈을 모은다는 건 실로 난센스다. 내 인생을 왜 거기에 낭비하는가? 자식은 어려서는 내가 보호하고 거두어야 하지만, 자라서는 나와 함께 길을 가는 인생의 동반자다. 인도의 전설적인 현자 마누는 이렇게 말했다. "아들이 열여섯이 되면 그를 친구로 대해야 한다." 칼린디, 『비노바 바베』, 김문호 옮김, 실천문학사, 2005. 84쪽 『동의보감』에서도 남자는 열여섯부터 성인의 단계로 접어든다고 했다. 물론 시대마다 나라마다 성인이 되는 연령이 달라질 수는 있다. 어쨌거나 성인이 된 다음에도 부모가 계속 뒤를 봐줘야 한다면 그것 자체가 자식에게는 '인생의 실패'를 의미하는 게 아닐까. 그러므로 부모가 물려줘야 하는 건 유산이 아니라, '홀로서기'에 대한 훈련이다. 누구에게도 머리 숙이지 않고, 오직 스스로의 힘으로 살아갈 수 있는 독립심 혹은 자존능력!

한편, 자식의 입장에서 본다면, 유산을 상속받는 것처럼 부담스러운 일도 없다. 일단 부모의 유산을 상속받게 되면 부모와의 예속적 관계에서 벗어나기가 어렵다. 어른이 되어서도 '베이비' 취급을 받게 된다. 아닌 게 아니라, 우리 사회엔 마마 보이와 파파 걸들이 사방에 넘쳐난다. 게다가 더 중요한 건 유산은 어디까지나 '불로소득'이다. 따라서 절대 배짱대로 쓸 수가 없다. 집에서 아주 내놓은 '탕아'가 되기로 작정하면 모를까 대개는 재산을 더 불려야 한다는 강박 때문에 오히려 더 쪼들리게 마련이다. 실제로 주변을 살펴보면, 소위 '있는 집' 자식들이 더 궁하다. 대개 '있는 집' 부모들은 자식들이 주식이나 부동산 같은 투자나 자가용, 명품 등 화려한 소비에 돈을 쓰는 건 허용한다. 하지만, 그 외에 다른 일에 돈을 쓰는 건 절대 용납하지 않는다. 예컨대, 친구들과 함께 공동체를 꾸린다거나 아니면 예술가나 학자를 지원한다거나, 인생의 이치를 탐구하는 공부를 한다거나, 즉 교환이 아닌 증여가 필요한 순간에 부자답게(?) 호방하게 쓰는 경우는 거의 보지 못했다. 차라리 자수성가한 경우가 훨씬 더 여유롭다. 부(富)라는 것이 '지금 당장 움직일 수 있는 현금'으로 정의된다면, 유산은 실로 무용하다. 그런 재산은 쓰기 위한 것이라기보다 평생 모시고 살아야 하는 주인에 더 가깝다.

그렇게 보면 부모의 가난은 자식한테는 차라리 축복이다. 유산을 물려받겠다는 비굴한 생각을 애시당초 품지 않을 테니까. 뿐더러 어릴 때부터 스스로 살아갈 길을 찾으려 애를 쓰게 될 테니 이거야말로 '현물경제'를 익히는 최고의 과정이 아니고 무엇이랴. 경제학과를 다니는 것보다 백 배 낫다. (그리고 이렇게 자란 자식일수록 효자다.^^) 그러니 부디 거액의 유산이 있더라도 깨끗이 포기하라. 더구나 그 돈이 버블경제의 혜택이라면 절대 물려받아서는 안 된다. 만약 어쩔 수 없이 그 관리자가 되었다면, 그건 부모님의 인생을 고귀하게 하는 데 써야 한다. 순환의 기쁨, 베풂의 자유를 만끽하게 해드리는 것, 그것이 진짜 효도다. 그러니 부디 주지도, 받지도 말라!

젊어 고생, 사서 하라

유산을 남겨 주지 말라니, 무슨 소리! 요즘처럼 치열한 경쟁 시대에 유산조차 남겨 주지 않으면 우리 자식들은 다 도태되고 말 텐데? 이렇게 반박할지도 모르겠다. 터무니없는 오해다. 경쟁은 치열해졌지만, 물질적으로는 어느 때보다도 풍요롭다. 5,60년대처럼 생존 자체가 버거운 때와는 사정이 다르다. 살아남아야 한다느니 뭘 해서 먹고 사냐느니 이렇게들 한탄을 하지만, 이런 말들에는 상당한 속임수가 있다. 백수에 노숙자들이 난무하는 시대기는 하지만, 절대! 굶어 죽진 않는다. 아니, 굶어 죽기란 하늘의 별따기보다 어렵다(과격한 다이어트만 하지 않는다면!).

솔직히 '경쟁, 경쟁' 하지만 그 속내를 따져 보면 그 이면엔 서울 중산층의 삶이라는 기준이 떡하니 버티고 있다. 그걸 기준점으로 삼으면 거의 대부분이 헐떡일 수밖에 없다. 헌데, 대체 왜 그걸 자신의 척도로 삼는가? 패션이나 헤어스타일에선 그토록 개성을 추구하면서 왜 가장 중요한 라이프스타일에선 그토록 몰개성한가? 세상에서 제일 소중한 게 자신의 인생이라면 그에 걸맞은 개성을 연출해야 하지 않을까? 복잡하게 생각할 것 없이 그냥 자기가 선 자리에서 시작하면 된다.

그럴 경우, 20대는 누구나 처지가 비슷하다. 부모의 경제력이나 학벌에 상관없이 20대에 사회적으로 성공을 한다는 건 불가능하다. 그건 비단 우리 시대라서 그런 것도 아니다. 유사 이래 청년들한테 너그러웠던 시대는 단 한 번도 없었다. 어느 시대건 청춘들에겐 성인이 되기 위한, 즉 '홀로서기'를 위한 가혹한 통과의례들이 기다리고 있었다. 고로, 청춘이란 바닥에서 시작하는 세대로 정의될 수 있다. 그래서 차라리 기댈 데가 없는 게 훨씬 낫다. 그래야 아쌀하게 통과의례의 마디를 제대로 거칠 수 있을 테니 말이다.

맥락은 다소 다르지만, 『부자 아빠 가난한 아빠』의 저자도 말한다. 부자가 되고 싶으면 가능한 한 젊었을 때 알거지가 되어 보라고. 알거지가 되어 보지 않고서 거대한 부를 이룬다는 건 불가능하다는 뜻이다. '넘어진 자 땅을 짚고 일어서리라'는 말이 있다. 두발로 당당하게 걷기 위해선 넘어져야 한다. 아기들이 걸음마를 배우는 이치가 딱 이렇다. 걸음을 떼기 위해선 일단 넘어져야 한다. 넘어지지 않고 걷는 법은 세상에 없다. 인생 또한 마찬가지다. 넘어져야 일어선다—이것이 우주의 법칙이다.

돈 문제를 떠나서 이 이치는 반드시 되새길 필요가 있다. 인간은 일생 동안 생로병사를 겪는다. 부자건, 가난뱅이건 누구나 인생의 우여곡절을 겪게 마련이다. 봄 여름 가을 겨울이 순환하는 한, 인생도 춘하추동을 겪을 수밖에 없는 법. 우주에 에너지 보존의 법칙이 있듯이 한 사람이 평생 감당해야 하는 고생의 양과 질도 대강 정해져 있다. 그러니 이왕이면 젊었을 때 겪는 것이 낫지 않을까. 젊었을 때 요리조리 피해 가거나 부모의 덕으로 대충 넘어가면 결국 중년이나 노년에 그 고난의 문턱을 다시 마주치게 된다. 그땐 정말로 난감해진다. 체력은 떨어졌지, 생각은 고갈되었지, 책임져야 할 인연들은 늘어났지. 그래서 젊어 고생 사서 하라는 옛말이 있는 것이다.

고생의 핵심은 몸이다. 생각은 가능한 한 내려놓고 몸을 주로 써야 한다. 문명이 발달할수록 몸을 쓸 수 있는 기회가 줄어든다. 그러면 그 에너지를 주로 정신적인 데 쓰게 마련이다. 여기서 태과/불급이 발생한다. 안 써도 되는 심력(心力)을 지나치게 쓰게 되는 까닭이다. 그래서 이중적으로 어긋나게 된다. 몸은 너무 안 써서 탈이고, 머리는 지나치게 골몰해서 탈이고. 결국에는 몸과 마음 둘 다 파탄에 이르고 만다. 실제로, 요즘 청년들은 거죽은 멀쩡한데 속은 다들 곪았다. 성인병, 노인병이라 일컬어지는 병들을 이미 10대, 20대에 앓고들 있는 것이다. 그래서 어떻게든 고생을 피하려고 몸부림치는데, 이건 정말이지 '작전 미스'다. 거꾸로 해야 한다. 고생살이를 기꺼이 해야 이 모순들이 해소된다. 몸이 수고롭게 되면 마음은 절로 쉬게 된다.

일찍이 일본 근대문학의 아버지 나쓰메 소세키(夏目漱石)가 언명한 대로 현대인은 '자의식의 화신'이다. 자의식이란 일종의 '의식의 비만'에 해당한다. 육체적 비만도 문제지만, 이 정신의 비만도 존재를 한없이 탁하고 무겁게 만든다. 그런데 몸을 많이 쓰게 되면 이 '이중고'에서 벗어날 수 있다. 체력단련과 정신의 평화라는 두 마리 토끼를 잡을 수 있는 것이다. 그리 되면 각종 신경성 질병에서 벗어날뿐더러 인생에서 가장 중요한 '배짱'이 늘게 된다. 한의학적으로 배짱은 하체에서 생긴다. 간과 신장의 기운이 충만해야 가능하다. 헌데, 다들 느끼다시피 요즘 청년들은 하체가 아주 빈약하다. 브이 라인에 롱다리를 지향하다 보니 그럴 수밖에 없을 터. 게다가 다이어트를 할 때 말고는 운동도 거의 하지 않는다. 그래서 열이 위로 '뜨게' 되는 것이다. 이런 것을 일러 전문용어로 '허화망동'(虛火妄動)이라고 한다. 허화가 망동하면 번뇌망상이 많아지면서 극도로 소심해진다. 소심하다는 건 타자를 받아들일 능력이 없다는 뜻이기도 하다. 타자와 소통하는 능력, 그것이 곧 배짱이다. 따라서 배짱을 키우려면 하체를 최대한 움직여야 한다. 그러니 '몸고생'이야말로 여러모로 행운인 셈이다.

　이런 마음가짐만 있다면 그렇게 죽어라고 정규직을 열망할 필요가 없다. 그보단 젊었을 적에 '거리에서' 인생을 제대로 배우겠다는 발심(發心)을 하는 게 더 낫다. 20대에 이미 철밥통을 차고 앉아 평생 똑같은 직장에 비슷한 일만 해야 한다면 그게 더 곤혹스러운 일이 아닐까. 그리고 아무리 평생을 보장하는 직장이라 해도 요즘 같은 유동적인 시기엔 언제 퇴출될지 모른다. 간신히 정년까지 버틴다고 해도 정년 이후엔 결국 백수 아닌가. 더구나 지금 같은 '노령화' 추세라면 정년 이후에도 아주 많은 시간을 길 위에서 보내야 한다. 그럴 바에야 아예 청년기부터 '길 위에서' 살아가는 법을 배우는 것이 더 남는 장사 아닐까.

　스무 살 해완이의 표현을 빌리면 "44만 원 세대는 한 달에 44만 원밖에 벌지 못하는 불행한 세대가 아니다. 한 달에 44만 원으로도 충분히 즐겁게 살아갈 수 있는 유쾌한 세대"이다. 이런 배짱만 있다면야 청춘은 진정 아름다울 터. 청년들이여, 부디 젊어 고생, 사서 하시라!

비자본 생존노하우 1 — 돈 없이 살아남기

돈에 대한 말들이 도처에 흘러넘친다. IMF 이후 지난 10여 년 동안 출판계는 경제경영, 자기계발과 관련된 책들이 휩쓸었다.『부자 되는…』『노후대책…』같은 제목에서부터『재테크에 미쳐라!』같은 도발적인 제목도 눈에 띈다. 핵심은 동일하다. 재산을 단기간에 증식하는 법, 소위 금융자산인 주식, 펀드와 부동산 따위를 관리하는 법, 직장에서 살아남는 처세술 등이 그것이다. 그렇게 하면 10년 내에 10억 혹은 그 이상을 모을 수 있다는 것이다. 그렇다고 치자. 그런데, 이런 생각은 해보지 않았는가? 그렇게 하려면 하루 온종일 일년 열두 달, 한평생 내내 죽어라고 돈 생각만을 해야 한다. 도박꾼이 자면서도 도박에 대한 생각을 멈추지 못하듯. 그렇게 해서 성공한다면 과연 그게 남는 장사일까? 인생 전부를, 영혼까지 송두리째 다 바치고 부를 일구는 것이 과연 성공이라고 할 수 있을까? 주식·펀드뿐이 아니다. 현대인은 일상의 도처에 마일리지와 쿠폰, 그리고 할인, 세일 따위가 촘촘히 박혀 있다. 거의 모든 희로애락이 그 경로를 따라 움직인다. 마치 이 기회를 놓치면 엄청 손해 볼 것 같은 생각에 사로잡혀 있는 것이다. 그 모든 것들이 마케팅 전략의 일환이라는 걸 번연히 알면서도 말이다. 그런 미끼에 걸려 그때마다 상품구매에 뛰어들게 되면 경제적으로도 막대한 손해일뿐더러 무엇보다 자신의 인생 자체가 하향평준화되어 버린다. 이건 대체 무엇으로 보상받을 작정인가? 그런데 거기다 또 재테크 서적까지 읽어야 하다니. 솔직히 이런 책들은 책의 정의에 부합하지 않는다. 책이란 분야가 뭐든 모름지기 인생과 우주의 비전을 담고 있어야 한다. 그게 아니라면 그건 단지 매뉴얼에 지나지 않는다. 매뉴얼은 굳이 책으로 볼 필요가 없다. 인터넷 검색이 훨씬 더 빠르고 효율적이다. 그리고 이런 책들이 지닌 공통점은 재미가 없다는 것. 처음엔 그럴싸한 돈의 철학으로 시작하는 듯하지만 결국은 투자의 요령과 시기 등등이 나오게 되고 그러면 어느새 책은 도표와 수치로 가득하다. 욱! 더 끔찍한 건 이렇게 되는 순간 돈은 수단에서 목적이 되어 있다는 것이다. 수단이 목적이 될 때, 그건 이미 패착이다. 아무리 떼돈이 들어오면 뭐하는가? 영혼까지 이미 돈에 다 먹혀 버렸는걸…….

그런 책들에 비하면 『가난뱅이의 역습』은 정말 재미있다. '개그콘서트'보다 더 유쾌발랄한 입담에 생활현장에 밀착한 생생한 '생존 노하우'로 가득하다. 그럴 수밖에 없는 것이 가난뱅이가 기죽지 않고 살아가려면 방법은 오직 하나, 사람들 사이의 관계망을 요리조리 헤치고 다니는 수밖에 없다. 그 좌충우돌의 현장을 기록한 것이 이 책이다. 예를 들면 이런 것이다.

여행 중일 때는 그 지방에 사는, 아는 사람 집에 가서 재워 달라고 하는 것이 제일 좋다. 친구의 친구 같은 모든 인맥들을 동원해서 그 지방의 거점을 만들어 두자. 그런데 벼룩도 낯짝이 있지 언제나 신세를 질 수만은 없지 않은가. 되도록 대등한 관계를 맺어 두는 것이 나중을 위해서도 좋다. 무턱대고 신세를 지는 것은 바람직하지 못하다. 여차할 때 비빌 수 있는 인간관계를 맺어 두기 위해서는 자기 동네에 멀리서 오는 친구가 있으면 기꺼이 재워 주자. 이슬람교인들에게는 '모르는 사람이라도 곤란에 빠진 사람이 있으면 재워 주고 먹을 것을 주라'는 규범이 있다고 한다. 이런 사람들이 세계적으로 늘어가고 있는 추세라는데 우리라고 질 순 없다! 우리 편을 많이 만들어서 어디에 가더라도 머물 수 있는 곳이 있도록 해보자! 그렇게 하면 일본, 아니 세계 어디를 가더라도 아주 쾌적하게 이동할 수 있을 것이다!

또 아는 사람이 없어도 수가 생기기도 한다. 라이브 공연이나 연극 등 이벤트에 갈 때는 뒤풀이에 참가하여 현지 사람들과 술도 마시러 가서, "누구 나 좀 재워줄래요?" 하고 부탁해 보면, 잠자리가 해결되는 일도 종종 있다. 다만 극단 시키(四季)의 뒤풀이나 롤링스톤즈의 뒤풀이에는 결코 잠입할 수 없을 테니까 무모한 짓은 하지 말도록! 마쓰모토 하지메, 『가난뱅이의 역습』, 김경원 옮김, 이루, 2009, 29쪽, 고딕강조는 인용자

정말 웃겨서 죽는 줄 알았다. 책 전체가 이런 식의 상상력과 위트로 흘러넘친다. 재테크와 처세술은 성공할수록 사람들과 관계가 멀어지는 거라면, 가난뱅이의 기술은 익히면 익힐수록 사람에 대한 이해가 풍부해진다. 사람들 속에 섞이지 않고서는 하루도 살아갈 수가 없는 처지니 당연하다. '가난하지만 행복하다'——이런 말들은 대

개 추상적이다. 그저 가난을 참고 견디라는 말처럼 들린다. 그래서 호소력이 없다. 하지만, 『가난뱅이의 역습』은 그런 식의 윤리적 정언명령이 아니라, 쫀쫀할 정도로 세세하게 구체적인 노하우를 알려 준다. 밥 한 끼, 하룻밤 잠자리를 해결하기 위해 어떤 매너를 지키고 어떤 행동을 해야 하는지, 평소에 어떤 준비를 해두어야 하는지, 주변 상황을 어떻게 활용해야 하는지 등등. 그렇다. 이 노하우의 핵심은 그 순간 자신이 철저히 삶의 주인이 된다는 데 있다. 돈이 없는데 어떻게 주인이 되는가? 그러자니 온갖 무형의 가치들을 총동원해야 한다. 정서와 인맥, 유머 등 돈으로 환산되지 않는 무형의 가치들, 가난뱅이가 행복하게 살려면 이걸 활용하는 것 말곤 도리가 없다. 화폐가 잠식해 버린 삶의 다양한 가치들을 되살려 내는 것. 그거야말로 화폐에 대한 통쾌한 복수다.

간디의 후계자이자 인도의 교육성자로 불리는 비노바 바베는 이와 관련하여 일단 여행을 할 때는 절대 돈을 가지고 다니지 말라고 조언한다. 이유는? "돈은 사람을 오만하게 만듭니다. 하루에 30킬로미터를 걷고 나면 분명 지치고 피곤하고 배가 고플 겁니다. 그러면 당신은 끼니를 해결할 식당과 하룻밤 묵을 숙소를 찾을 테고, 다음 날 다시 일어나 두 발로 걷기 시작할 테죠. 그렇게 하는 데 다른 누구의 도움도 필요 없을 겁니다. 하지만 만약 당신이 돈을 가지고 있지 않다면, 당신은 끼니와 잠자리를 제공해 줄 누군가를 간절히 찾을 수밖에 없겠지요. 당신은 겸손해지는 법, 그리고 누구도 선택하지 않고 판단하지 않고 차별하지 않고 있는 그대로 받아들이는 법을 배울 수밖에 없을 겁니다."비노바 바베, 『버리고, 행복하라』, 김문호 옮김, 산해, 2003, 13쪽 이름하여 빈대의 경제학! 그런데 거기에 이토록 심오한 의미가 담겨 있다니. 와우! 이런 경지까지는 아니더라도 좌우지간 돈 없이 살려면 네트워크의 능력이 필수적이다. 교환은 계약이 끝나는 순간 관계가 종료된다. 재테크 역시 그렇다. 하지만 교환의 바깥에서 생존을 하려면 어쨌거나 사람과 접속해야 한다. 그래서 결과적으로 더 이익이다. 걸어다녀야 하니까 몸 건강해지지, 얼굴 두꺼워지지, 친화력 상승하지, 일석삼조, 아니 사조가 따로 없다! 무엇보다 자존심과 겸손이라는 두 개의 덕목을 깊이 터득할 수 있다니, '빈대의 경제학'도 이쯤 되면 최상의 윤리적 비전을 겸비한 셈이다.

비자본 생존노하우 2 — 21세기 新 백수론

그럼, 이쯤에서 나의 사례를 말해 보련다. 나는 '본 투'(born to) 백수다. '빈손으로 왔다 빈손으로 가는 인생'이라는 그런 '고매한' 뜻이 아니라, 평생 한 번도 제대로 된 정규직을 가져 보지 못했다는 다소 민망한 뜻에서 그렇다. 80년대 중엽, 대학이 '변혁의 열기'로 뜨겁던 시절 나는 엉뚱하게도 실존적 고민에 빠져 허우적대다 어영부영 졸업을 했다. 당시는 대학교 자체가 많지 않던 시절이라 어지간하면 대졸자들이 갈 곳이 있었다. 기업체나 언론사, 아니면 외국계 회사 등등. 아니면 공장이나 감옥이라도. 거기도 어쨌거나 정규직은 정규직이니까^^ 그래서 백수라는 말은 유머집에나 나올 정도로 사용빈도가 낮았다. 헌데, 나는 갈 곳이 없었다. 운동권이 아니니 공장으로 갈 수도 없고, 감옥은 더더욱(공안통치시대긴 했지만 안기부가 나 같은 사람까지 잡아갈 정도로 그렇게 한가하지는 않았다). 그때 내가 선택한 직종은 출판사나 잡지사. 월급 수준은 낮았지만, 책을 만드는 '지적인' 노동을 한다는 것과 고상한 저자들과 두터운 친분을 쌓을 수 있을 거라는 '택도 없는' 환상을 가지고 있었기 때문이다. 하지만 나를 뽑아 주는 데는 한 군데도 없었다. 뭐, 감각이 있길 하나… 뚱한 외모에, 순발력 제로에 심지어 과묵하기까지 했다(믿지 않겠지만!). 사실

나라도 나 같은 청년을 뽑고 싶진 않았을 거 같다. 결국 백수가 되어 대학문을 나섰다. 부모님한테 죄스러운 건 말할 것도 없고, 하늘 아래 머리 둘 데가 없을 만큼 부끄러웠다.

　몇 달을 '지하생활자'로 지내다 마침내 모 출판사에 입사를 했다. 꽤 큰 출판사였는데, 하필 '사전부'(독문과를 나왔다는 이유로. 흑!)로 배치되는 바람에 '진짜 책'은 만져 보지도 못했다. 아침 아홉 시에 출근하여 하루 종일 교정지에 코박고 있다가 벽시계가 오후 여섯 시를 땡! 치면 다들 벌떡 일어나서 회사를 빠져나오는 다소 '엽기적인' 직장이었다. 인내력 특훈코스를 치르는 심정으로 다니다가 10개월 만에 때려치웠다. 돌이켜 보니, 그게 내 인생의 거의 유일한 정규직이었다.(이럴 수가!) 그러고 나니 출판사고 뭐고 정규직 자체에 대한 덧정이 뚝 떨어졌다. 자포자기 심정으로다 ― '세상에 할 줄 아는 게 공부밖에 없구나' 하는 ― 대학원엘 갔다. 전공을 바꾸느라(독문과에서 한국고전문학으로) 죽을 고생을 했다. 설상가상으로 대학원에 입학하자마자 집이 빚더미에 올라앉는 바람에 학비는 물론, 생활비에 재수하는 동생 '뒷바라지'(?)까지 해야 했다. 예나 이제나 먹물들이 할 수 있는 가장 만만한 알바는 사교육(과외)뿐. 헌데, 또 어이없게도 당시는 과외금지의 시대였다. 그래서 대한민국에서 과외가 사라졌는가? 그럴 리가! 대한민국의 교육열은 하느님도 못 말리는 수준인데. '감시와 처벌'의 그물망을 피해 몰래 했다. 이름하여 '몰래바이트'! 운동권처럼 점조직으로 움직였는데, 일단 줄을 잘 타면 덩이줄기처럼 사방으로 연결되었다. 그러고 보니 그게 내 인생의 유일한 불법 '지하운동'이었다. 좌우지간 대학원을 다니면서 일주일에 4,5타임씩 몰래바이트를 하느라 역시 죽을 고생을 했다.(아, 서글픈 청춘이여!) 우여곡절 끝에 오직 '인복'(人福) 하나로 박사학위까지 무사히 마쳤다. 지금 생각해도 기적 같다. 돌이켜 보건대, 그 시절 나를 뽑아 주지 않은 회사들, 그리고 너무나 엽기적이어서 정규직에 대한 환상을 뿌리째 뽑아 준 모 출판사야말로 나의 은인이다. 만약 그때 내가 남들 다 부러워하는 회사에 들어갔거나, 아니면 그 출판사가 좋은 책을 내는 곳이었다면 난 평생 공부를 할 생각을 하지 않았을지도 모른다.^^;

그건 그렇다 치고, 박사학위를 받고 난 뒤에도 역시 정규직 진입에 실패했다. '교포박'(교수를 포기한 박사)으로 떠돌다 다시금 자포자기 심정으로 ─ '할 줄 아는 게 공부밖에 없으니 공부나 더 하자!' 하는 ─ 수유연구실을 시작했다. 그게 나의 공동체 편력의 시초다. 역시 나를 뽑아 주지 않은 대학에 무한한 감사를 드리는 바이다. 하다 보니 아주 재미가 들려서 대학에 들어갈 생각마저 싹 사라지고 말았다. 문제는, '어떻게 먹고살 것인가?' 역시 나의 생존무기는 두 가지밖에 없었다. 글과 말. 그래서 숫제 직업을 하나 만들어 버렸다. 이름하여, 고전평론가! 고전의 지혜를 '지금, 여기'의 현장으로 연계해 주는 전령사라는 뜻이다. 『열하일기, 웃음과 역설의 유쾌한 시공간』을 출간하면서 만든 직업이다. 자유로울 뿐 아니라, 퇴출될 염려가 전혀 없는 여러모로 괜찮은 직업인데, 아쉽게도 아직은 나밖에 없다. 쩝!

헌데, 이렇게 나의 청춘이 흘러가는 중에 어느 날 문득 주위를 돌아봤더니 사방에 널린 게 청년백수였다. 취포(취업포기)맨까지 포함하면 무려 400만에 달한다고 한다. 바야흐로 백수의 시대가 도래한 것이다. 하, 일단 부러웠다. 엉? 뭔소리냐고? 갑자기 그 옛날 청년백수 시절이 떠올랐기 때문이다. 그때의 그 창피함, 죄스러움, 막막함. 그 시절에 비하면, 얼마나 떳떳한가. 시대의 대세가 그러하니 부끄러울 게 무에 있으랴. 부모님께도 덜 죄스러울 테고. 게다가 고통을 나눌 벗들이 도처에 널려 있으니, 대체 무엇이 두려우랴. 그러니 지금 청년들은 이 시절을 '제대로!' 즐겨야 한다.

이런 생각에 확신을 갖게 해준 고전이 바로 『임꺽정』이다. 때는 바야흐로 무자년(2008년) 여름, 봄부터 시작된 촛불시위가 사위어지고, 대신 베이징올림픽의 열기로 뜨겁던 그때, 찌는 듯한 무더위 속에서 『임꺽정』 전집 10권을 읽었다. 출판사의 계략(?)에 걸려드는 바람에 시작된 '의무방어전'이었다. 기대도 뭣도 없이 무심하게 읽어가다가 문득 눈이 뻥 뚫렸다. 꺽정이와 칠두령은 의적이 아니라 '노는 남자들', 곧 백수였다. 내가 가장 필이 꽂혔던 장면 하나를 소개한다.

"너 어디 사느냐?"
"양주 읍내 삽니다."
"나이 몇 살이냐?"
"서른다섯 살입니다."

"부모와 처자가 있느냐?"

"아버지가 있고 처자도 있습니다."

"네 집에서는 농사하느냐?"

"아닙니다. 아무것도 안 하고 놉니다."

"아무것도 아니하고 놀아? 네 아비는 무엇하는 사람이냐?"

"소백정입니다."

『임꺽정』 3권, 사계절출판사, 2008, 381쪽. 고딕강조는 인용자

아무것도 안 하고 논다고? 오, 놀라워라! 꺽정이는 직업이 없다. 땅이 없으니 농사를 부쳐 먹을 수도 없고, 아비가 백정이라 백정 일을 열심히 거들 것 같지만, 희한하게도 그런 장면은 한 군데도 안 나온다. 그의 친구들 역시 비슷하다. 꺽정이의 처남 천왕동이는 백두산 사냥꾼 출신이지만 집에서 빈둥거리며 장기 두는 데만 골몰하는 '장기폐인'이고, 어릴 적 친구 유복이는 이십대를 앉은뱅이로 지냈으니 더 말할 나위도 없고, 길막봉이는 소금장수에, 곽오주는 임노동자다. 요컨대, 꺽정이와 그의 친구들은 '노는 남자들' 혹은 백수다. 그럼 어떻게 사는가? 그럭저럭 먹고산다. 엉? 그게 말이 되나? 놀랄 것 없다. 당시는 물품경제의 시대였고, 사돈의 팔촌, 이웃사촌이 하나의 경제단위를 이루던 때였음을 환기하자. 경제가 가족의 범위를 넘어 여기저기로 흘러다니던 때였던 것이다. 그럭저럭 먹고산다는 건 이런 의미다. 그래서인가. 이들은 세상의 차별과 모순에 대한 울분은 강렬했을지언정, 땅이나 직업에 대한 욕구, 가족의 생계를 책임져야 한다는

'가장 콤플렉스' 같은 건 전혀 없었다.

그뿐 아니다. 놀랍게도 이들은 모두 달인들이다. 봉학이는 명사수고, 유복이는 댓가지(표창)의 달인, 천왕동이는 축지법 도사요, 돌석이는 돌팔매의 고수며, 곽오주와 막봉이는 천하장사에 속한다. 주인공인 꺽정이는 하늘이 내린 장사에다 검과 말타기에 있어 타의 추종을 불허한다. 놀면서도 당당하고, 심지어 배울 건 다 배운다! 고액의 연봉을 받고도, 평생 직장에 매여 있으면서도, 늘 가족들한테 죄의식을 느껴야 하는 우리 시대 가장들로선 감히 상상조차 하기 어려운 경지 아닌가.

아무튼 이런 처지다 보니 그들의 인생은 다 길 위에서 이루어진다. 그들은 끊임없이 어디론가 떠난다. 친구를 만나러, 유람을 하러, 도주하느라, 복수를 하기 위해 등등. 물론 빈손이다. 그럼 어떻게 끼니와 숙소를 해결하는가? 조선시대에는 이걸 동시에 해결하는 기막힌 풍습이 하나 있었다. 다름 아닌 과객질이 그것이다. '전설의 고향'에서도 종종 나오지만, 지나가는 길손이 묵어가겠다고 하면 주인들은 마땅히 재워 주고 먹여 주는 것이 도리였다. 사랑방의 용도가 그것이기도 했고. 참 아름다운 미풍양속 아닌가.

그렇게 이들은 길 위에서 모든 것을 해결한다. 먹고 마시고 싸우고, 그러다가 사랑을 하고 평생을 함께할 친구를 만난다. 그들에겐 세상을 구하겠다는 이념이나 명분 같은 건 일체 없다. 대신 그들을 움직이는 동력은 자존심, 하늘 아래 그 어디에도, 그 어떤 권력과 제도, 관습 앞에서도 머리 숙이지 않겠다는 원초적 자존심, 오직 그것이었다. 중앙정계를 뒤흔들고, 당대 민중들의 희망이 될 수 있었던 저력도 바로 거기에 있었다.

바야흐로 집의 시대가 거하고 길의 시대가 도래하였다. 이제 집을 중심으로 구축되었던 모든 가치들은 연기처럼 사라져 갈 것이다. 그렇다면, 그 연기를 부여잡으려 몸부림치기보다 길 위에서 살아가는 삶의 기술들을 터득해야 하지 않을까.『임꺽정』은 길 위에서 누리는 '사랑과 우정, 그리고 밥의 향연'으로 충만하다. 그러므로 나는 소망한다, 우리 시대 청년들이 이 눈부신 야생성과 조우하게 되기를! 하여, '백수의 자유, 길 위의 향연'을 만끽하게 되기를! (더 자세한 내용은『임꺽정, 길 위에서 펼쳐지는 마이너리그의 향연』을 참조하시라.)

우정의 정치경제학 — 청년실업의 대안?

자, 이제 배웠으니 응용을 해야 한다. 일찍이 공자님이 설파하셨듯, 배우고 때로 익히면 또한 즐겁지 아니한가! 그 전에 잠깐. 가난뱅이와 부자의 정의에 대해 한번 정리를 하고 넘어가자. 사람들이 왜 그렇게 많은 돈을 벌려고 하는가? 대체 돈 벌어서 뭐 하지? 곰곰이 따져 보면 결국 외롭지 않기 위해서다. 아무리 돈을 밝히는 사람이라도 무인도에 으리으리한 궁전을 지어 놓고 혼자만 달랑 가서 살라고 한다면 그걸 오케이! 할 사람은 거의 없다(있으면 어디 많이 아픈 거고). 또 설령 간다고 해도 한 달도 못 돼서 우울증에 걸리고 말 것이다. 결국 사람한테 필요한 건 사람이다. 그것이 인류의 '유적(類的) 본질'이다. 자살한 연예인들의 유서메모를 보면 대개 이런 내용으로 되어 있다.—외롭다, 버림받았다, 아무도 날 이해해 주지 않는다 등등. 그렇게 성공을 했는데도 외로움 하나를 이겨 내지 못한 것이다. 그렇다면 돈을 벌어서 외로움을 극복하려 하지 말고 그냥 어렸을 적부터 우정과 친밀감을 터득하는 게 더 낫지 않을까? 경제적 가치로 치더라도 그게 훨씬 더 높지 않은가 말이다. 『가난뱅이의 역습』이나 『임꺽정』의 '신(新) 백수론'이 전하는 메시지 또한 그런 것이다.—이름하여, 우정과 경제의 로고스! 아, 그렇다고 오해는 마시라. 친구를 위해 돈을 포기하라는 말이 아니다. 돈을 버느라 친구를 다 잃어버리고 나서 그 외로움을 달래기 위해 엄청난 돈을 쏟아붓는 그런 멍청한 짓을 하지 말라는 의미다. 요컨대, 친구와 돈—이 두 마리 토끼를 한꺼번에 잡으라는 뜻. 그러기 위해선 일단 인식의 전환, 곧 우정과 경제를 하나로 꿸 수 있는 고도의 정신적 재무장이 필요하다. 기초가 튼튼해야 상부구조가 튼튼한 법이므로.

앞에서도 살짝 이야기했지만, 「여고괴담」이란 영화가 있었다. 십년이 넘게 고등학교를 떠나지 않고 계속 학교를 다니고 있는 여고생 귀신에 관한 이야기였다. 대체 뭣 때문에 그 지긋지긋한 학교를 죽어서까지 계속 다니고 있는 거지? 학교가 너무 좋아서? 일등 한번 해보려고? (헉! 그럴 리가!) 그게 아니라, 친구를, 자기를 진심으로 이해해 줄 친구를 기다리느라 그랬단다. 한마디로 친구가 없어 '한이 맺힌' 귀신이었던 거다. 그렇다. 친구가 없으면 정말 죽어도 눈을 감지 못한다. 친구가 필요해! 나만의 소중한 친구가 있다면……. 누구나 이렇게들 말한다. 하지만 정작 그 친구와 인생을 함께하는 찐한 우정을 나누고 싶으냐고 하면, 다들 뜨악해한다. 웬 우정? 그건 좀 부담스럽지 않나? 꼭 그렇게 깊은 우정을 나누어야 하나? 쿨하게 적당한 거리에서 사귀는 게 좋지 않을까? 심심할 때 만나서 다른 사람들 뒷담화하고 아니면 취토록 마시면서 세상에 대한 울분을 토로해 마지않는 것. 지금 현대인들이 생각하는 친구와 우정의 범위는 이런 수준을 크게 벗어나지 않는다. 수다의 파트너 아니면 회식의 동반자들.

그러니 참 난감한 노릇이다. 친구를 그렇게 하찮은 존재로 생각하면서 만날 친구가 없어 외롭다고 하니 말이다. 우주에는 공짜점심이 없다. 어떤 일이건 내가 마음을 여는 만큼 인연의 장이 생기는 법이다. 친구를 받아들일 준비가 되어 있지 않은데, 대체 친구가 어느 틈을 비집고 들어온단 말인가? 고로, 좋은 친구를 얻을 수 있는 길은 오직 하나, 자신이 먼저 좋은 친구가 되는 것뿐이다. 하, 그건 좀 어렵다고? 당연하다. 그런 행(行)을 연마할 기회가 없었을 테니까. 솔직히 우정이나 의리, 이런 낱말을 평소에 입에 담는 이가 얼마나 될까. 아마 거의 없으리라. 인터넷과 핸드폰의 진화로 다들 혼자 노는 데 익숙해진 탓이다. 이대로 간다면 이 말들은 이제 사전에서나 존재하는 '사어'(死語)가 되는지도 모른다. 누군가와 깊은 관계를 맺는다는 건 연인이 되는 것, 그리고 가족을 이루는 것으로 직행한다. ─연애지상주의와 가족이기주의의 일상화! 동성과의 깊은 관계조차 이제는 동성애를 의미하지, 우정으로 연결되지는 않는다. 말하자면 우리 시대에 있어 우정이란 연애나 가족의 보완물 혹은 사족에 불과하다. 하지만, 그 결과는 참담하다. 보다시피 사랑은 사막화되어 가고, 가족은 붕괴 직전이다. 우정이라는 든든한 배경이 사라진 탓이다. 그러니 이젠 가족을 구원하기 위해서도, 사랑의 열정을 되살리기 위해서도 우정이라는 베이스캠프의 복원이 절실하게 요청된다. 그럼, 그것과 경제는 어떻게 연결되는가?

마음이 가는 곳에 돈도 함께 가는 법! 우정이 삶의 비전으로 자리잡게 되면 우정과 경제의 마주침 또한 자연스러워진다. 지금처럼 일촌 단위에서만 돈이 도는 '홈 파인 회로'에서 벗어나 다양한 관계들 속으로 '매끄럽게' 흘러가게 될 것이다. 친구와 돈, 이렇게 말하면 보통 동업을 떠올린다. 사업을 함께 하다가 둘 중 하나가 배신하거나 말아먹어서 서로 '웬수'가 되는 코스. 노파심에서 말하는 거지만 이건 결코 우정의 경제학이 아니다. 철저히 자본과 교환의 원리가 지배하는 관계, 그런 것은 우정이라고 이름하지 않는다. 우정의 경제학이 되려면 일단 우정이 화폐를 주도할 수 있어야 한다. 화폐가 그것을 좌지우지하게 되는 순간, 경제도 무너질뿐더러 내 인생의 실존적 가치 또한 추락하게 된다. 그러니까 돈과 우정, 두 마리의 토끼를 잡기 위해선 우정이 돈을 주도하는 배치를 만들면 된다. 연대와 접속의 활성화, 그것을 따라 흐르는 화폐의 새로운 회로―이 정도면 청년실업의 대안이라 할 만하지 않은가?

너무 추상적이라고? 그래서 구체적인 사례 두 가지를 준비했다. 가벼운 마음으로 음미해 보기를.

이름 정민(가명). 나이 19세. 학벌 중졸. 아버지를 따라 인도에 있다가 지난해에 한국에 들어왔다. 학벌도 없지, 연줄도 없지, 그래서 일단 인터넷을 통해 연구실이랑 가까운 영상집단에 접속했다. 영화가 아니라 친구를 만나기 위해서. 그러다 백수 케포이에 끼어들면서 어영부영 연구실로 흘러왔다. 근데, 마침 그때부터 연구실에도 10대, 20대 청년백수들이 우글거리게 되었다. 그 중에는 탈학교한 10대도 있고, 20대 대학생도, 30대 늙은 백수도 있다. 하도 다양하게 섞여 있다 보니 서로의 신분(?)이나 조건에 대해 무심하다.

정민이가 별 저항감 없이 여기에 접속할 수 있었던 건 이런 배경 덕택이다. 학벌이나 세대, 연봉 따위가 기준으로 작동하지 않으면 모두가 친구가 되는 건 시간 문제다. 아무튼 이 네트워크에 접속을 하자 일단 밥이 해결되었다. 연구실 밥값은 1800원(지금은 2천원). 시세의 3분지 1 정도다. 하루 두 끼를 이걸로 해결하면 많은 돈이 절약된다. 그렇게 밥을 먹기 위해 매일 드나들다 보니 세미나는 물론 요가지도까지 하게 되었다(인도에서 배운 '원조요가'다^^). 그렇게 친밀감이 높아지면서 밥과 함께 주거 문제까지 해결되었다. 연구실엔 기숙사 비슷한 공동주택이 있다. 한 달 15만 원이면 아주 쾌적한 주택에서 여러 친구들과 함께 살 수 있다(공동주택의 경제적 구조는 이 책의 「더부살이 프로젝트」를 보시라). 입방 자격은 간단하다. 친구들의 추천이 있으면 된다. 동거인들이 좋다는데 누가 말리겠는가. 이렇게 해서 정민이가 밥과 집을 해결하는 데 드는 돈은 한 달에 약 30만 원. 기타 책값과 용돈까지 포함하면 40~50만 원이면 한 달을 너끈히 살 수 있다. 지금은 부모님이 보내 주시는 용돈에 의존하고 있지만, 자립을 위한 준비도 조금씩 해나가고 있다. 파랑새 서당이나 강좌 조교 등으로 약간이나마 돈을 선물로 받는다. 돈이 어떻게 선물이 되느냐고? 돈을 위해 그 일을 하는 것이 아니라, 더 많이 배우려고 도우미 역할을 하다 보니 돈이 생긴 것이고, 그때 돈은 대가가 아니라, 선물의 일종이다. 그렇게 공부와 활동의 영역이 넓어지다 보면 조만간 '홀로서기'도 가능할 것이다. 공부와 친구와 돈이 하나의 리듬을 타는 것, 이것이 바로 우정의 경제학이다.

또 하나의 사례. 이름 시성. 나이 서른셋. 청년백수라 하기엔 좀

늦었다. 현재 〈감이당〉에서 살림꾼으로 활약 중이다. 이 청년은 한때 〈수유+너머 구로〉에서 활동했는데, 그때의 경험이다.

2009년 봄, 막 대학생 케포이 1, 2기를 마치고 연구실에서 공부하기로 마음먹었다. 그렇다고 뚜렷한 목표나 대단한 결심이 있었던 건 아니다. 학부만 10년 다닌 대학을 졸업하게 된 감격스러운(!) 해였지만 사실 갈 데가 없었다. 학부를 다니는 동안에도 다른 사람들이 숱하게 고민하는 취업은 생각해 본 적도 없었고 그렇다고 딱히 하고 싶은 일이 있는 것도 아니었다. 그리고 무엇보다 몸이 좋지 않았다. 근 10년을 술만 먹고 살았으니 몸이 좋을 리가 만무했다. 대학생 케포이의 원로(!) 자격이라는 유혹을 뿌리치고 연구실에서 한의학을 공부하고 싶다는 생각을 한 것도 이 때문이었다. …… 그러던 와중에 연구실 초짜에 할 줄 아는 거라고는 밥 많이 먹기뿐인 나를 연구실 활동 중 하나에 밀어 넣어야 한다는 의견이 있었다. 카페지기를 하고 있는데 대뜸 고미숙 선생님께서 나보다 훨씬 선배처럼 보이는 이를 데리고 와서 사형이라고 부르라고 하셨다(얼굴로 봐서는 깍듯이 모셔야 하는 사형임에는 분명해 보였다—현식 사형은 80년생이지만 80학번처럼 보인다^^). "앞으로 이 사형에게 『논어』를 배우고 파랑새 서당에 가서 아이들하고 같이 공부해! 그러면 내가 너에게 '차비' 정도는 지원해 주겠다." 내 기억이 정확하다면 고 선생님은 이렇게 날 파랑새 서당으로 보내셨다. 하지만 처음엔 '파랑새 서당'이 뭘 하는 곳인지조차 몰랐다. 나중에서야 파랑새 서당이 구로 지역의 저소득층 아이들과 함께 공부하는 프로그램이란 걸 알 정도였다. 사실 내가 파랑새 서당에 가게 된 건 대학생 케포이 때 잠깐 했던 한자(漢字) 세미나 덕분이었다. 대학생 친구들과 모여서 한자를 배운다고 세미나실을 점거(!)하고 있었던 게 파랑새 서당과의 인연으로 확장된 것이다.

이렇게 사형을 따라 파랑새 서당을 다니면서 고 선생님께 매달 30만 원의 '차비'를 받았다. 돈도 없고 빈둥대던 나에게 매달 생활비가 들어오게 된 것이다. 밖에서와는 달리 연구실 생활에서 30만 원은 큰돈이다. 1800원이라는 믿을 수 없는 밥값으로 양껏 밥을 먹어도 한 달에 식비로 나가는 돈은 10만 원 안팎이다. 거기다 각종 세미나와 강좌 글쓰기 프로그램에 치이다 보면 '유흥'을 즐길 시간적 여력조차 없다. 자연스레 유흥비가 절약되는 건 물론. 그러니 30만 원 정도면 한 달은 너끈히 지낼 수 있는 돈이었다. 거기다 한자 세미나를 같이 하던 친구의 꼬임에 넘어가 연구실 내에서 베이커리 활동까지 하고 있어서 부수입까지 생겼다. 그야말로 한문이 이어준 다양한 인연들에 의해 먹고살게 된 것. 한문도 공부하고 빵 공부도 하면서 매달 돈을 받는! 난 그때 '정규직'이었다.^^

…… 이처럼 차비 30만 원은 내게 무수히 많은 인연의 장을 선사해 주었다. 파랑새 서당과 〈수유+너머 구로〉, 한문과 빵, 백수 케포이 그리고 연구실. 외부에서 보면 적은 돈이지만 이 돈이 끌고 온 인연의 장은 그 규모를 상상할 수 없을 정도로 큰 것이었다. 어느 돈이건 수많은 인연이 덕지덕지 붙어 있기는 마찬가지다. 그러나 대부

분 돈과 인연이 같이 온다는 것을 보지 못한다. 돈과 돈이 만들어 내는 다양한 사건과 서사에서 소외되는 것이다. 돈의 규모로부터 소외되는 것뿐만 아니라 돈이 끌고 오는 인연에서도 소외가 발생하는 것. 그리고 내가 쓰는 돈이 적은 규모라도 엄청난 인연의 끈을 만들어 낼 수 있다는 것으로부터도! 류시성, 「우리 모두 '보리'합시다」 中

보다시피 이 과정에서 필요한 건 학벌도 스펙도 아니다. 사람과 배움에 대한 열정, 문제는 그것이다. 돈은 그 과정에서 절로 달라붙는다. 시성이는 오랜 백수생활 동안 그 점을 충분히 터득한 것이다.

이런 경우가 연구실만의 특별한 케이스라고 하기도 어렵다. 어디서건 일단 친구들 사이의 일상적 네트워크가 형성되면 돈은 저절로 이 루트를 따라 흐르게 되어 있다. 무엇보다 그 과정에서 우정의 정치경제학을 '리얼하게' 터득할 수 있다는 것. 돈은 있다가도 없고, 없다가도 있는 거지만 이런 능력과 지혜는 평생을 나와 함께한다. 고로, 이보다 더 큰 경제적 가치란 없다!

돈에 대한 공부를 일상화하라!

문탁 여사의 편지 한 토막.

우리 아이들은 엄마가 일말의 여지가 없는, 엄청난 '짠순이'라고 생각하고 있어서 상대적으로 욕망을 줄이는 편임에도 불구하고 늘 '돈'을 달래. 내가 여러 번 화냈어. 니들은 엄마한테 할 이야기가 돈 밖에 없느냐구. 어디서 많이 들어 본 대사지? ㅋㅋㅋㅋ
그런데 우리 사회는 청소년들의 일상과 삶에 괄호를 쳐 놓고 있기 때문에 (공부 말고는) 이런 이야기들이 담론화되지 않지. 나도 다른 학부모들이랑 아이들 용돈에 대해 함께 이야기해 보고 싶었지만, 쉽지 않더라구. 결국 아이들에게 '돈'에 대해 교육을 시키는 수밖에 없겠구나…라고 생각했었어.
그래서 우리 애들이랑 친구 몇 명, 그리고 부모 몇 명이 '6자 회담'을 했어. 아이들에게 문제를 제기하고 임무를 줬지. 그랬더니 좀 변하는 것 같기는 하더라구. 아이들이 친구 생일에 (생일 파티를 하지 말라는 이야기까지는 먹히지 않더라구ㅋㅋ) 돈을 덜 쓰는 방식을 개발해 내기 시작했어. 손과 몸을 움직여서 축하 이벤트를 만들고, 밖에서 밥을 먹는 게 아니라 집에서 밥을 해먹더라구. 볶음밥을 만들어 먹기도 하고, 삼겹살을 사서 구워 먹기도 하고…….

보다시피 우리 사회에선 돈에 대해 아무것도 가르쳐 주지 않는다. 성교육도 미흡하기 짝이 없지만, 그에 견주어서도 턱없이 모자란 상태다. 원인은 대략 두 가지 정도가 아닐까 싶다. 하나는 이미 다 정해져 있어서 더 배울 것이 없다는 입장. 즉, 돈이 곧 성공의 척도이고, 그래서 많이 벌수록 좋으며, 그걸로 할 수 있는 것도 대충 다 정해져 있다고 보는 것이다. 아파트며 자가용, 인테리어와 쇼핑 코스까지. 물론 그렇기도 하다. 우리 사회 중산층이 돈을 벌고 굴리고 쓰는 길은 너무나 뻔하니까. 하지만 그건 인과가 거꾸로다. 이미 다 정해져 있기 때문에 더 알 필요가 없는 게 아니라, 그렇게 생각하기 때문에 돈의 회로가 고착되는 법이다. 다른 하나는 그게 아니라는 건 알겠는데, 대안이 뭔지는 잘 모르겠다는 입장. 즉, 과도한 소비풍조와 화폐만능주의에 반대하긴 하는데, 구체적인 방안을 모색할 생각은 없거나 못하는 쪽이다. 이 두 입장은 겉보기엔 다른 것 같지만, 실제론 큰 차이가 없다. 둘 다 돈에 대한 '일상적 훈련'을 중시하지 않는다는 점에서 특히 그렇다. 또 없을 땐 청승가련으로, 좀 있다 싶으면 허장성세로, 그 둘 사이를 오락가락하는 습속도 이런 배치의 소산이다. 무지는 불안을 낳고 불안은 동요를 낳는 법. 이런 '몽매한' 상황을 타파하려면 공부를 해야 한다. 그리고 모든 공부가 그렇지만, 돈에 대한 공부 역시 '절차탁마'의 과정을 거쳐야 한다.

음지에서 양지로 — 터놓고 말하자!

가장 첫번째로 익혀야 할 초식은 '터놓고 말하기'. 이 기예만 잘 터득해도 돈에 영혼을 팔지 않아도 된다. 잘 벌고 잘 쓸 수 있는 건 말할 것도 없고. "쳇, 너무 쉬운 거 아냐? 그 정도로 되겠어?"라고 투덜거릴지 모르겠다. 하지만, 그렇지 않다. 말이 초식이지, 이게 결코 만만한 기술이 아니다.

2008년 봄, 몇 년간 준비해 왔던 『열하일기』 번역본(『세계 최고의 여행기, 열하일기』)이 세상에 나왔을 때 『경향신문』 주최로 한비야 씨와 대담을 한 적이 있다. 그때 한비야 씨가 한 말 중에 가장 인상에 남는 한마디. "머리에서 가슴까지의 거리가 멀고, 가슴에서 다시 손까지의 거리는 더 멀더라구요." 내용인즉, 월드비전 활동을 하면서 사람들에게 후원을 설득하다 보면 다들 머리로는 깊은 공감을 하는데 막상 가슴으로 그걸 느끼지는 못한다는 거다. 대충 짐작이 가는 상황이다. 현대인은 머리와 가슴이 따로 노는 존재들이니까. 헌데, 포인트는 그 다음이다. 가슴이 울린다 해서 바로 주머니가 열리지는 않는다는 것. 이건 참, 뜻밖이었다. 일단 가슴이 울리면 바로 '액션'이 나올 거 같은데 그게 아니라는 거다. 머리랑 가슴이 따로 노는 건 그렇다 치고, 가슴과 손마저 따로 놀다니. 이거 뭐 따로국밥도 아니고. 매사가 그렇지만, 돈에 있어서는 특히 말과 행동, 감정과 실천 사이의 간격이 아주 크다. 대체 왜? 그 원인을 한번 꼼꼼히 따져 보자.

알다시피, 우리 사회는 청춘들이 10억을 꿈꾸는 사회다. 비단 청춘뿐이랴. 재벌에서 구의원까지 사회 전체가 온통 '돈타령'이다. 돈이 인생의 주인이라는 걸 거침없이 토로해 댄다. 헌데, 정작 자신의 돈, 그리고 그것의 구체적 쓰임에 대해서는 입을 다문다. 부자는 부자대로, 가난한 사람은 가난한 사람대로 자신의 경제활동을 구체적으로 밝히기를 꺼려한다. 돈이 많다고 허세를 부리는 경우나 돈이 없어 죽겠다고 궁상을 떠는 경우나 양쪽 다 모호하고 불투명하기는 마찬가지다. 소위 잘나가는 정규직들한테 연봉을 물어보면, 속시원히 대답해 주는 경우가 거의 없다. 구체적 액수는 물론이고, 그걸 어디에 어떻게, 그리고 왜 그렇게 쓰는가에 대해선 더더욱 입을 다문다. 가족끼리도, 친구들끼리도 그 문제에 관해서는 다들 얼버무린다. 술이 취하면 연애나 성문제는 무의식중에 털어놓아도 돈과 관련된 이야기를 솔직하게 '까보이는' 경우는 무척 드물다. 그런 점에서 보자면, 돈이 섹스보다 더 은밀한 욕망이 아닐까 싶다. 그 이면을 잘 따져 보면, 거창하게는 '사적 소유는 신성불가침'이라는 고매한(!) 원리가, 세밀하게는 자신의 소유를 절대 남에게 '들키고' 싶지 않다는 쪼잔한 자의식이 자리하고 있다.

 욕망의 배치가 이렇게 꼬이다 보니 머리와 가슴이 아무리 깊이 출렁거려도 주머니는 절대 열리지 않는 법이다.──분열증의 일상화! 머리와 가슴, 가슴과 손이 따로 노는 것. 이것은 결코 자연스러운 본능이 아니라, 화폐에 의해 길들여진 '변태적' 동선이다. 제대로 된 인간이라면 머리와 가슴, 그리고 손이 한꺼번에, 그리고 '동시다발로' 움직여야 한다. 일단 자기 안에서 분열이나 간극이 없어야 타인과도 소통이 가능한 법. 안팎이 서로 '통'(通)한다는 것은 이런 의미일 터이다.

그래서 평소에 툭 터놓고 말하는 습관이 필요하다. 개인이건 공동체건 막연히 생태주의나 휴머니즘, 분배의 공정성 따위를 공허하게 내세우지 말고 먼저 투명하게 소통하는 법부터 배워야 한다. 겉다르고 속다른 채로, 말과 행동이 어긋난 채로 어떻게 돈에 대한 심오한 비전을 논할 수 있으랴. 회사나 조직도 마찬가지다. "제도적 관행이야!" 아니면 "사생활이니까 노 터치!"—대개 이런 식인데, 이 틀을 고수하는 한 '분열증의 늪'을 벗어나기란 요원하다. 액수는 중요하지 않다. 오히려 진짜 훈련은 큰돈보다 작은 돈에서부터 시작되어야 한다. 그렇지 않으면 속이고 눙치는 것이 일상화된다. 가장 흔한 예로, 공적 자금은 어떻게든 끌어 쓰려 하고 사유재산은 한 푼도 아까워서 부들부들 떨고, 남한테는 고결함을 요구하면서 자신에게는 한없이 관대하고, 입으로는 생명이니 평화니 온갖 명분을 달고 살면서 정작 지갑을 열 때는 딴청을 부리는 등 온갖 위장술, 사기술이 만연하고 있다. 개인이건 단체건 관계가 틀어지는 과정을 보면 이런 패턴이 어김없이 반복된다. 천문학적 숫자가 왔다갔다 하는 대형사건도 결국 이런 토양 위에서 자라난다. 정말 음지도 이런 음지가 없다. 부디 법이나 제도적 차원의 문제로 환원하지 말자. 도덕이나 명분의 문제만도 아니다. 필요한 건 오직 일상에서의 끈기 있는 훈련뿐이다. 타인한테는 물론이고, 무엇보다 자기 자신에게 떳떳해질 수 있을 때까지! 머리와 가슴, 그리고 손이 하나의 리듬을 탈 수 있을 때까지!

누구나 맑고 신선한 음식을 먹고 싶어 하듯이 돈 역시 그래야 한다. 안팎이 다르고, 명분과 실상이 어긋난 채 꾸역꾸역 삼키려고만 들면 결국은 돈에 먹혀 버린다. 고로, 음지에서 떨지 말고 자수하여 광명찾자!^^

빚지고 살지 마라

살아가노라면 누구든 한 번쯤은 돈을 빌리거나 빌려 준 경험이 있을 것이다. 그리고 그때 느꼈을 것이다. 빌리는 일, 빌려 주는 일 모두 찜찜한 짓이라는 걸. 특히 빌린 경우엔 가슴에 뭐가 막힌 것처럼 답답하다. 채권자를 볼 때마다 주눅이 든다. 더구나 약속한 날짜에 갚을 수 없게 되면 가시방석에 앉은 양 불편하다. 한편, 빌려 줬을 경우엔 상대적으로 덜 찜찜하지만 그래도 뭔가 어색하다. 게다가 약속한 날짜가 되었는데도 상대방이 갚지를 않을 경우, 감정이 영 편치가 않다. 인간적으로 싫어지기까지 한다. 액수가 크건 작건 상관없다. 단돈 천 원이건 십만 원이건 그 이상이건 감정의 양태는 다 비슷하다. 그래서 옛말에 친한 사람끼리는 돈거래를 하지 말라고 했나 보다.

> 친밀감이 높고 내적인 결속이 강한 공동체에서 화폐 기래는 어떤 어색함을 불러일으킨다. …… 그것은 …… 화폐 거래에 대해 느끼는 무의식적인 '거부감'이나 '위기감' 때문이다. 고병권, 『화폐, 마법의 사중주』, 171쪽

빚은 화폐가 지닌 이런 거부감과 위기감을 극대화한다. 빚지지 마라, 보증 서지 마라, 이런 유언이 오랫동안 전승되는 연유도 거기에 있으리라. 그런데 지금은 바야흐로 '빚의 천국'이다. 카드에, 대출에, 각종 융자금에, 기타 등등. 현대인의 일생은 빚을 지고 빚잔치를 하고 다시 또 빚을 지는 '빚돌이'의 여정이기도 하다. 그래서 자각증세도 사라져 버렸다. 이젠 어지간한 빚에도 감응이 없다. 빚이 곧 능력이라는 어이없는 환각마저 일어난다. 맥락이 약간 다르긴 하지만, 마치 인스턴트 식품을 하도 먹어서 그것이 얼마나 유해한지를 망각한 것과 유사하다. 인스턴트 식품에 중독된 사람이 건강하게 살 수 있는 길은? 없다! 이건 하늘이 알고 땅이 아는 일이다. 건강하게 살려면 무조건 인스턴트 식품부터 끊어야 한다. 살을 빼기 위해서도 마찬가지다. 몸을 가볍게 하기 위해선 좋은 약이나 비방이 따로 있는 게 아니라, 나쁜 음식을 안 먹는 것이 급선무다. 마찬가지로 잘 살고 싶다면 빚부터 청산해야 한다. 빚더미 속에서 산다는 건 무거운 (쓸 수도 없는 물품으로 가득한) 등짐을 지고 에베레스트 산을 오르는 거나 같다. 만약 짐을 내려놓지 않으면 결국은 존재 자체가 짐이 되어 버릴 것이다. 즉, 몸에도, 감정에도, 생활리듬에도 잉여가 덕지덕지 달라붙게 된다. 자존심은 점점 추락하고 뻔뻔함은 더욱 가중되고. 한의학적으론 몸 곳곳에 어혈(瘀血)과 담음(痰飮)이 가득찬 상태에 해당한다. 주변관계나 활동이 원활하게 돌아갈 리가 없다. 빚이 존재를 장악한다는 건 이런 의미다.

사람들은 늘 생각한다. 어떻게 하면 돈을 잘 벌 수 있을까? 근데,

그 길은 의외로 간단하다. 일단 빚을 지지 않으면 된다. 빚이란 무엇인가? 내 능력 이상을 누리려는 탐심이다. 내 주머니에 들어오지 않은 돈으로 소비를 하는 것이다. 여기에 길들여지면 절대로 돈이 모이질 않는다. 좀 번다 싶어도 옆으로 '샌다'. 자기가 사고치지 않으면 주변 사람들이 그런 일을 만들어 내고야 만다. 사고가 나거나 갑자기 아프거나 송사에 휘말리거나. 결국 수입과 더불어 빚도 함께 늘어난다. 돈도 길을 따라 들고 나는데, 이미 빚으로 이어지는 통로가 생겨 버렸기 때문이다. 그러니까 부자가 되고 싶다면 가장 먼저 이 통로를 차단해야 한다. 빚은 물론이고, 빚을 지려는 마음까지도 청산해야 한다. 그렇게 되면 돈은 절로 모이게 되어 있다. 돈을 모으는 건 수입 자체가 아니라, 그 수입을 어떻게 다루느냐에 달려 있기 때문이다.

예를 하나 들어 보자. 내 조카의 경우, 대체복무를 할 때 한해 동안 무려 천만 원을 모았다. 당시 그 청년의 월급은 120만 원쯤. 요컨대, 월급의 대부분을 저축한 셈이다. 아무리 10억을 외치는 시대라 해도 천만 원은 여전히 큰돈이다. 더구나 주식이나 로또 따위가 아니라 순전히 자신의 힘으로 모았으니, 스스로 얼마나 대견하겠는가. 돈이 자존감을 높여 준다는 건 이런 의미다. 그렇다고 대단한 금욕생활을 한 것도 아니다. 그저 불필요한 소비를 줄였을 뿐이다. 불필요한 소비, 그것이 곧 빚이다. 이 빚의 그물에 걸리지만 않아도 돈은 절로 모이게 되어 있다. 그러니 부디 빚지고 살지 마라!

다음은 박노해 시인이 〈나눔문화〉 사이트에 올린 시다. 깊이 음미해 보시길.

빚지고 살지 말거라

빚지고 살지 말거라

돈은 늘 생각보다 늦게 들어오고
돈은 늘 생각보다 많이 들어가니
빚내서 일 벌리지 말거라

신용을 잃으면 사람도 잃고 뜻도 잃는단다
빚은 빚을 부르고 불운만 골라서 잡게 하니
어떤 경우에도 빚지고 살지 말거라

어른들 말씀이 귓가에 들리는데

할부카드 할부이자 할부구매 때문에
빚지고 살기 싫어하던 우리 오랜 정신은 망가지고
가정도 회사도 나라도 세계도 빚더미에 올라
사람도 베리고 뜻도 버리겠네

돈하고 놀자 ─ '미다스의 손' vs '브리콜라주'

터놓고 말하자, 빚지고 살지 마라.──여기까지는 일종의 '워밍업'이다. 기초를 다진 다음엔 실전에 뛰어들어야 한다. 돈의 달인이 된다는 건 돈하고 잘 노는 것, 곧 '돈놀이'를 잘한다는 것을 뜻한다. 아, 사채나 주식투자 따위를 말하는 게 아니다. 그런 건 놀이가 아니라, 노동이다. 시세변동에 따라 울었다 웃었다를 반복하는, 그래서 몸 안의 정기를 있는 대로 손상하는 중노동! 여기서 말하는 건 그런 노동이 아니라, 말 그대로 돈을 가지고 '재미나게' 노는 것이다. 앞의 것이 '미다스의 손'이라면, 뒤의 것은 '브리콜라주'에 가깝다.

미다스의 손이란 다들 알다시피 만지는 족족 황금이 되는 신화 속의 왕이다. 생각만 해도 황홀하다구? 과연 그럴까? 왕의 손이 닿자마자 아내도, 친구도, 신하도 다 황금이 되어 버리는걸. 그리고 더 결정적으로 식탁 위의 모든 음식마저 황금이 되었다. 오 마이 갓! 결국 그는 굶어 죽었다. 황금이 삶을 몽땅 먹어 치우는 과정을 적나라하게 보여 주는 이야기다. 아무리 돈이 좋기로 이 길을 갈 수야 없지 않은가. 다른 한편, 브리콜라주란 프랑스의 저명한 문화인류학자 레비 스트로스의 『야생의 사고』에 나오는 말로 원주민들의 '손재주'를 뜻한다. 브리콜뢰르(Bricoleur), 곧 장인들의 작업장에는 별 연관도 없는 재료들과 기구가 널려 있다. 하지만, 일거리가 있을 때마다 장인들은 이 주어진 조건 안에서 최상의 작품을 만들어 낸다. 그들에겐 제멋대로 배열된 재료와 도구의 잠재력을 끄집어 내는 탁월한 능력이 있기 때문이다. 미다스의 손이 모든 걸 '화폐화'해 버린다면, 브리콜라주는 그 반대다. 최소한의 화폐로 다양한 삶을 연출해 낸다. 다다익선에 한방을 추구하는 것이 아니라, 있으면 있는 대로, 없으면 없는 대로 그 가치와 효용성을 최대한 끌어내는 것, 그것이 바로 '돈놀이'의 진수다.

이벤트 — 돈이 아니라 몸으로!

우리 시대는 이벤트 전성시대다. 일상의 권태와 갈등을 화려한 볼거리와 정신없는 이미지들로 메우느라 여념이 없다. 최근에 뜨고 있는 것은 백일잔치, 돌잔치라고 한다. 기본이 천만 원 이상이라는 흉흉한 소문까지 들린다. 강남 부자들만이 아니라, 보통 서민들까지 여기에 휩쓸리는 걸 보면, 참 현대인들의 마음이 얼마나 헛헛한지를 짐작할 수 있다. 하지만, 이런 어이없는 소비행각을 계속 따라가면서 "돈이 없다"고, "정말 살기가 어렵다"고 투덜거리는 건 좀 곤란하다. 그런 욕구까지 다 충족되는 사회가 정말 좋은 사회일까? 더구나 이런 식의 과열경쟁은 아기를 생각한다면 절대 할 수 없는 짓이다. 근대 이전 유아사망률이 30% 이상일 땐 백일과 돌잔치가 의미가 있었다. 그때까지 살아남은 것만 해도 축하해야 할 일이니까. 또 잔치를 통해 가족뿐 아니라 마을공동체의 한 식구로 편입되는 신고식의 의미도 있었고. 하지만 지금은 어떤가? 유아사망률이 제로에 가까운데 꼴랑 100일, 1년을 살아남았다고 축하를 한다는 것도 말이 안 될뿐더러 그렇다고 공동체 식구로 편입되는 의미가 있는 것도 아니다. 상식적으로 생각해도, 이렇게 돈이 많이 드는 행사는 항시 질투나 불신을 낳는 법, 친인척 간의 우애를 생각한다면 안 하는 게 최상이다.

특이나 그런 과열된 환경에 노출되면 아기의 선천지정(先天之精)은 엄청 소모되고 만다. 결국 부모의 과시욕구 때문에 아기가 '강제노역'을 하는 셈이다. 그러므로 이런 식의 '반생명적' 이벤트는 당장 멈춰야 한다. 꼭 잔치를 하고 싶다면, 돈이 아니라 정성과 우애가 표현되어야 한다. 정성과 우애의 척도는 몸과 기운이다. 가족끼리 소박하게 할 수도 있고, 마을 단위로 크게 할 수도 있다. 하지만, 원칙은 하나다. 화폐가 '몸쓰기'보다 우위에 있어서는 절대 안 된다는 것. 그래야 아기의 선천지정도 더 충만해진다. 아기한테 전달되는 건 돈의 액수가 아니라, 그 과정에서 형성되는 기운의 배치라는 것을 잊지 말기를!

내친 김에 하나 더. 어린이날도 빨리 사라져야 한다. 어린이날에 어린이를 위해 하는 일이라곤 오직 상품 소비밖에 없다. 백화점에 놀이동산에 기타 무슨무슨 공연에……. 이건 솔직히 '테러'에 해당한다. 일년 열두달 집안에서 제왕으로 군림하는 것이 요즘 어린이들이다. 과잉서비스로 흐물흐물해지기 직전이건만, 또 날을 따로 정해서 상품과 소비의 늪에 빠뜨리다니, 이게 도대체 어른으로서 할 짓인가. 차라리 어린이들한테 마을 청소를 시키든지 아니면 양로원이나 경로당에 가서 노인들한테 봉사를 하도록 하는 것이 나을 것이다. 일년 내내 사랑을 받았으니 이 날만은 그 사랑에 보답하는 행동을 하도록 말이다. 효와 경로사상, 공동체 정신 등 각종 윤리적 가치를 한번에 깨닫게 해줄 수 있는 절호의 기회 아닌가. 결손가정 애들은 어쩌냐구? 결손가정이라는 말 자체도 어폐가 있지만, 그 아이들한테도 어린이날은 해롭다. 어린이날에 각종 화려한 서비스가 주어지면 오히려 평소엔 잊고 지내던 자신들의 결핍이 확고한 사실이 되어 버린다. 멀쩡하게 잘 살아갈 수 있는데 굳이 그런 결핍을 야기할 필요가 어디 있는가. 정말로 중요한 건 그 아이들이 떳떳하게 자립할 수 있게끔 평소에, 일상적인 배려가 주어져야 한다는 것이다. 그러니, '반짝 이벤트'로 감상을 쥐어짜는 쇼는 부디 이제 그만!

이벤트가 가장 일상화된 영역은 연애일 것이다. 상투적인 이야기지만, 우리 시대에 연애는 소비의 개념과 일치한다. 연애를 한다는 건 카페, 백화점, 모텔 등을 전전하는 것이며, 각종 기념일 때 상품을 선물하는 것이며, 또 프러포즈를 한다는 건 가능한 한 값비싼 물건을 다소 엽기적인 방식으로 바친다는 뜻이다. 그래서 돈이 없으면 연애를 할 엄두도 내지 못하고, 데이트를 할 때는 시급 5천 원을 떠올리는 기이한 풍토가 생겨나기에 이르렀다. 그래서 숫제 연애를 포기한 청춘들도 많다고 한다. 내 한몸 돌보기도 힘든데 남까지 챙기는 게 너무 부담스럽기 때문이라나. 초식남이니 철벽녀니 듣기에도 끔찍한 외계어들이 그래서 나온 거란다. 그야말로 화폐가 청춘을 잠식한 결과라 할 만하다.

『사랑과 연애의 달인, 호모 에로스』에서도 누누이 강조했지만, 이 끔찍한 화폐권력과 대적하지 않고서는 사랑의 파토스를 체험했다고 하기 어렵다. 구체적인 노하우가 있느냐고? 물론이다. 먼저, 돈 없이 연애하는 각종 방법을 창안하면 된다. 걷기, 자전거타기, 등산……. 기념일 챙기는 유치한 짓은 그만두는 게 딱 좋겠지만, 그래도 하고 싶다면 흔해 빠진 상품은 절대! 사지 말고, 손수 만들어서 선물하라. 아니면, 좀 긴 편지를 쓰는 것도 괜찮다. 덕분에 책도 읽게 되고 문장력도 좋아지고. 일석삼조 아닌가. 또 평소 데이트 하는 장소도 카페, 백화점 따위가 아니라 서점이나 대학 캠퍼스를 활용하라. 아니면 동네 도서관도 괜찮다. 제일 좋은 건 주변에 있는 산이다. 산에는 에로틱한 교감을 위한 지형지물도 많지 않은가. 천지와의 교감을 만끽하면서 즐기는 연애! 이보다 더 짜릿한 건 없으리. 더 좋은 것은 그런 데서 같이 공부를 하는 것이다. 연애와 등산도 머시기한데, 거기다 공부라니! 말도 안 된다고 펄쩍 뛸지도 모르겠다. 하지만, 그거야말로 모르는 소리다. 지성이야말로 에로스의 원초적 토대다. 세상에 그 어떤 매력도 지적인 것에 대적할 만한 것은 없다. 실제로 우리 연구실 커플들은 이런 식으로 연애를 한다. 산보하다 눈맞고, 눈맞은 다음엔 더 열심히 산보를 하고. 세미나하다 눈맞고, 눈맞은 다음엔 세미나를 더더욱 열심히 하고. 밥하고 청소하면서 에로틱한 시선을 주고받고, 그래서 그 다음엔 더 뻔질나게 연구실에 오고. 연구실에 오려면 세미나를 해야 하고 또 밥을 해야 한다. 이런 방식으로 연애를 하면 일단 몸이 건강해질 것이고, 금상첨화로 지성까지 늘지 않겠는가. 건강과 지성과 에로스의 삼위일체!

요컨대, 돈의 달인이 되려면 돈 대신 몸을 잘 쓰면 된다. 그래야 불필요한 소비행각에서 벗어날 수 있다. 잘 살펴보면, 우리의 동선에는 개념 없이 줄줄 '새는' 돈들이 엄청 많다. 이벤트가 그런 짓을 조장하는 대표적 주범이다. 이것만 잘 막아도 돈이 절로 모일 것이다. 뿌린 대로 거둔다고, 주식이나 투기로 번 돈은 액수가 클수록 나갈 때도 '한방'이다. 그렇게 허무하게 탕진하고 싶지 않으면 일상적으로 차곡차곡 모아야 한다. 그래야 그 돈이 나의 자존심을 높여 준다. 버는 것은 신통치 않은데 어떻게 모으냐고? 바로 이 '새는' 돈들을 막으면 된다. 그렇다고 스크루지처럼 살라는 건 아니다. 인색과 절검은 전혀 다른 개념이다. 인색하게 모으면 마음까지 쫄아들어 인생 자체가 아주 허접해진다. 부자가 된 뒤에도 '거지처럼 사는' 이들이 그런 경우다. 그런 비참한 코스를 밟지 않으려면 축제도 하고, 연애도 하면서 모아야 한다. 그게 진짜다. 그렇다면 방법은 오직 하나. 돈이 아니라, 몸으로 때우는 것. 고로, 돈의 달인은 곧 몸쓰기의 달인이기도 하다.

더부살이 프로젝트

이미 확인했다시피, 대한민국은 아파트 공화국이다. 헌데, 어찌된 일인지 늘 집이 부족하다. 대형 아파트는 날로 늘어나건만 청년백수나 인생초짜들은 점점 더 살 데가 없어진다. 큰 집에 사는 이들은 우울증에 빠지고 집이 없는 이들은 궁상에 찌드는 이 기막힌 현실! 여기에 맞서는 최상의 전략이 바로 더부살이 프로젝트다. 원리는 간단하다. 택도 없이 비싼 원룸이나 궁상맞은 고시원 쪽방이 아니라, 서너 명씩 혹은 10명 이상씩 팀을 짜서 같이 사는 것이다. 돈도 절약될뿐더러 주거공간의 질도 아주 높아진다. 거기다 친구들까지 생기니 금상첨화 아닌가.

우리 연구실에서는 2004년부터 이런 식의 공동주택 운동을 해왔다. 그간 낙산재, 서경재 등의 기숙사형 공동주택을 운영해 오다가 최근에는 '베어하우스'(곰집), '풀하우스'(풀집)로 진화했다. 곰집은 남성 청년백수들을 위한 공간이며, 풀집은 여성 싱글들을 위한 곳이다. 보증금은 감이당에서 지원을 해주고, 회원들은 매달 15만 원~20만 원 정도를 내면 된다. 물론 두 군데 모두 게스트하우스로도 활용된다. 룸메이트는 아니지만 너무 늦어서 혹은 시골에서 상경했다가 못 내려가는 경우, 하루에 5천 원씩 내면 하룻밤 잘 묵어갈 수 있다.

사생활 보장이 안 된다고? 염려 붙들어 매시라. 몇 가지 윤리적 규칙만 준수하면 아무 문제 없다. 회사나 학교의 기숙사랑 비슷해 보이지만 실제 내용은 아주 다르다. 그저 싼값으로 공간을 이용하는 것이 아니라, 모든 규칙을 스스로 결정해야 하기 때문이다. 그래서 이렇게 함께 사는 것 자체가 좋은 훈련이자 공부가 된다. 특히 실물 경제를 익히는 데는 그만이다.

감이당의 입장에서 보더라도 물론 이익이다. 몇천만 원으로 이렇게 많은 사람들의 숙소가 마련되는데, 이보다 더 멋진 돈의 용법이 어디 있겠는가. 몇천만 원을 은행에 저축했을 때 돌아오는 건 약간의 금리뿐이다. 하지만, 이 돈을 더부살이에 쓰면 하나의 세상이 펼쳐진다. 나와 감이당 식구들은 그저 거기에 접속만 하면 된다! 잘 차려진 밥상에 숟가락 얻는 격이다. 금리 따위와는 비교할 수도 없는 엄청난 대가를 받는 셈이다. 앞으로 돈을 많이 벌게 되면, 나는 이 프로젝트를 더 확장하고 싶다. 곰집 1, 2, 3…, 풀집 1, 2, 3… 등, 5~6명씩 함께 살 수 있는 주택 네트워크를 모색해 볼 작정이다. 이런 공동주택들이 서로 연결되면, 그것이 곧 마을이다. 일단 마을 네트워크가 형성되면 개별 주거공간은 대폭 줄일 수 있다. 그러면서도 서로의 공간을 다채롭게 활용할 수 있으니, 그야말로 꿩 먹고 알 먹고다. 이것이 야기하는 경제적 효과는 말할 나위도 없고, 무엇보다 지방이나 외국에서 온 방문객들이 마음 놓고 묵어갈 수 있다는 것만 해도 얼마나 좋은 일인가!

그래서 나는 뜻있는 중년들에게 이렇게 권하고 싶다. 꼴랑 서너 명의 식구가 4, 50평 넓은 집에서 살지 말고 알맞은 평수로 줄인 다음, 그 차액으로 주변의 청년들이나 독신자들이 함께 살 수 있는 공동주택을 운영해 보라고. 그게 아니면 두세 가족이 공동으로 집을 마련해서 함께 사는 것도 좋겠다. 굳이 귀농을 하고 전원주택을 짓는 것보다 이미 있는 집들을 재활용해서 주거공간의 배치 자체를 바꾸는 게 훨씬 낫지 않을까. 사회학적으로나 생태학적으로나.

말이 나왔으니 말이지만, '아파트 괴담'의 핵심은 부동산 정책이나 시세 따위가 아니다. 모든 사안을 떠나, 지금 같은 주거공간은 정말 치명적이다. 가족이란 무엇인가? 막말로 '지지고 볶는' 관계 아닌가. 지지고 볶고 부대끼다 보니 미운 정 고운 정이 다 드는 것, 그게 가족을 지탱하는 원천이자 생명력이다. 하지만 요즘의 대형 아파트에선 그게 불가능하다. 3, 40평에 두세 명이 살면 그건 무인도나 다름없다. 게다가 요즘은 각 방마다 화장실과 샤워실까지 갖추고 있으니 서로 동선이 부딪칠 일조차 거의 없다. 밥을 같이 먹기는 더더욱 어렵고. 부인과 남편 사이, 부모와 자식 사이에 정이 들려야 들 수가 없다. 이 상태로 가면 결국 일인가족의 코스를 밟을 수밖에 없을 터. 그래서인가, 아파트 광고에는 늘 우아한 여배우가 홀로 등장한다. 가족도 친지도 없으니, 그 넓은 공간을 채우는 건 오직 인테리어뿐! 맙소사! 동화 속에 나오는 '유리의 성'도 이보다는 덜 썰렁했으리라.

그러므로 이제 필요한 건 부동산 재테크나 전략 따위가 아니다. 주거공간 자체에 대한 패러다임을 바꾸어야 한다. 집이란 무엇인가? 집은 무엇으로 존재하는가? 집과 삶의 관계는? 등등을 허심탄회하게 탐구해야 한다. 그렇게만 되면 도시 안에서도 얼마든지 마을을 구성할 수 있다.

특히, 대학생들이나 청년백수들, 그리고 독신자들 역시 적극적으로 이런 더부살이 운동을 조직해 보는 게 어떨지. 일단 주거에 들어가는 불필요한 비용만 줄여도 자립의 기반을 마련하기가 훨씬 용이하지 않겠는가. 어디 그뿐인가. 대학가에 떠도는 풍문 가운데 유학생 커플들 중에는 동거를 하는 경우가 많다고 한다. 주거비용을 절감하기 위해서란다. 충분히 납득할 만하다. 근데, 이런 방식이 왜 꼭 커플들 사이에서만 가능하다고 여기는가? 친구 사이, 아니면 아주 낯선 관계에서도 얼마든지 가능하다. 동아리 모집도 그렇게 하지 않는가. 일단 누군가 제안을 하고 동네방네 떠들고 다니다 보면 서로 의기투합하는 멤버들을 만날 수 있을 테고, 그 다음엔 함께 집을 구하러 다니면 된다. 다들 '시세' 운운하면서 겁을 주지만 실제로는 '틈새시장'이 사방에 널렸다. 다만 보이지 않을 뿐이다. 그걸 찾아내려면 발품을 열심히 팔면 된다. 그 과정 자체가 실물 경제를 익히는 최고의 현장이다. 그렇게 해서 둘, 셋 혹은 여럿이서 같이 살게 되면 사람살이에 대한 각종 경험을 쌓을 수 있다. 서로 다른 리듬을 가진 존재들의 어울림과 맞섬! 그것을 체험하는 데 이보다 더 좋은 방법은 없다. 친화력과 리더십을 익히는 데도 그만이고.

근대 이전 서양의 귀족들은 자식이 자라면 무조건 기숙학교에 보냈다. 동양에서도 마찬가지였다. 가학(家學)이 일반화된 시대였지만, 자기 자식을 직접 가르치는 경우는 드물었다. 멀리 있는 다른 문파에 보내 아예 그 집에서 숙식을 해결하면서 공부를 익히도록 했다. 왜 그랬겠는가? 낯선 공간에서 가족이 아닌 타자들과 어울릴 때 비로소 어른이 될 수 있기 때문이다.

지금 우리 시대 대학은 위태롭기 그지없다. 다들 파편화되어 경쟁과 위계의 늪에 빠져 있기 때문이다. 이 축을 뒤흔들려면 일단 주거공간의 재배치가 절실하게 요청된다. 그런 점에서 '더부살이' 풍토만 자리 잡아도 대학가에 청년문화가 되살아나는 데 큰 동력이 될 것이다. 청춘은 봄이다. 봄은 생성의 계절이다. 고로, 청춘들이 뒤섞여 살기만 해도 뭔가가 꿈틀거리게 마련이다. 그게 뭐든 상관없다. 뭐가 됐건 청춘을 역동적으로 체험할 수만 있다면 그게 곧 청년문화의 새로운 장을 열어젖힐 것이다. 청년백수나 일인가족들 역시 마찬가지다. 주거공간에 대한 고정관념만 바꾸어도 인생의 질이 달라진다. 그리고 그것은 우리 사회의 고질적 병폐인 아파트 토테미즘에도 치명적 타격을 안겨 줄 것이다.

북-드라망에 접속하라!

우리는 지금 엄청난 문명의 혜택을 맛보고 있다. 그런데, 정작 그 진수를 누리고 있는지는 미지수다. 문명의 진수란 다름 아닌 책이다. 20세기 전까지만 해도 책은 소수의 전유물이었다. 그때는 평생 동안 책을 구경조차 할 수 없는 사람들이 대다수였다. 그래서 선비들의 글 읽는 소리가 그토록 귀하고 아름답게 들렸을 터이다. 그런데 지금은 어떤가? 책이 사방에 널려 있다. 인터넷에 접속하면 세상 어떤 책이건 다 구할 수 있다. 인류 최고의 고전들 역시 누구에게나 열려 있다.

게다가 책보다 더 싼 소비품이 어디 있는가. 밥 한 끼, 혹은 옷 한 벌 값이면 가만히 앉아서 세계 최고의 지성에 접속할 수 있다(명품 하나 값이면 책꽂이 하나를 다 채우고도 남을 것이다. 헉!). 20세기 이전에 살았던 이들에게는 거의 기적과도 같은 일이다. 그럼에도 이 기적을 누리려는 이들은 거의 없다. 거액의 사교육비를 지불할 용의는 있지만 책에 담긴 비전과 지혜를 습득하겠다는 야망은 없다. 심리상담소나 신경정신과 병원에는 돈을 싸들고 갈지언정 책을 통해 스스로 길을 찾으려는 이는 드물다. 그렇게 돈돈돈! 하면서 돈을 이토록 허무하게 쓰다니. 최소한의 비용을 들여 최대한의 효과를 내는 것이 경제라면 이건 정말로 비경제적이다.

책은 그저 여러 상품 중의 하나가 아니라, 세계 자체다. 그 세계에는 우주적 무형의 자산이 담겨 있다. 생명이 무엇인지, 별이 어떻게 탄생하고 소멸하는지, 인간이 어떻게 살아야 하는지, 희로애락의 근원이 무엇인지 등등 ─ 책 속에 펼쳐지는 인드라망의 세계! 그러므로 문명의 혜택을 맛보고 싶다면, 또 최고의 경제적 효과를 창출하고 싶다면, 부디 이 북-드라망과 접속하라!

방법은 간단하다. 일단 돈을 쓰는 무게중심을 책으로 옮기면 된다. 자기계발이니 경영서니, 화폐로 환산되는 건 책이 아니다. 책에는 모름지기 인생과 우주의 비전이 담겨 있어야 한다. 그런 책이라면 분야에 상관없이 무조건 사라. 또 연인끼리, 친구끼리, 가족끼리, 그 누구한테건 '책선물'을 일상화하라. 책을 주는 것은 삶의 지혜를 건네주는 것이다. 이보다 더 기막힌 선물이 또 있는가. 책이야말로 이 시대가 요구하는 진정한 '물품화폐'다. 예컨대, 건강이 부실한 친구가 있다면 몸을 탐구하는 책을, 심리적 고통을 겪고 있는 친구가 있다면 마음을 탐구하는 책을 선물하라. 보험을 들고 정신과 병원을 찾아 헤매기보다 책을 통해 스스로를 치유해 나가도록 권유하라. 그렇게 되면, 책을 매개로 일종의 멘토 역할을 하게 되는 셈이다. 친구이면서 스승인 '사우'(師友)의 관계가 이런 것이리라. 그렇게 책을 통해 우정을 쌓아 가다 보면 둘 모두 전문가 못지않은 지식을 터득하게 된다. 그러면 그 지식이 또 새로운 인연을 불러온다. 최소의 비용으로 최고의 효과를 얻는다는 경지가 바로 이런 것이 아닐까. 아, 물론 서두를 필요는 없다. 지금 당장 읽건 읽지 않건 그건 중요하지 않다.

일단 나와 함께 공존하다 보면 인연이 오게 마련이다. 책은 그냥 무성의 물건이 아니라, 그 나름의 기운장을 가지고 있다. 특히 좋은 책에는 반드시 맑고 청정한 기운이 흘러넘치게 마련이다. 그리고 시절인연이 오면 그 기운은 반드시 드러나게 되어 있다. 그러니 이런 책은 가지고 있는 것만으로도 인생의 든든한 버팀목이 된다. 책이 가진 진짜 실용성은 바로 여기에 있다고 해도 좋으리라. 아울러 좋은 책을 사는 이 행위 자체가 일종의 사회적 경영에 참여하는 일임을 환기할 필요가 있다. 좋은 책을 사는 독자가 많아야 좋은 출판사가 많이 생긴다. 좋은 출판사가 많아지면 좋은 앎들이 더 많이 퍼져 나갈 것이 아닌가. 그리고 세상에 좋은 책들이 있다는 건 그 자체로 엄청난 백그라운드가 된다. 그것만으로도 내 인생에 수많은 구원의 출구를 갖고 있는 셈이니까. 야호!

무엇보다 중요한 건 그래야 돈을 벌 수 있다는 사실이다. 재테크와 관련된 모든 책에도 부자가 되기 위해선 책을 읽어야 한다는 말이 나온다. 그래야 깊고 원대한 투자가 가능하다는 것. 아마 그럴 거다. 하지만, 내가 말하는 건 그런 뻔하고 유치한(?) 의미가 아니다. 책을 통해 비전을 탐구한다는 건 내가 이 세계에 개입하고자 하는 욕망과 관련이 있다. 이 욕망이 솟구치면 아주 적극적으로 돈을 모으게 된다. 이건 내가 실제로 경험한 사실이다. 30대 중반까지 나는 진짜로 돈이 없었다. 그러다 30대 후반부터 돈을 벌 기회가 점차 늘어났다. 주식이니 부동산은 아예 까막눈이라 할 생각도 못했고, 그저 아무 생각 없이 저축만 했다. 그런데도 몇 년 사이에 꽤나 큰 목돈을 모으게 되었다. 비결은 간단하다. 소비가 거의 없었기 때문이다. 집을 늘리지도, 자가용을 사지도 않았고, 기타 다른 소비 역시 거의 없었다. 공부가 생업이니 쓸 시간이 없기도 했고. 쉽게 말해 쓰지를 않았으니 모일 수밖에.

그럼, 이렇게 알뜰하게 모을 수 있었던 원동력은 무엇이었던가? 다름 아닌 사람과 책이었다. 책과 사람으로 연결된 세상, 그걸 위해 줄기차게 돈을 모은 것이다. 쉽게 말하면, 나는 사람들과 더불어 무언가를 탐구해 가는 것이 최고의 삶이라는 것을 일찌감치 터득한 것이다. 어떻게? 다름 아닌 책을 통해서다. 책은 내게 끊임없이 가르쳐주었다. 공부와 우정과 밥은 하나라는 것을. 솔직히 그 당시엔 공동체를 한다는 생각도 없었다. 더욱이 지금 같은 공동체를 꾸리리라곤 생각조차 하지 못했다. 하지만, 내 욕망의 기저에는 '사람과 공부'라는 키워드가 뚜렷하게 작동하고 있었다. 그게 아니었다면 그렇게 줄기차게 돈을 모으진 못했으리라. 아마 남들처럼 적당히 소비하고 적당히 재산을 불리는 데 골몰했을 것이다. 실제로 그때 내 주변엔 나보다 많이 버는 이들이 적지 않았다. 하지만, 그들은 나보다 훨씬 많이 썼다. 그들에겐 쇼핑과 투자보다 더 큰 욕망이 없었던 것이다. 그래서 지금도 여전히 나보다 더 가난하다. 실제 재산은 나보다 훨씬 많지만 실제로 쓸 수 있는 돈은 별로 없는 까닭이다. 그래서 알게 되었다. 재산이 많은 것과 풍요롭게 사는 것은 전혀 다른 개념이라는 것을. 돈을 많이 벌게 되었는데도 여전히 가난한 삶, 이것이 쇼핑과 부동산에 붙들려 있는 우리 시대 중산층의 풍경이다.

책은 우리에게 그와는 전혀 다른 세상을 선물한다. 그 선물을 받게 되면 사람보다 더 귀한 건 없다는 걸 알게 된다. 그러면 결코 쇼핑과 부동산의 늪에서 허우적대지 않는다. 돈을 알뜰히 모아야 할 이유가 분명하기 때문이다. 그 욕망——더 많은, 더 좋은 사람들과 만나고 싶다는——이 돈을 불러들인다고 나는 믿는다. 이것이 '북-드라망'의 경제학이다.

성공의 새로운 척도, '호모 에렉투스'-되기

> 경제학자들은 한 가지 유형의 일자리, 즉 봉급 근로자 유형만을 염두에 두는 경우가 태반이다. 그 어떤 경제학자도 자립형 노동에 대해서는 본격적으로 다루고 있지 않다.…… 젊은이가 고용주의 마음에 들기 위해 열심히 일을 해야 한다는 설명에 한마디로 역겨움을 느낀다. …… 우리 인간의 삶이란 고귀한 것이어서 취업시장에 나가기 위해, 또는 인생을 고용주를 위해 바치느라 커버하기에는 너무나 아까운 것이기 때문이다. 무하마드 유누스, 『가난한 사람들을 위한 은행가』, 정재곤 옮김, 세상사람들의책, 2002, 325쪽

가난한 사람들의 은행가 무하마드 유누스의 말이다. 참으로 옳은 말이다. 인간은 원초적으로 프리랜서다. 평생 동안 한 직장에서 쳇바퀴처럼 살기를 원한다면 그게 더 이상한 노릇 아닌가. 그리스 시대에도 노예는 임노동자, 자유인은 아무 직업을 가지지 않은 사람들을 의미했다. 조선시대의 신분체계인 '사농공상'에서도 '사'(士)는 직업이 없는 사람이 아니었던가. 지금도 마찬가지다. 정규직 타령을 해대지만 직장생활을 어느 정도 하고 나면 결국 다들 자기사업을 원한다. 누구에게 지배받기보다는 두 발로 서고 싶은 것이다. 그게 아니더라도 정

년을 하면 결국은 프리랜서가 되지 않는가. 그렇다면 애초 이걸 전제로 해서 인생 전체의 사이클을 짜는 게 옳지 않을까. 물론 사람과 일에 따라 다 다를 수밖에 없다. 하지만 분명하게 포착할 수 있는 지수는 있다. 돈과 일과 본성의 함수관계가 그것이다. 그 지수가 형편없이 낮다면 그건 무조건 실패다. 평양감사도 나 싫으면 그만이라는 속담도 있듯이, 억지로 하기 싫은 일을 하면서 돈을 벌다가는 과로사 아니면 우울증에 걸리기 십상이다. 실제로 우리 주변 곳곳에서 일어나는 일이기도 하다. 과로사나 자살충동은 단지 경쟁이 치열하거나 일이 많아서가 아니라, 일과 몸 사이에 극심한 소외가 빚어질 때 일어난다. 그 간극을 알아차리지 못했다는 건 몸과 마음이 극도로 분리되었다는 뜻이기도 하고. 일 따로, 몸 따로 그리고 마음 따로. 이런 징후가 감지되면 어떤 직업이건 당장 멈추어야 한다.

배부른 소리 하고 있다고 생각할 수도 있다. 맞는 소리다. 그런 사람이 얼마나 되겠는가? 하지만, 바로 그렇기 때문에 치밀한 전략이 요구된다. 처음에야 누구나 어긋난다. 돈을 따르자니 자유가 울고, 자유를 따르자니 돈이 울고. 여기서 중요한 건 무게중심이다. 존재의 무게중심! 그 존재의 무게중심을 어디에다 싣느냐에 따라 진도가 달라진다. 미국의 유명한 대체의학자 크리스티안 노스럽은 이 문제를 이런 식으로 정리하고 있다.

창의적이고 풍요로워진다는 것은 돈과 일에 대한 생각을 바꾼다는 뜻이다. …… 돈은 우리가 생명에너지와 바꾸고 있는 물질이다. 따라서 …… 당신의 일을 생명에너지로 환산할 때 어느 정도의 대가를 치러야 하는지를 계산해 본다. 고된 노동으로 고갈된 에너지를 보충하기 위해서 값비싼 휴가와 빈번한 병치레를 요구한다면 결국 당신은 손해를 보고 있는 셈이다. 크리스티안 노스럽, 『여성의 몸, 여성의 지혜』, 422~423쪽

그렇다. '돈과 일, 생명'의 삼각함수에 관해서는 손익계산이 분명해야 한다.

민망하지만, 또 나의 예를 들어 보겠다. 정규직에 덧정이 떨어지고 나서 대학원엘 갔을 때다. 그때 내가 마음속으로 발원했던 것이 딱 하나 있었다. 내가 원하는 일로 돈을 벌고 싶다는 것. 근데 내가 원하는 일은 글쓰기였다. 글쓰기로 밥벌이를 한다고 하면 대개 소설이나 시나리오 같은 픽션만을 떠올릴 것이다. 하지만 나는 고전문학 연구자였으니 그쪽과는 애시당초 인연이 없었다. 결국 고전문학으로 글쓰기를 해야 하는데, 이것도 책이 되고 밥벌이가 될까? 아무도 믿지 않았다. 하지만 나는 꼭 그렇게 하고 싶었다. 당시엔 주로 사설시조, 잡가 등을 공부하고 있었기 때문에 이걸 어떻게 대중화할 것인가가 나의 관건이었다. 그래서 글쓰기를 맹렬하게 연마했다. 다행히도, 스승과 도반, 선배들의 채찍이 나를 단련시켜 주었다. 타고난 재주가 없으니 오직 남보다 더 많은 시간을 투자하는 것 말고는 달리 방법이 없었다. 주말에는 알바를 심하게(하루에 열 시간씩?) 하고 평일에는 세미나와 학습, 발표에 매진하였다. 어찌나 재주가 메주였던지

제대로 된 논문 한 편 쓰는 데 꼬박 5년은 걸린 거 같다. 그러다가 마침내 대중적 학술지에 투고할 기회가 찾아왔다. 정말 젖 먹던 힘까지 다해 원고를 완성했다. 지금 보면 참 민망한 수준이지만, 그 글로 난생 처음 '원고료'를 받았다. 정말 쥐꼬리만큼의 돈이었지만, 그때의 감격은 아직도 생생하다.

박사논문을 쓰고 난 뒤엔 본격적으로 글쓰기 작업에 매진했다. 처음 한 작업이 동학들을 꼬드겨 『고전문학 이야기주머니』라는 공저를 낸 것이다. 소박하기 이를 데 없는 시도였지만, 반응은 괜찮았다. 그 자체로는 별 돈이 되지 않았지만 그 책이 다른 인연들을 불러들인 덕에 계속해서 글을 쓸 수 있었다. 거기까지만 해도 대성공이었다. 일단 길이 열린 셈이니까. 교수가 되는 길을 깨끗이 버린 데는 여러 요인들이 있었지만, 경제적인 자신감도 크게 작용했다. 그래, 글쓰기로 경제활동을 할 수 있다면 굳이 대학에 들어갈 필요는 없다. 어디서건 공부를 할 수 있으면 되는 거 아닌가? 그렇게 해서 〈수유연구실〉을 시작하게 된 것이다. 물론 초기엔 지인들의 도움으로 상당 기간 학술진흥재단에서 주는 연구비를 받았다. 연구비가 큰 도움이 되긴 했지만, 평생 거기에 의존할 수는 없었다. 게다가 나는 서류쓰기를 복숭아보다 더 싫어하는 터라(복숭아 알레르기 때문), 1년에 한두 번 쓰는 보고서도 고역 중의 고역이었다. 계속 그렇게 돈을 번다면 그것 역시 임금노예나 다를 바가 없다. 결국 자력갱생의 길을 찾아야 했다. 『열하일기, 웃음과 역설의 유쾌한 시공간』을 쓰게 된 것도 그런 맥락의 소산이다. 이 책은 나의 '돈의 역사'에도 중요한 변곡

점이 되었다. 인세와 강연료로 수입이 오르기도 했지만, 그 덕에 수많은 네트워크에 접속할 수 있었다. 책이 하나의 세상을 만들어 준 셈이라고나 할까. 이런 게 책의 인드라망, 곧 '북-드라망'이다!

그러다가 40대 중반 드디어 경제적 자립이 이루어졌다. 알바를 하지 않아도, 연구비를 받지 않아도 내가 좋아하는 글을 쓰고 강의를 하는 것만으로 살아갈 수 있게 된 것이다. 어느 날 문득 그걸 깨닫고는 속으로 쾌재를 불렀다. 그래! 이제 더 이상 돈 때문에 하고 싶지 않은 일을 하지 않아도 된다! 야호~ 그걸 깨닫는 순간, 갑자기 세상이 환해졌다. 대학원에 입학해서 발심을 한 지 무려 15년 만이었다. 그때만큼 나의 운명을 긍정했던 적이 없었던 거 같다.——"아, 나는 왜 이렇게 좋은 운을 타고났는가?" 물론 운이 좋기도 했지만, 사실 누군들 10년 이상 노력해서 안 되는 일이 있겠는가. 나는 타고난 재능이 모자란 탓에 남보다 좀더 걸린 편이다. 하지만 상관없다. 15년이면 어떻고, 20년이면 어떤가. 중요한 건 좋아하는 일을 하면서 경제적으로 자립을 한다는 그 사실이다.

현대인들은 운명을 극복한다는 말을 좋아한다. 그런데 그 내용을 잘 따져 보면 출세해서 부귀를 누리는 것이 대부분이다. 부귀의 내용은 대부분 쾌락 아니면 방탕이고. 여기에 본성의 문제는 빠져 있다. 출세하긴 했는데 '그건 내가 정말 원하는 일이 아니었어'리거나 혹은 그때도 여전히 누군가의 지시를 받아야 한다면? 이런 경우 그걸 성공이라고 할 수 있을까? 부귀를 위해 내 몸과 삶을 바친 것일 뿐! 성공이란 무엇을 얻었느냐가 아니라, 본성과 경제가 얼마나 일치되는가에 있다. 그리고 그것이 진짜 경제학이다!

무하마드 유누스의 진단대로, "가까운 장래에는 모든 사람들이 평생 두서너 개씩의 직종을 바꿔 가며 살아야 하는 세상이 올 것이다. 이에 따라 개인이 혼자 독립해서 일을 해야 하는 경우도 보다 빈번해질 것이다."『가난한 사람들을 위한 은행가』, 273쪽 그렇기 때문에 이젠 정말 홀로서기를 위한 다양한 방법들이 창안되어야 할 것이다. 어디에도 의존하지 않고 순전히 내 힘으로 먹고살고 일을 하고 세상과 소통하는, '호모-에렉투스'가 되는 길들이. 붓다의 입을 빌려 더 멋있게 말하면, 무소의 뿔처럼 혼자서 가라! 그물에 걸리지 않는 바람처럼, 소리에 놀라지 않는 사자처럼. 그리고 잊지 마시라. 그렇게 홀로 갈 수 있는 자만이 참된 벗을 만날 수 있다는 사실을.

인문학과 돈의 '행복한' 만남

한 해가 저물 때면 다들 세월의 빠름과 덧없음을 한탄하곤 하지만 사실 일년은 참으로 긴 시간이기도 하다. 헤아릴 수 없이 많은 사건이 일어났지만, 또 그만큼 많은 것들이 잊혀지기도 했다. 해서, 한 해를 돌이켜보면 모든 것이 아득하게만 느껴진다. 그 와중에 길어올린 키워드가 있다면 '인문학의 부상'을 꼽을 수 있겠다. 출판분야뿐 아니라 기업과 구청, 평생교육센터 등 실로 다양한 현장에서 인문학에 대한 뜨거운 관심을 보여 주었다. 대학에선 인문학을 추방하고 대중지성의 광장에선 인문학이 활개를 치고, 참 아이러니한 시대다.

아무튼 좋다! 그럼, 인문학이란 무엇인가? 한마디로 자유와 행복을 위한 '삶의 기술'이다. 그렇기 때문에 인문학적 앎에는 반드시 윤리적 실천이 수반되어야 한다. 그동안 우리에겐 여기에 대한 명백한 기준이 있었다. 바로 '돈'이었다. 대통령부터 어린아이에 이르기까지 "부자되세요~"란 덕담을 입에 달고 살지 않았던가. 부자가 되는 것과 행복해지는 것이 동일하다고 간주한 것이다. 그러니 굳이 인문학 따위로 삶의 비전을 연마할 필요가 없었다.

한데, 어째서 다시 인문학을 불러들인 것일까? 드디어 돈이 행복의 척도가 될 수 없음을 깨달은 것인가? 아니면 인문학을 통해 기술력의 결핍을 돌파하고자 하는 '꼼수'인가? 모르긴 해도 전자와 후자 사이에서 동요하고 있으리라. 이 사이에서 무엇이 생성될지는 좀 더 지켜봐야 할 테지만, 그런 점에서 인문학은 무엇보다 이 돈이라는 주제와 맞짱을 떠야 한다.

지금까지 돈은 주로 경영이나 경제학의 테마로 간주되었다. 그 결과, 투자의 노하우나 신자유주의 경제 시스템을 분석하는 책들은 사방에 넘쳐난다. 하지만 더 중요한 건 '돈의 서사'다. 즉 돈이 삶의 현장과 어떻게 연결되는지를 파악할 수 있어야 한다. 그래야 비로소 돈에 대한 윤리적 실천이 가능해지기 때문이다. 돈에 대한 담론은 무수하지만 돈에 대한 서사는 희박하다.

그 이유는 무엇보다 돈을 대하는 태도가 균질화되었다는 데 있다. 연봉, 세대, 계층의 차이가 무색할 정도로 사람들의 돈에 대한 입장은 거의 동일하다. 가능한 한 많이 벌어서 남부럽지 않게 쓴다! 축적과 소비, 이것이 가장 보편적인 공식일 터이다. 이런 식의 '홈파인 공간'에선 서사가 탄생하지 않는다. 삶을 구성하는 건 액수가 아니라 용법인 바, 인문학이 돈과 적극적으로 마주쳐야 하는 이유가 여기에 있다. 우리 공동체의 이웃사촌에는 이주노동자방송(MWTV)이 있다. 네팔인 미누가 활동했던 현장인데, 2009년 가을 단속에 걸려 강제추방되었다. 이후 미누 대신 버마인 소모뚜와 아웅틴 뚱이 새 식구로 활동하고 있다. 언젠가 뚱이 이런 말을 한 적이 있다. "버마에서 제일 부지런한 사람이 한국에 오면 제일 게으른 사람이 돼요."

그럼 버마인들은 태생적으로 게으른 건가? 물론 그렇지 않다. 돈을 척도로 했을 때 그렇다는 것이다. 소모뚜와 뚱은 정말 부지런하다. 방송일만도 엄청난데 생계비도 따로 벌어야 하고 'Stop Crack Down!'이라는 밴드 활동까지 한다. 그 밖에도 수많은 네트워크에 접속해 있다. 그런데도 늘 잘 먹고 잘 웃는다. 그러니까 그들이 게으르다는 건 돈을 버는 행위와 관련해서만 적용되는 말이다. 그러니 절대 돈에 삶을 잠식당할 리가 없다. 아마도 이들에겐 인문학이 따로 필요없으리라. 이들에겐 자연스러운 상식인데 우리는 치열하게 공부를 해야만 터득할 수 있다니, 이건 과연 행운일까? 재앙일까?

어떻든 바야흐로 인문학과 돈의 마주침이 시작되었으니 앞으로는 이 둘 사이의 대결이 불꽃처럼 타오르길 기대해 본다. '그 어울림과 맞섬' 속에서 돈과 운명이 행복하게 조우할 때까지. 돈이 삶을 먹어치우는 것이 아니라, 사람과 사람 사이를 이어 주는 다리가 될 때까지.

버리고,
행복하라

토지헌납운동을 했던 인도의 거룩한 걸인, 비노바 바베

"나는 적선을 구걸하는 게 아니다. 만일 내가 땅 대신에 가난한 자들에게 조리된 음식을 준다면, 그 일은 분명히 그들을 비굴하게 만들 것이다. 목마른 사람은 당연스레 물을 요구하고, 물을 얻어도 비굴해지지는 않는다. 이와 마찬가지로 땅을 받는 일은 사람을 비굴하게 만드는 일이 아니다. 오히려 헌납자는 기부를 받아주는 것에 대해서 감사해야 한다. 땅을 받는 것이지 곡식을 받는 것이 아니기 때문이다. 그는 힘든 노동을 해야만 수확을 하게 된다. 그래서 땅을 받는 자는 어떤 열등감이나 콤플렉스를 느낄 이유가 없다." (비노바 바베, 『버리고, 행복하라』, 124쪽)

'아마추어의 반란' 10호점

마쓰모토 하지메(松本哉)

무일푼 하류인생이 전하는 비자본 생존 노하우

1996년 _ '호세 대학의 궁상스러움을 지키는 모임' 결성. 학생 식당의 밥값 20엔 인상에 반대해 백수십 명의 학생을 모아 식당에 난입하여 대혼란을 일으켰다.

2001년 _ 거의 수업에 출석하지 않았음에도 학점을 대량으로 받아 반 강제로 졸업. 그해 도쿄의 각 지하철 역 앞에서 가난뱅이 집회를 열고 '가난뱅이 대반란 집단' 결성. "크리스마스를 분쇄하자!" "롯폰기 힐스를 불바다로!" "가난뱅이가 설칠 수 있게 하라!" 등의 무시무시한 슬로건을 내걸고 공공장소에서 찌개 끓이기, 경찰 바람맞히기, 펑크록과 엔카를 바꿔 틀어가며 경찰의 혼을 쏙 빼놓는 사이 구호 외치기 등 실로 적들을 혼비백산하게 하는 기발하고도 배꼽잡는 데모를 결행해 왔다. (마쓰모토 하지메, 『가난뱅이의 역습』, 지은이 소개 중에서)

가난한 사람들을 위한 은행가 무하마드 유누스

돈은 쌓여 있는 게 아니라 흘러야 하는 것임을, 자신이 발로 뛰며 설립한 그라민 은행으로 증명했던 '가난한 사람들을 위한 은행가' 무하마드 유누스. 그는 소액 융자를 통해 방글라데시의 수많은 가난한 사람들이 스스로 자신들의 삶의 조건을 바꾸어 나갈 수 있게 했고, 그렇게 사람들 스스로가 만들어 가는 세상을 보여 주었다. 2006년, 그에게 노벨 평화상까지 안겨 준 그라민 은행은 다음과 같은 질문에서 시작되었다. "내가 봉직하는 대학이나 경제학과에서, 지구상에 존재하는 모든 경제학과에서, 전 세계 수천 명의 똑똑한 경제학 교수들이 어째서 도움이 누구보다도 절실한 이 사람들을 이해하고 도와주지 않는단 말인가?"(무하마드 유누스, 『가난한 사람들을 위한 은행가』, 31쪽)

간디의 물레

"간디는 모든 인도사람들이 매일 한두 시간이라도 물레질을 할 것을 권유했다. 물레질의 가치는 경제적 필요 이상의 것이라고 생각한 것이다. 물레는 무엇보다 인간의 노역에 도움을 주면서 결코 인간을 소외시키지 않는 인간적 규모의 기계의 전형이다."(김종철, 『간디의 물레』, 22~23쪽)

"우리는 전체 세계로부터 떨어져 홀로 떠돌기를 원하지 않는다. 우리는 모든 나라들과 자유로운 상호교환을 할 것이지만, 현재의 강제된 상호교환은 사라져야 한다. 우리는 착취당하는 것도, 다른 어떤 나라를 착취하는 것도 원하지 않는다. …… 진정으로 독립되고 자유로운 인도는 불행한 이웃을 돕기 위해 달려갈 것이다."(마하트마 간디, 『마을이 세계를 구한다』, 317~318쪽)

3
돈에 대한 우주적 상상력

카오스 경제학을 향하여!

류보프 포포바, 「우주 에너지의 구성」, 1920

그럼, 이쯤 해서 우리가 지나온 코스들을 한번 정리해 보자. 첫번째 코스는 판타지 왕국. 교환과 계약의 '얼음궁전'이었다. 두번째 코스는 그 얼음궁전 안에서 출구찾기. '얼지 마 죽지 마 부활할 거야!'라는 영화제목처럼 우리는 얼어 죽지 않고 '살아남았다'. 살아남았을 뿐 아니라, 홀로서기와 돈놀이에 대한 각종 노하우까지 챙겼다. 이 정도면 다음 행보도 얼마든지 가능할 듯하다. 지금부터 우리가 밟아야 할 코스는 증여의 매트릭스다. 돈을 잘 벌고 잘 쓸 수 있게 되었다는 건 그만큼 내가 '자유의 공간'을 확보했다는 뜻이다. 그 자유는 반드시 증여로 이어진다. 곧 돈의 달인이란 증여의 달인이기도 한 것이다. 돈과 '코뮤니타스'(화폐에 대항하는 공동체), 서로 모순되는 두 낱말이 본격적으로 마주치는 지점도 바로 여기다.

증여에는 하나의 고정된 방향이 없다. 교환과 계약이 일의적 방향을 취한다면, 증여는 다중적이다. 일대일(一對一)이 아니라, 일대다(一對多)의 파장이 그려진다. 그것을 일러 순환이라 한다. 증여사회를 살았던 인디언들에 따르면, "증여가 이루어지지 않으면 우주의 힘의 유동은 정지한다." 그렇다. 증여는 일상이 우주로 통하는 그 경계 위에서 활짝 피어난다. 교환과 계약에서 증여와 순환으로! 돈은 궁극적으로 이 방향을 향해 나아가야 한다. 그것이 돈의 '운명'이다. 그 운명적 흐름 속에서 드디어 우리가 고대해 마지않았던 새로운 경제학이 탄생한다. 이름하여, 카오스 경제학! 그것이 이 장에서 우리가 탐사해야 할 '미션'이다.

쓰면서, 행복하라! — 교환에서 증여로

준비운동 한 가지. 비노바 바베(비바)가 어렸을 때 그의 어머니는 비바에게 매일 툴시 나무에 물을 주라고 하였다. 어느 날은 비바가 목욕을 마치고 곧바로 부엌으로 가서 밥을 먹으려고 앉았는데 어머니가 그에게 물었다.

"툴시에 물을 주었니?"

"아뇨."

"그러면 지금 당장 가서 주거라. 네가 물을 주어야 나도 밥을 줄 테니까."

주는 것이 먼저라는 걸 깨우쳐 준 것이다. 또 그의 집 마당에는 인도빵나무 한 그루가 있었다. 열매가 익자 비바의 어머니는 나뭇잎들을 오목하게 접시 모양으로 많이 만들어 열매를 거기에 담았다. 그러고는 접시를 동네 집집마다 돌리라고 했다. 접시를 다 돌리고 나자 그제서야 어머니는 비바에게 열매 몇 조각을 주었다. "우리는 먼저 베풀고 나중에 먹어야 하는 법이란다." 그러고는 그 내용을 간단한 시구로 지었다.

"베푸는 것은 하느님과 같은 일이고
쌓아 두는 것은 지옥이라네."

오, 놀라워라! 비바야 인도를 대표하는 훌륭한 성자니까 그렇다 치고, 이 어머니는 그야말로 평범한 여인네 아닌가. 그래서 더한층 충격적이다. 그녀는 말한다. 증여란 거액의 뭉칫돈을 주고받는 특별한 사건이 아니라, 그저 소박하고 평범한 일상의 하나일 뿐이라고. 또 남을 위해 나를 희생하는 일이 아니라, 내가 잘 살기 위해서 마땅히 해야 할 자연스런 본성일 뿐이라고. 그것이 우주적 힘과 곧바로 연동되는 까닭도 여기에 있다.

맑스는 「자본주의적 생산에 선행하는 형태들」이라는 작은 저서에서 고대세계에서는 어디에도 부를 축적하기 위한 조건 등에 대해 정면으로 논의하는 사람들이 없었다고 지적하고 있습니다. 거기에는 목적으로서의 부 자체에 대한 고찰이 없었다는 겁니다. 사람들은 오히려 어떤 조건에서 좋은 인간 ─ 가장 좋은 시민, 친구, 부모, 아이 ─ 을 창조할 수 있을까에 가장 관심을 가지고 있었습니다. 부에 관심을 가졌다면 그것이 부가 어떻게 인간 창조에 기여할까 (혹은 하지 않을까)라는 것이었습니다. 지나치게 가난하면 사람은 타인의 일을 생각하기 어렵다, 지나치게 풍요로우면 호화로움에 빠지게 되어 버린다라는 식의, 이 시기·중국의 전국시대·초기 인더스 문명 등등 지구상의 다른 문명에서 끊임없이 논의되었던 것은 어떻게 하면 가장 좋은 인간이 될까였습니다.

데이비드 그레이버 인터뷰, 「사회학과 유토피아」

인류학자 그레이버의 말마따나, 경제가 다른 모든 영역을 초월하여 우뚝 서는 '경제초월주의'는 참으로 낯선 것이다. 바타유의 말처럼, "정녕 수단에 불과한 것을 목적으로 삼는 것은 어처구니없는 일이다."_{조르주 바타유, 『에로스의 눈물』, 유기환 옮김, 문학과의식사, 2002, 12쪽} 이것만 잘 환기해도 교환에서 증여 사이의 문턱을 간단히 넘을 수 있다.

보통 증여라고 했을 때 떠올리는 건 연말 불우이웃돕기, 월급에서 자동으로 이체되는 후원금, 또 기업들의 의례적인 기부행사 등이 고작일 것이다. 하지만, 이건 증여의 정의에 부합하지 않는다. 증여가 되려면 교환의 법칙에서 벗어나는 유동성을 가져야 한다. 재벌들의 세금면제를 위한 기부, 그건 전형적인 교환법칙 아닌가. 또 부동산 투기를 해서 거액을 챙긴 다음, 기부를 한다? 이건 뭐 도둑질해서 푼돈 나눠 주는 격이고. 그레이버한테 들은 유머 한마디. ─ 산타클로스와 강도의 동선은 동일하다. 산타클로스가 나눠 주는 그 많은 선물은 대체 어디서 났을까? 훔친 것일 가능성이 농후하다. 실제로 북구에선 크리스마스 시즌에 강도들이 산타클로스 복장을 한 채 도둑질을 하다가 경찰들한테 걸려서 마구 두들겨 맞는 장면이 TV에 종종 나온다고 한다. 말하자면, 교환의 세계에선 기부자와 도둑이 한끗 차이인 것이다. 이런 세계에선 아무리 많은 돈을 기부한다 해도 증여라 하기 어렵다. 그럼 어떻게 쓰는 것이 증여인가? 앞에도 나오지만, 삶을 창조하는 데 써야 한다.

그럼, 창조란 무엇인가? 내용이 뭐건 사람들 사이의 관계를 구성하는 것을 의미한다. 흔한 말로 '인복'이라고 한다. 사람이 오면 더

불어서 많은 것이 함께 온다. 밥과 공부, 그리고 또 다른 사람과 활동, 기타 등등. 현대인은 이 모든 걸 돈으로 해결하려 든다. 그러니 평생 죽어라고 벌어도 항상 모자라는 것이다. 하지만 인복으로 해결한다면? 돈을 버는 데 시간을 낭비할 필요가 없다. 『대학』(大學)에 이런 구절이 있다. ──"재물이 모이면 백성이 흩어지고, 재물을 흩으면 백성이 모인다"(財聚則民散 財散則民聚)거나 "인자는 재물로써 몸을 일으키지만 불인한 이는 몸을 바쳐 재물을 일으킨다"(仁者以財發身 不仁者以身發財). 돈과 인복 사이의 관계를 명쾌하게 정리하고 있지 않은가. 노후대책이란 것도 사실 이 자산만 있으면 많은 문제가 해소된다. 노후에도 계속 쇼핑과 회식을 하고 다닐 텐가? 아니다! 노후에 필요한 건 그런 허무한 소비가 아니라, 사람이다. 함께 밥을 먹고 함께 이야기를 나눌 수 있는 사람, 곧 친구. 가족은 결코 구원처가 아니다. 노년에 집에 죽치고 있는 것처럼 괴로운 일은 없다. 그렇다면 노후대책의 자금을 확보하기 위해 투잡을 뛰고 각종 보험을 드느니 그 돈으로 사람 사이의 네트워크를 구성하는 데 써야 하지 않을까? 이게 훨씬 더 경제적이지 않은가 말이다. 그리고 그것이 바로 창조이자 증여에 해당한다. 자신의 삶에 가장 유익한 일이 세상을 향한 증여가 되는 놀라운 역설! 우리 사회도 이제 이 역설의 경제학을 기꺼이 실험해 볼 때가 되지 않았을까?

예컨대, 용인시 수지에서 문을 연 〈문탁네트워크〉의 경우만 해도, 처음엔 문탁 여사의 아파트 거실에서 시작했다. 거실을 세미나룸처럼 개조하여 이웃친지들과 더불어 세미나를 하다가 그 인맥으로 새로운 공동체를 꾸리게 된 것이다. 집이란 원래 이렇게 써야 한다. 사람들이 활발하게 드나드는 곳으로. 그러다 보면 집 자체가 다양한 모습으로 변용된다. 즉 누구에겐 쉼터로, 누구에겐 배움터로, 또 누구에겐 사귐터로. 사실 집이건 돈이건 쓰는 사람이 임자다. 그저 보관하고 있거나 끼고만 있으면 그게 무슨 주인인가. 집사거나 수위지. 그렇게 사람이 드나들다 보면 돈은 자연히 따라오게 되어 있다.

우리 연구실에선 이런 용법이 아주 많다. 액수는 중요하지 않다. 예컨대, 후배한테 강좌를 선물한다거나 세미나에 필요한 책을 선물한다거나 아니면 특식을 선물한다거나. 공부와 밥과 관련된 모든 것이 선물이 된다. 물론 옷도 주고받는다. 장롱에 처박아 둔 옷들이 우리 연구실 장터에 나오면 갑자기 기막힌 패션으로 둔갑한다. 내가 평소 입고 다니는 옷도 거의 다 나눔터 패션이다. 사철 옷을 다 합쳐야 10만 원쯤 되려나.(^^) 물론 우리만 자족하진 않는다. 2009년 10월 우리와 같은 공간을 쓰고 있는 이주노동자의 방송 MWTV의 멤버 미누가 18년 만에 네팔로 강제송환되었을 땐 '필사적으로!' 돈을 모아서 천만 원을 보내 준 적도 있다. 우리와 오래도록 한솥밥을 먹었던 미누를 그렇게 빈털터리로 보낼 수 없다는 생각에서였다. 아마 미누는 그 돈을 밑천 삼아 네팔에서 새로운 삶을 창안하고 있을 것이다. 정말이지 세상은 넓고 돈 쓸 곳은 너무나 많다!

그리고 이렇게 돈을 쓰는 건 추리소설보다 더 짜릿하고 흥미진진하다. 연구실 올드멤버 김연숙은 학진연구비를 받자마자 막 제대한 후배의 교육강좌 회비를 대신 내주면서 이렇게 말했다. "사제 인간으로 복귀한 △△에게, 제대기념선물로 강좌를 선물합니다. (아, 남들이 이런 거 할 때, 얼마나 따라해 보고 싶었던 건가…ㅎㅎㅎ)" 그렇다. 이런 선물에는 특유의 자존감 혹은 기쁨이 수반된다.

"버리고, 행복하라!"──이것이 비노바 바베의 슬로건이었다. 이미 보았듯이 그것은 어린 시절부터 어머니가 그에게 준 가르침이었다. 그 경지까지는 아니더라도, 그걸 이렇게 변주하는 건 어떨까. 쓰면서, 행복하라! 이것만 느낄 수 있다면, 일단 증여의 문턱은 훌륭하게 통과한 셈이다.

돈은 '물'이다 ─ 돈을 '물' 쓰듯!

증여의 문턱을 넘었다고 해서 만사 오케이는 아니다. 오히려 지금부터가 첩첩산중이다. 왜냐하면 여기서는 교환법칙과는 전혀 다른 규칙과 원리가 작동하기 때문이다. 이것들에 좌초되지 않고 그 사이를 자유롭게 유영하려면 지금까지와는 전혀 다른 학습과 훈련이 필요하다. 가장 먼저 해야 할 일은 돈에 대한 이미지를 전면적으로 바꾸는 것. 그래야 고정관념에서 벗어날뿐더러 다양한 용법의 개발도 가능하다.

장주(莊周)가 집이 가난하여 제후인 감하후(監河侯)에게 곡식을 빌리러 갔다. 감하후가 말했다. 머지않아 고을에서 세금을 거둬들일 텐데 그때 삼백금을 빌려 주겠노라고. 장주가 발끈했다. 곡식 한 말이면 되는 걸…… 주기 싫으면 싫다고 할 것이지 세금 거둬서 준다고 뻥을 쳐? 굶어 죽은 다음에 삼백금이고 나발이고 대체 뭔 소용이람? 열받은 장자, 고분고분 물러갈 리가 없다. 특유의 말빨로 이렇게 복수를 한다.

제가 어제 올 때 도중에 부르는 자가 있었습니다. 돌아보니 수레바퀴 자국에 붕어가 있더군요. …… 붕어 왈, "나는 동해 용왕의 신하

이오. 약간의 물만 있으면 나를 살릴 수 있을 거요." 제가 말했습니다. "좋다, 내가 이제 남쪽 오월의 왕에게로 가는데 촉강의 물을 밀어보내서 너를 맞게 해주지. 그럼 됐지?" 그러자 붕어가 불끈 성을 내며 말했습니다. "나는 늘 나와 함께 있던 물을 잃었기 때문에 있을 곳이 없는 거요. 나는 한 말이나 한 되의 물만 얻으면 살아날 수 있소. 그렇게 말하다니 차라리 건어물전에나 가서 나를 찾는 게 나을 거요." 「장자」, 「잡편」, 제26장 '외물'

조그만 웅덩이에 물이 말라 붕어가 죽어 가고 있다. 이번엔 장자가 크게 선심을 쓴다. 남쪽에 가서 촉강의 물을 밀어보내 주겠노라고. 붕어가 내지른다. 한 양동이의 물만 있으면 살 수 있는데 촉강의 물을 끌어다 주겠다고? 차라리 죽으라고 해라, 이 인간아! 그렇다. 지금 당장 목마른 이에겐 한 표주박의 물이면 족하다. 한강물이며 동해바다가 대체 무슨 소용인가. 생각해 보면, 우리 시대가 돈을 쓰는 방식이 딱 요렇다. 뭐든 거창하게 시작하려 든다. 돈을 오직 수치로만, 그리고 뭉치로만 생각하는 습관 탓이다. 궁상과 탐욕 사이를 왔다리갔다리 하는 이유도 여기에 있다.

이런 관행을 가장 신랄하게 비판한 이가 바로 무하마드 유누스다. 방글라데시에선 많은 사람들이 굶어 죽는다. 그런데 매년 약 300억에 달하는 국제원조를 받는다. 그 많은 돈은 대체 어디로 가나? 4분지 3은 원조를 하는 나라에서 쓰고 나머지 4분의 1은 엘리트 감독관, 기업, 관료와 공무원들의 손으로 간다. 이런! 그는 말한다. "외국으로부터의 원조는 대개 도로를 닦거나 다리를 놓는 따위의 가난한 사람들에게는 '장기적으로'나 도움이 될 만한 인프라 구축에 쓰여진다. 하지만 장기적으로 기다리다가 많은 사람들이 그 사이에 죽게 마련이다."무하마드 유누스, 『가난한 사람들을 위한 은행가』, 41쪽 정말 딱 『장자』 우화의 현대판 버전 아닌가.

그는 이 모순을 타파하기 위해 가난한 사람들, 그것도 천대받는 여성들한테만 5불에서 50불까지를 빌려 주는 그라민 은행을 설립했다. 그 돈들은 수천, 수만 명의 사람들에게 새로운 삶을 선사했다. 수백 억의 원조도 하지 못한 일을 단돈 몇십 불이 해낸 것이다. 돈이 삶을 창조한다는 건 바로 이런 의미다.

고로, 이 대목에서 환기해야 할 명제 하나. 돈은 물이다! 이것이 우리가 터득해야 할 돈에 대한 새로운 표상이다. 물은 생명의 원천이다. 돈 역시 그렇게 쓰여야 한다. 그라민 은행의 회원인 한 여인이 말했다. "그라민 은행은 저에겐 어머니 같은 존재예요. …… 새로운 생명을 주었거든요." 목마른 이에게 물이 했던 역할을 돈이 똑같이 해낸 것이다. 『도덕경』에도 나오듯, 최고의 선은 물과 같다(上善若水). 물은 어떤 것도 해치지 않을 만큼 부드럽지만, 어떤 것도 살릴 수 있을 정도로 강하다. 부드러움과 강함의 변주. 돈 역시 이렇게 쓰여져야 한다. '돈을 물 쓰듯 하라'는 말은 바로 그런 뜻이다.

돈이 물이 되면 거기에는 동정심도, 열등감도 들어설 여지가 없다. 비노바 바베는 인도 전역을 도보로 여행하면서 '토지헌납운동'을 펼친 이로 유명하다. 토지를 주고받는 행위에 대해 그는 이렇게 말한다. "목마른 사람은 당연히 물을 요구하고, 물을 얻어도 비굴해지지 않는다. 이와 마찬가지로 땅을 받는 일은 사람을 비굴하게 만드는 일이 아니다. 오히려 헌납자는 기부를 받아 주는 것에 대해서 감사해야 한다. 땅을 받는 것이지 곡식을 받는 것이 아니기 때문이다. 그는 힘든 노동을 해야만 수확을 하게 된다. 그래서 땅을 받는 자는 어떤 열등감이나 콤플렉스를 느낄 이유가 없다."비노바 바베, 『버리고, 행복하라』, 124쪽

한편, 물의 속성은 맑고 투명한 것이다. 같은 이치로 돈의 흐름 역시 청정해야 한다. 고로, 천지간에 감추는 것이 없어야 한다. 물처럼 쓴다는 건 투명하게, 당당하게 쓴다는 걸 뜻한다. 따라서 오른손이 하는 걸 왼손도 알아야 한다. 몰래 숨어서 하는 선행도 중요하긴 하다. 하지만, 그럴 때도 '몰래 한다'에 방점이 찍혀서는 곤란하다. 때론 그게 더 인위적일 수 있다. 좋은 일을 숨기게 되면 나쁜 일도 숨기게 되는 법. 또 숨기는 것이 일상화되면 어느 순간 고이게 된다. 물이 고이면 썩듯이, 돈도 고이면 썩는다. 터놓고 말하는 습관이 필요한 건 바로 그 때문이다.

말이 나온 김에 물을 쓰는 것에 대해서도 한마디. 물이 점점 고갈되고 있다. 물을 '물 쓰듯!' 한 탓이다. 바야흐로 도시란 물을 천문학적 단위로 소비하는 곳이 되어 버렸다. 주거공간이 아파트가 되면서 목욕탕 혹은 샤워실이 집 안으로 들어가고, 다시 그것들이 방마다 배치되면서 사태는 더욱 악화되었다. 이제 먹는 물은 지하광천수를 끌어와야 하고, 그 결과 지구는 점점 사막화되어 간다. 그럴수록 물

에 대한 갈증은 더더욱 커지고(화폐의 속성과 참으로 닮았다). 그러므로 이 악순환에서 벗어나 물의 본래면목을 회복하는 지혜가 절실하다. 돈은 물!처럼 쓰고, 물은 돈!처럼 쓰는.

선물의 경제학 혹은 '인디언-되기'

1. 평화를 가져다주어야 한다.
2. 재물에 애착을 가져서는 안 된다. 인색하다는 것은 스스로를 부정하는 것과 마찬가지다.
3. 말솜씨가 뛰어나야 한다.

<small>나카자와 신이치, 『곰에서 왕으로』, 160쪽 참조</small>

인디언 추장의 자격조건을 간단히 정리하면 이렇다. 평화와 선물, 말. 이 세 가지 '스펙'(!)을 갖추어야 추장 노릇을 할 수 있다. 평화와 선물은 그렇다 치고, 말솜씨도 좋아야 한다고? 그건 좀 뜻밖인데? 하긴 인디언에 관한 책들을 보면 추장들은 다 웅변의 달인이다. 어지간한 시인이나 정치가, 철학자는 쨉도 안 된다. 그 빼어난 말솜씨의 원천은 다름 아닌 우주적 비전이다. 인디언들은 기본적으로 생로병사를 다 천지만물의 흐름 속에서 파악한다. 그 정도의 비전은 갖추어야 부족 간의, 또 부족 내부의 분쟁과 갈등을 조정할 수 있다고 본 것이다. 그리고 그것의 일상적, 윤리적 실천이 바로 '선물의 경제'다. 추장은 당연히 사냥에 능숙해야 한다. 인디언 추장이 사냥을 못한대서야 말이 되는가. 헌데, 동시에 그 사냥한 것들을 베푸는 데도 능숙해야

한다. 선물을 하거나 축제를 베풀거나 ──이것이 추장이 갖춰야 할 가장 중요한 정치적 덕목이다. 왜냐하면 증여 속에는 물질로 환원되지 않는 특유의 힘이 존재하기 때문이다. ──"증여에서 중요한 것은, 사실은 선물로 주어지는 '물'이 아니라, '물'의 이동을 매개로 해서 동일한 방향으로 이동해 가는 유동적이고 연속성을 가진 어떤 힘의 움직임"나카자와 신이치, 『사랑과 경제의 로고스』, 48쪽이다. 나카자와 신이치는 이것을 '양자론적'으로 설명한다.

> 양자론에서 물질의 운동은 중심적 주위에 부옇게 '구름처럼' 퍼져 있는 것의 움직임으로 묘사됩니다.
> 이런 식의 비유를 사용하면, 증여는 경제와 유통에 있어서 '양자론'에 해당하는 것으로 이해할 수 있습니다. 요컨대 선물이라고 불리는 '물'은 물질로서의 윤곽과 크기와 양을 가지고 있게 마련인데, 증여는 그런 '물'=선물 주위에 부옇게 '구름처럼' 퍼져 있는 다양한 형태의 생명을 가진 힘을 끌고 다니며, 사람과 사람, 집단과 집단 사이를 옮겨 다니는 생명을 가진 힘의 전체운동으로 묘사할 수가 있습니다.
> 그에 비해서 교환은 여전히 고전적인 역학의 세계상에 의거해서 이루어집니다. 교환되는 상품의 가치의 '형태'는 계산 및 계량이 가능할 듯한 명확한 윤곽을 갖게 되어, 그것의 이동에 의해 사람과 사람, 집단과 집단 사이를 화폐가치로 환산가능한 양이 움직여 가는 겁니다.나카자와 신이치, 앞의 책, 49쪽

오호라, 그러니까 '선물의 경제'는 생명의 물리적 운동과 연동되어 있다는 말씀! 교환이 뉴턴 역학의 세계에 속한다면 선물은 양자론적 원리에 근거하고 있다. 그래서 양자의 운동이 그러하듯, 선물은 주위에 측정불가능한 힘과 운동성을 불러일으키는 것이다.

이렇게 되면 증여는 경제학의 범주를 훌쩍 넘어 생명과 우주의 영역으로 진입한다. 이쯤 되면 "왜 증여를 해야 하는가?", "증여란 무엇인가?" 등의 질문은 무의미하다. 양자론적으로 보면 증여는 생명의 원리다. 그러므로 살아 있는 모든 존재는 증여의 사이클에 참여해야 한다. 그래서 인디언들은 "선물에 대해 답례를 하지 않으면 영력의 유동이 정지해 버리게 될 것을 두려워해서, 자신도 배포 큰 선물을 해야만 한다는 식으로, 마치 답례를 의무처럼 여겼다". 증여의 사이클이 깨지면 "전 부족 아니 전 우주의 건강한 운행을 저해한다는 식의 일종의 우주적인 책임감"같은 책, 64쪽이 충만했던 것이다.

이런 관점에서 보면, 문명인은 한마디로 '우주적 미아'다. 오로지 착취와 스톡(stock)으로만 일관해 왔기 때문이다. 우주의 영적 유동성은? 관심 밖이다. 아니, 그것이 경제와 어떤 연관이 있으리라는 생각조차 하지 못한다. 경제 따로, 존재 따로, 몸 따로, 마음 따로! 화폐와 우주, 증여와 양자론이 만날 수 있는 길은 애시당초 봉쇄되어 버렸다. 그 결과, 경제는 무한증식을 향해 달려가지만, 존재는 붕괴 직전이다. 우주의 건강한 운행을 저해한 대가를 톡톡히 치르고 있는 셈이다.

우리 시대가 선물의 경제학에 접속해야 하는 이유가 여기에 있다. 더 이상 축적과 증식을 향해 달려갈 수는 없다. 그것은 이미 임계점을 넘어섰다. 방향을 어떻게 틀어야 할지 몰라서 그저 가고 있을 뿐이다. 하지만, 그것도 핑계일 뿐이다. 출구는 아주 가까운 데 있다. 인류는 오랫동안 증여와 순환의 원운동 속에서 살아 왔다. 그걸 다시 일깨우면 된다. 그러므로 선물의 경제학 혹은 인디언-되기는 오래된 유물이 아니라 도래할 비전이다.

일단 '인디언-되기'에 성공하고 나면 '추장-되기'에도 도전해 볼 만하다. 추장은 인디언 중에서도 특히 증여의 원리에 통달한 인물이다. 게다가 그것을 아름답고 명쾌한 수사로 풀어낼 수 있는 '말빨'도 갖추고 있어야 한다. 증여의 달인이자 수사의 달인인 것. 하지만 이건 너무나 당연하다. 증여의 '양자론적' 리듬을 자유자재로 탈 수 있다면, 언어의 길 또한 절로 열리는 법이니까. 교환은 삶을 먹어 치우지만 증여는 삶을 창안한다. 고로, 증여가 있는 곳엔 어디서건 말과 이야기들이 살아 움직인다.

이매진 노 머니 Imagine No Money!

① 쓰면서, 행복하라. ② 돈은 물이다. ③ 선물은 양자적 운동이다——이 세 가지 명제만 잘 기억해도 증여에 대한 학습은 꽤나 진도를 뗀 셈이다. 그럼, 다음 단계는? 당연히 실전이다! 대개 그렇지만, 이론보다 응용이 훨씬 어렵다. 하지만 그래서 재밌기도 하다.

추장이 증여의 달인이라면 그는 받는 것보다 더 많은 것을 주는 존재라는 뜻인데, 이 사이의 간극과 잉여는 어디서 오는가? 그만큼이 능력이자 카리스마다. 그렇다면, 분명 조금 주고 많이 받는 사람이 있을 것이다. 그럼 그 사람이 가장 많이 소유하는 자가 되는가? 그렇지 않다. 아마 가장 무능하거나 가장 약한 존재일 것이다. 증여의 매트릭스에선 이렇게 유형과 무형의 가치들이 서로 뒤섞인다. 카리스마와 권위를 누리려면 소유로부터 벗어나야 하고, 소유에 의존하게 되면 무능력하다는 자책이나 타인으로부터의 불신을 받아야 하고. 이런 세계에선 화폐가 주도적인 역할을 할 수가 없다. 과연 그렇다. 원주민 사회에서는 물론이고, 근대 이전에는 화폐가 그다지 영향력을 행사하지 못했다. 『임꺽정』의 배경이 되는 조선 중기만 해도 상목이나 무명 같은 물품화폐가 더 일반적이었다. 은화가 있었지만 실제 현장에선 거의 사용되지 않았다. 물품화폐도 명목상 화폐긴 하지만, 선물과 아슬아슬한 경계에 놓여 있다. 그래서 계약관계가 전적으로 지배하기가 어렵다. 물품화폐에는 인간이 태생적으로 지니고 있는 '선물본능'이 담겨 있는 탓이다.

그렇다면, 여기서 한 발짝 더 나가 보자. 아예 화폐가 없다면 어떻게 될까? 세상이 무너질 거라고? 천만에! 아주 흥미진진한 사건들이 도처에서 벌어질 것이다. 물품화폐뿐 아니라, 유형·무형의 능력들이 제멋대로 활개를 칠 테니 말이다.

예컨대, '교육통화'라는 말이 있다. 『학교 없는 사회』로 유명한 이반 일리치(Ivan Illich)가 창안한 말이다. 배움과 가르침의 능력들을 화폐처럼 교환한다는 의미다. 내가 요리를 가르쳐 주면, 누구는 수학을 가르쳐 주고, 내가 글쓰기를 가르쳐 주면 누구는 나에게 한의학을 가르쳐 주고…… 기타 등등. 사람은 누구나 배울 것이 있다. 또 누구나 가르쳐 줄 것이 있다. 학교가 저지른 가장 나쁜 일은 이 배움의 장에 교환법칙을 새겨 넣은 짓이다. 근대 이후 사람들은 뭔가를 배우려면 학교에 가야 한다고 생각한다. 하여, 학교에서 배우는 것만이 공부라는 생각, 그리하여 학교를 마치면 스스로의 힘으로 공부를 한다는 생각을 숫제 망각해 버린다. 그렇게 되면서 교사는 자격증이 있는 사람으로 한정되었고, 교사와 학생 사이는 엄격한 선이 그어졌다. 그래서 '뭔가를 배우려면 자격증이 있는 사람한테 돈을 주고 배워야 한다'는 인식이 뼈에 사무치게 된 것이다. ——공부 혹은 지식의 화폐화! 일리치의 교육통화란 바로 이 지식의 교환법칙에 정면으로 맞짱을 뜨는 것이다. 서로 서로 앎의 능력들을 교환하라. 화폐라는 중간매개를 거치지 말고 곧바로! 그렇게 되면 이 교환은 증여가 된다. 배움과 가르침의 무수한 변주들! 여기에는 화폐가 개입할 공간이 점점 희박해진다.

이에 대한 아주 고전적인 예가 하나 있다. 행림(杏林)──살구나무 숲. 의원을 뜻하는 낱말로도 쓰인다. 살구나무랑 의원이 대체 무슨 관계가 있다고? 옛날 중국에 동봉(董奉)이라는 의원이 있었다. 그는 치료비로 환자들에게 살구나무를 심게 하였다. 중환자에게는 다섯 그루, 경환자에게는 한 그루씩. 몇 년 후 그 나무들이 울창한 숲을 이루게 되었는데, 그것이 곧 행림이다. 사람들이 동봉의 뜻을 높이 기리다 보니 아예 '행림'이 의원이라는 말을 대신하게 된 것. 동봉이라는 고유명사는 사라지고 '행림'이라는 보통명사만 남은 격. 요즘 한의대에서 매년 '행림제'라는 축제를 여는 것도 '동봉의 뜻'을 따르고자 함이리라. 물론 현실은 그와 너무나 멀긴 하지만.

모든 앎이 그렇지만, 의학이야말로 보편적인 앎이다. 생로병사에 관계된 지식이기 때문이다. 그래서 의료는 화폐법칙을 따라서는 안 된다. 아니, 그 이전에 절대 화폐화될 수 없는 것이 의학이다. 내 병을 고쳐 주는 것을 어떻게 상품을 사고파는 것과 같은 차원에서 가늠할 수 있으랴. 더욱이 죽을 병에서 낫게 되었다면, 그땐 전 재산을 주어도 아깝지 않다. 요컨대, 의료는 원칙적으로 '화폐의 외부지대'인 셈이다. 다산 정약용 역시 유배지에서 그 점을 몸소 실천한 바 있다. "1801년 정약용은 장기현에서 귀양살이를 시작한다. 장기에 도착하고 몇 달 만에 집안에서 기별이 왔는데 의서 수십 권과 약초 한 상자도 있었다. 책이라고는 한 권도 없는 귀양지라 다산은 오직 의서를 보며 시간을 보냈고, 몸이 아플 때도 집에서 보내온 약초로 다스렸다(강명관)." 그것을 보고 주인집 아들이 그것을 책으로 만들어 주십사 부탁한다. 마을사람들에게 치료의 능력을 베풀어 주기를 청한 것이다. 다산은 기꺼이 응한다.

> 다산은, 자신이 가지고 있는 의서에서 간단하고 쉬운 처방을 가려 뽑았다. 또 특정한 병에 가장 잘 듣는 약재 하나를 골라 쓰고, 그 밖의 보조가 되는 약재도 4, 5종을 덧붙였다. 희귀해서 시골사람들이 구할 수 없는 약재는 아예 적지 않았다. 다산은 이 책에 『촌병혹치』(村病或治)란 이름을 붙이고, 퍽 만족해한다. 잘만 쓰면 사람의 목숨을 살릴 수 있을 것이니, 세상의 의술의 이치를 모르는, 내용이 뒤죽박죽인 의서와 비교하면 도리어 낫지 않겠느냐는 것이다. 낯선 귀양지에 떨어져서도 시골사람들의 병을 걱정하여 의서를 엮다니, 정말 다산이라는 생각이 든다.
>
> 강명관, 「아파트 한 채의 병원비」, 〈실학산책〉 사이트에서

스스로를 치유하기 위해 시작한 공부가 이렇게 해서 산골마을로 흘러가게 된 것이다. 물론 다산은 자신의 앎에 대해 어떤 대가도 바라지 않았다. 하지만 아마도 시골사람들은 다산에게 여러 가지 방식으로 보답을 했을 것이다. 유형, 무형의 선물을 통해. 동봉의 환자들이 치료비 대신 살구나무를 심은 것과 마찬가지로. 이것이 바로 화

폐 바깥의 세상이다.

    너무 환상적이라고? 그렇지 않다. 화폐라는 '전제군주'가 사라지면 어디서건 자연스럽게 능력들의 순환이 일어난다. 둑이 터지면 물이 사방에 흘러넘치는 것처럼. 그리고 그것이 곧 증여의 양자적 운동이 일어나는 현장이기도 하다. 그러니 결코 포기하지 말고, 열렬히 상상하라! 화폐 없는 세상을, 능력들의 '활발발'(活潑潑)한 순환을 — 이매진 노 머니!

공동체, 최고의 생존전략—마을이 세계를 구한다!

화폐가 탈영토화하여 선물로 변이되는 관계, 다양한 능력들이 순환하면서 새로운 화폐로 탄생되는 배치, 그것이 일상화되는 시공간이 바로 공동체다. 그런 점에서 공동체야말로 우리 시대 최고의 생존전략이라 할 수 있다. 이념이나 철학을 떠나 일단 경제적 차원에서 그렇다. 함께 살면 비빌 언덕도 많고, 당연히 물건들의 순환도 원활하게 이루어진다. 우리 연구실만 해도 서울 한복판에 있지만, 2, 30대 독신 회원들의 경우, 50~60만 원 정도면 한 달을 너끈히 살아갈 수 있다. 서울 중산층의 기준으로 본다면 거의 5분지 1도 안 되는 수준이다. 농담조로 연구실에선 네팔이나 스리랑카 환율이 적용된다는 말을 하기도 한다. 아, 오해하지 마시라. 절대 금욕적으로 살지는 않는다. 하루 종일 풍성하게 먹고, 무엇보다 하고 싶은 공부를 원없이 한다. 사람들이 모이면 이런 식의 '환율인하'는 어디서나 일어날 수 있다.

헌데, 왜 다들 살기가 어렵다고 하면서 공동체를 기획하지는 않을까? 혹은 공동체에 접속하려고 하지 않을까? 아마도 그것은 공동체를 주로 정치적·철학적 관점에서 접근하는 관성 때문인 듯하다. 그래서 우선은 좀 가벼워질 필요가 있다. 공동체는 특별한 이념적 조직이 아니다. 실존적 결단을 통해서 만들어지는 결의체는 더더욱 아니다. 잘 먹고 잘 살기 위한 궁리, 화폐에 무릎 꿇지 않고 떳떳하게 살아갈 궁리, 무엇보다 고독과 소외의 '외딴방'에서 탈주하여 즐겁고 유쾌하게 살기 위한 궁리 등등. 이런 궁리를 하다 보면 자연스럽게 도달되는 결론이 공동체다.

가족이 있지 않느냐고? 맞다. 다만 가족이 공동체적 관계로 변주될 수 있다면! 하지만, 유감스럽게도 우리 시대 가족은 그렇게 될 가능성이 극히 희박하다. 일단 규모가 너무 작다. 많아 봤자 고작 3~4인 아닌가. 그 안에서 뭔가 세상과 순환할 수 있는 네트워킹이 일어나기란 참으로 어렵다. 가족이 공동체적으로 재배치되려면 일단 '세상으로' 나와야 한다. 엄마는 엄마대로, 아버지는 아버지대로, 그리고 자식들은 자식들대로. 각자 자신의 방식대로 세상과 접속한 다음 그것을 서로에게 선물할 수 있어야 한다. 가족의 공동체적 재구성이란 바로 이런 의미이다.

회사는 어떨까? 회사를 공동체로 여기는 이는 거의 드물다. 오직 교환과 경쟁의 관계로만 간주해 온 오래된 습속 때문이다. 근데 이게 정말 당연한 일인가? 하루 종일 같은 공간에서 같은 종류의 일을 한다면 그건 가족보다 더 질긴 인연이다. 그런데 이걸 애초부터 소외된 방식으로 대한다는 건 오너건 직원이건 참, 기이한 '마이너스' 게임이다. 그런 통념에서 벗어나 이 '질긴' 인연들을 잘 엮는다면 일터 역시 '우정'의 네트워크로 충분히 재구성될 수 있을 것이다. 한국인 10명 가운데 7명이 우울증이라고 한다. 우울증의 원인은 간단하다. 소통이 단절된 탓이다. 공동체란 별 게 아니라, 바로 이 소통의 현장을 확보하는 것이다. 직장 또한 그렇게 되지 못할 이유가 어디 있는가. 요컨대, 공동체를 꼭 멀리서 찾을 게 아니라, 자기가 서 있는 곳에서 시작하면 된다. 잘 안 되면 될 때까지! 어차피 '무리'에 접속하지 않고 혼자서는 살아갈 수 없는 게 인간이니 말이다.

그래도 잘 감이 안 잡힌다면, 『임꺽정』에 나오는 예도 참고할 만하다. 꺽정이는 백정 출신 천민이다. 아버지가 서당에 보냈지만, 양반집 자제들하고 주먹질을 하는 바람에 바로 쫓겨난다. 할 수 없이 아버지는 꺽정이를 서울 혜화문 안에 살던 갖바치에게 맡겨 버린다. 갖바치는 사돈의 팔촌쯤 되는 먼 친척이다. 그는 유불선(儒佛仙)에 통달한 당대 최고의 지성인이다. 꺽정이는 거기서 유복이와 봉학이 같이 평생을 함께할 의형제들을 만난다. 야호~ 의식주가 해결되고, 맘에 맞는 동무들이 있고, 인생의 비전과 지혜를 전해 주는 스승이 있으니, 세상에 이보다 더 기막힌 행운이 또 있을까. 이로써 보건대, 사회적 차별과 억압을 극복하기 위해서도 공동체는 반드시 필요하다. 헌데, 이런 특이한 집합체가 가능하려면 물적 토대가 받쳐 줘야 한다. 갖바치는 말 그대로 '가죽신을 만드는 백정'이니 재물이 있을 턱이 없다. 그런데 어떻게 남의 자식들을 줄줄이 데려다 키운단 말인가? 다름 아닌 친구들 덕분이다. 갖바치의 주변에는 조광조를 위시하여 이장곤과 심의, 김덕순 등 내로라하는 양반친구들이 포진해 있었다. 그들은 갖바치에게 전폭적인 후원을 아끼지 않는다. 결국 그들의 양식과 부가 갖바치를 통해 꺽정이네로 흘러간 것이다. 따지고 보면, 양반층과 껏정이들 사이는 아무런 인연이 없다. 갓바치와 이들 사이에도 특별한 연줄이 없다. 그런데도 같은 공간에서 먹고 놀고 자고, 공부하고 사고치고, 얼마든지 함께 살아갈 수 있다.

근데, 이 정도는 우리 시대에도 얼마든지 가능한 컨셉 아닌가. 여기에 뭐, 그렇게 대단한 이념과 결단이 필요한가. 아주 간단한 원칙만 있으면 된다. 내 자식은 밖으로 내보내고, 남의 자식은 거두어 키운다는. 어차피 자식은 어른이 되면 부모의 품을 떠나야 하는 법, 거기에 집착하지 말고 오히려 길 위에서 다른 청년들과 친구가 되는 것이 낫지 않을까. 가족의 늪에서 벗어나는 길이자 부의 사회적 순환, 세대 간 소통 등을 한 큐에 해결할 수 있는 묘책이다.

바타유에 따르면 "혁명은 포틀래치(인디언식 증여)의 최상의 상태"라고 한다. 그렇다. 이제 혁명은 바리케이드와 투쟁이 아니라, 일상의 관계와 활동으로 정의되어야 한다. 일상의 재배치 없이 혁명은 없다. 전략전술은 증여와 순환이다. 전 지구적으로 '포틀래치'가 일상화되는 크고 작은 공동체들이 탄생하고, 그것들 사이의 광범한 네트워크를 이루는 것, 그것이 도래할 혁명의 모습이 아닐까. 마하트마 간디의 표현을 빌리면, "마을이 세계를 구한다"! 그 마을을 움직이는 건 국가나 민족, 학벌과 직업 따위가 아니라, 오직 사람들 사이의 관계망과 활동일 뿐이다. 그 생동하는 현장 속에서 바야흐로 카오스 경제학이 탄생한다.

카오스 경제학의 기초개념

> 생명은 끊임없는 폭발의 연속이며, 우주의 조건은 한 존재가 폭발의 힘이 다하면 새로운 존재에 이 자리를 내줌으로써 그 새로운 존재들로 하여금 폭발의 불꽃놀이를 지속하게 하는 것이다. ㅡ조한경, 「역자 후기」, 바타유, 『저주의 몫』, 문학동네, 2000, 239쪽

카오스 경제학도 일종의 불꽃놀이다. 시장과 교환은 수치가 지배한다. 질의 차이나 과정 따위는 지워지고 오직 숫자만 남는다. 양적 증식만이 의미를 획득한다. 얼마나 벌었는가, 남보다 더 많이 벌었는가 등등. 증식뿐 아니라, 증여까지도 그런 법칙을 적용한다.

> 원조를 주는 쪽도 그렇고 받는 쪽도 그렇고, 오로지 중요한 것은 그 액수이다. 원조의 질에 대해서는 아무도 관심을 가지지 않는다. 원조를 주는 쪽에도 받는 쪽에도, 이미 수십 년 전부터 끊임없이 반복되고 있는 가장 중요한 말은 바로 "얼마?"이다. ㅡ무하마드 유누스, 『가난한 사람들을 위한 은행가』, 44쪽

하지만, 액수는 아무것도 말해 주지 않는다. 무하마드 유누스의

지적대로, 지난 수십 년간 천문학적 규모의 국제원조가 이루어졌지만, 가난을 퇴치하는 데는 별 신통한 결과를 가져오지 못한 이유도 거기에 있다. 중요한 건 액수가 아니라, 그것을 활용하는 지혜다. 증식을 위해서건 증여를 위해서건.

따라서 카오스 경제학에선 현장이 우선이다. 현장을 움직이는 건 사람들의 활동이고 관계다. 그것들은 수치와 양으로 환원되지 않는다. 하나의 특정한 개념으로 범주화되지도 않는다. 그래서 늘 우발적이다. 또 그래서 웃긴다. 웃긴다고? 그렇다. 예기치 않은 사건들은 늘 웃음을 야기하는 까닭이다. 그러므로 우발성과 유머, 이 두 가지가 카오스 경제학의 핵심코드다.

카오스 경제학 기초개념 ① — 차이가 평등을 낳는다

2004년 가을 미국에 머무른 적이 있었다. 추석날인가 파티에 초대를 받았다. 한 유명한 식당에서 요리를 잔뜩 먹고 계산을 할 때였다. 나를 초대하신 분이 요리값에 택스, 그리고 팁까지 합산을 하더니 그 액수를 거기 있는 사람들의 숫자로 다시 나누는 게 아닌가. 몇 달러 몇 센트까지. 물론 초대받은 나까지 포함하여. 솔직히 어이가 없었다. 이게 뭐지? 밥값이 아까워서가 아니라(솔직히 좀 아깝긴 했다. 그렇게 비싼 걸 먹을 생각은 없었으니까), 그런 시추에이션 자체가 납득이 안 갔기 때문이다. 비교적 넉넉하게 사는 분들인데, 그렇게 소수점 이하까지 나누어서 내야 하나. 무슨 공공요금 내는 것도 아니고.

그 뒤에도 몇 번인가 그런 봉변(?)을 당했는데, 그러고 나서야 알게 되었다. 이게 미국식 더치 페이의 진상이라는 것을. 이전에도 그랬지만, 그때부터 나는 더더욱 더치 페이를 혐오하게 되었다. 으, 그 지독한 평균주의의 썰렁함이라니.

　더치 페이(우리말로는 각출!), 상당히 합리적이고 아쌀해 보이지만, 속내를 들여다보면 결코 그렇지 않다. 경제적 능력이 다른데, 왜 똑같이 내는가? 그건 페어 플레이가 아니다. 있는 쪽은 '없는' 척, 없는 쪽은 '있는' 척. 그러면서 속으로는 서로를 견제하기 바쁘다. 배려하는 척하지만 사실은 서로 속고 속이는 '더티 페이'에 불과하다. 경제적 능력이 엇비슷해서 그런다고? 그래도 마찬가지다. 경제력이 비슷하다고 해서 똑같은 방식으로 돈을 쓰는 건 좀 이상하지 않은가? 돈을 쓰는 데도 모름지기 개성과 스타일이 있어야 한다. 다른 분야에선 그렇게 튀지 못해 안달하면서 돈의 용법에 있어서는 우째 그리 몰개성을 추구하는지. 혹시 주변에 경제력이 비슷한 사람들만 있어서 그런 거라면 그건 더 심각한 사태다. 세대와 계층, 국경을 가로지르는 이 '글로벌'한 시대에 그렇게 균질적인 네트워크밖에 없다니. 그거야말로 재산규모와 삶의 크기가 똑같다는 걸 증명하는 꼴이다. 이 시대가 진짜 '글로벌' 시대라면 막~ 섞여야 한다. 인종, 국경, 계층, 세대. 그러면 절대 '너치 페이'를 한다는 게 불가능하다. 경제적 조건과 상황이 다 다른데, 어떻게 갹출을 한단 말인가? 카오스 경제학은 일단 여기에 저항해야 한다. 차이를 침묵시키는 평균주의에 대하여.

감이당과 남산강학원의 경우, 보증금은 오랜 세월 동안 누적된 것이지만 월세와 운영비는 그달 그달 해결해야 한다. 대강 천만 원이 넘으니 결코 적은 액수가 아니다. 그럼 이걸 어떻게 감당하는가? '백수에 비정규직들이 주류라는데 그게 과연 가능할까?'라고 생각할 것이다. 그게 바로 평균주의적 발상이다. 우리는 회계를 전체적으로 다 공개한다. 그런데 역설적으로 투명하게 밝힐수록 미스터리가 된다. 다름 아닌 차이와 불균질성 때문이다. 일단 정규회원들이 내는 회비부터 고르지가 않다. 대강 4만 원에서 20여만 원까지 아주 폭넓게 분포되어 있다. 등급별 차등이 정해져 있는 것도 아니다. 그냥 자기가 알아서 결정한다. 한마디로 중구난방이다. 따지고 보면, 너무 당연하지 않은가? 세대가 다르고, 자기가 처한 조건이 다르고, 무엇보다 경제력이 다른데, 어떻게 회비를 똑같이 낸단 말인가? '능력에 따라 일하고, 필요에 따라 분배한다'는 경지까지는 아니더라도, 가능한 영역에선 차이를 인정해야 한다. 이렇게 차이가 살아 있어야 진정한 평등이 가능하다.

물론 때에 따라 달라지기도 한다. 작년에는 백수였지만, 올해는 좀 번다, 싶으면 스스로 회비를 조정한다. 사정이 나빠지거나 멤버십이 약해진다 싶으면 내리기도 하고. 매달 정기적으로 내는 회비도 있지만, 매달 액수가 달라지는 특별회비도 있다. 다들 비정규직이거나 수입이 불규칙하다 보니 느닷없이 수입이 생길 때가 있다. 그럴 때 크게 선심을 쓰는 것이다. 말하자면, 특별회비는 돈으로 하는 '선물'인 셈이다. 그리고 여기에 연구실 경제의 비밀이 있다. 회계 상황을 보면 연구실의 활동지수가 그대로 드러난다. 관계와 활동이 활발하게 이루어질 때는 돈들이 여기저기서 흘러들어 온다. 그런데 관계와 활동이 지지부진하면 돈의 흐름 또한 둔화된다. 들어오는 돈뿐 아니라, 나가는 돈 역시 마찬가지다. 공동체는 축적을 지향해선 안 된다. 흘러오는 만큼 다시 흘러가게 해야 한다. 중요한 건 돈을 통해 삶이 구성되는 것이지, 축적·증식하여 조직의 규모를 키우는 것이 아니기 때문이다.

만약 조직은 번창하는데 구성원들은 피로와 무력감에 시달린다면? 그건 실패다. 구성원들의 멤버십과 능력의 향상이 가장 우선시되어야 한다. 거듭 강조하거니와 중요한 건 사람이다. 사람을 키우면 사막이나 심지어 화성에 가서도 공동체를 만들 수 있다. 하지만 사람은 없고 조직만 비대해지면 거기에는 희망이 없다. 우리 시대 대학들이 그런 것처럼. 비노바 바베는 평생을 공동체 운동을 했으면서도 늘 '조직으로부터의 자유'를 주창했다. "큰 규모로 일을 하기 위해서 시작된 집단은 그 자체의 조직을 강화시키는 것을 목표로 삼게 마련이다." 하지만, "조직을 가지고는 결코 혁명을 이루어 낼 수 없다." "조직은 틀이며, 그것은 지배력을 유지하는 방법이다. 조직 안에 있으면 우리는 하나의 고정된 도식에 따라서 일해야 하고, 또 다른 사람도 그렇게 하도록 만들어야 한다. 조직에는 정신의 자유가 없다."칼린디, 『비노바 바베』, 265쪽 그렇다. 중요한 건 삶이고 자유인 것이지 조직 자체가 아니다. 조직을 위해 공동체를 하는 것이 아니라, 개별 주체들이 잘 살기 위해서 다방면으로 네트워킹을 하다 보니 공동체가 된 것뿐이다. 이 점을 결코 혼동해선 안 된다.

당연한 말이지만, 그래서 제도적 후원에 의존해서는 안 된다. 어떤 기업체나 재벌이 지식인 공동체를 위해 선뜻 돈을 내놓겠는가. 그리고 설령 돈이 마련된다 해도 그렇게 조성된 돈은 여러 가지 시비분별을 만들어 낼 가능성이 높다. 돈을 낸 쪽에선 뭔가 성과를 바라게 되고, 받는 쪽에선 스폰서에 대한 부채감 때문에 조급해지고. 돈의 액수가 많을수록 그럴 가능성은 더 커진다. 그리고 거액의 돈이 굴러들어 오면, 과감하게 돈을 써서 활동과 관계를 증식하겠다는 생각보다는 그 돈을 어떻게 잘 불릴까 혹은 그 돈을 잘 지킬까를 골몰하게 된다. 이것이 바로 돈이 사람들 사이를 경직시키는 방식이다. 그러므로 '코뮤니타스'는 무엇보다 이런 식의 화폐에 저항해야 한다.

아무튼 이렇게 현장적 우발성이 강조되다 보면 매달 다른 형태의 경제가 실험될 수밖에 없다. 실제로 수유리에서 시작하여 지난 15여 년 동안 거의 매해 새로운 방식이 도입되었던 거 같다. 그래서 불안하지 않냐고? 오 노! 불안하기는커녕 흥미진진하다. 또 어떤 일이 일어날까 하는 기대감으로. 물론 나름의 일관성은 있다. 앞서도 말했다시피, 사람과 활동과 돈이 같은 리듬을 타고 들어오고 나간다는 것. 이 리듬에 역동성을 부여하려면 가능한 한 다양한 형태의 루트를 만들어 놓아야 한다. 물길이 다양하면 물이 사방으로 흘러가듯이, 공동체 역시 수많은 입구와 출구가 존재해야 한다. 아주 좋은 예가 하나 있다. 〈수유+너머 구로〉에서 운영했던 보리기금이 그것이다. 보리기금은 구로 지역의 공부방 아이들을 지원하는 프로젝트였다. 그것이 조성되는 과정을 볼작시면, 참으로 다채롭기 그지없다. "구로에 강의를 하러 왔다가 강사료를 받는 순간 달려가서 눈을 깜빡깜빡하면 강사료의 일부를 떼어서 보리기금을 낸다. 책의 인세(『세계 최고의 여행기, 열하일기』)로 받은 돈을 보리기금으로 보내도록 강제(!)한다. 강좌팀에서 회계처리하고 남은 돈을 어디에 써야 할지 막막할 때 보리기금으로 보낸다. 강좌 뒤풀이 때 술값을 내고 남은 돈을 보리기금으로 보낸다. 매달 쓰고 있는 '보리일지'의 글이 재밌어서 기금을 낸다. 심지어는 아이들이 낸 문집의 글이 너무 좋다고 특별회비를 내는 경우도 있었다. 또 연구실 회원들뿐만 아니라 구로에 세미나를 하러 오거나 강좌를 들으러 와서 선뜻 기금을 내고 가는 일도 생겼다. 구로에 영어세미나를 하러 오시는 분 가운데는 저금통을 들고 온 분도 계셨다. 저금통을 가져오다 길바닥에 동전을 다 쏟아서 그걸 줍느라 세미나 시간에 늦은 좌충우돌 기금까지."류시성, 「우리 모두 '보리'합시다」 中 참, 사연도 가지가지다. 마치 이야기책을 읽는 기분이다. 돈이 들어오는 입구만 이렇게 다양한 것이 아니다. 돈을 쓰는 출구 역시 균일하지 않다. 그냥 공부방 애들을 지원한다는 것으로는 부족하다. 어떻게 지원할 것인가? 어떤 방법과 경로를 선택할 것인가?

보리학교에서 열리는 청소년 강좌 역시 기금이 만들어 내는 공부의 장이자 선물이다. 그동안 강사에게 직접적으로 강사료를 지원했던 보리기금의 운영방식을 아이들에게 장학금을 지급하는 형식으로 전환했다. 보리학교에서 공부하는 아이들에게 장학금으로 3

만 원씩을 지원한다. 보리기금에서 아이들의 수강료를 대신 지급하는 것이다. 이 수강료를 강사는 강사료로 지급받는다. 이렇게 되면 아이들에게 장학금을 지급하는 것은 단순히 돈을 대신 내주는 것에서 그치지 않게 된다. 즉, 아이들에게 공부할 수 있는 기회를 주고 그 기회가 수많은 관계의 힘에 의해서 만들어진 것이라는 것을 가르칠 수 있게 되는 것이다. 또 아이들에게 이 관계가 부여한 책임감을 심어 줄 수도 있다. 돈을 통해서 아이들이 그 공부뿐만 아니라 공부할 수 있는 장 자체를 연 관계에 대해서도 배우는 것.

류시성, 「우리 모두 '보리' 합시다」 中

보다시피 꼴랑(!) 3만 원이 돌고 돈다. 먼저 보리학교에서 아이들한테 장학금으로 주면 아이들은 그걸 다시 보리학교 수강료로 내고, 그러면 그 돈은 다시 강사료로 지급되어 강사들의 생계비로 쓰인다. 그리고 다시 그 강사들의 활동을 통해 보리기금이 조성된다. 마치 강강수월래를 하듯 재미가 쏠쏠하지 않은가. 이걸 결정하기까지 강사들은 몇날 며칠에 걸쳐 토의에 토의를 거듭했다고 한다. 처음에 그랬듯이, 그냥 강사료로 지급하면 될 것을 이렇게 '사서 고생'을 하게 된 건 아이들하고의 관계가 깊어지면서 돈의 용법에 대해서 더 깊이 사유하게 된 탓이다. 이렇게 사이클을 바꾸자 똑같은 3만 원이지만, 아주 다른 돈이 되었다. 따뜻하게 주고 떳떳하게 받고. 아니 준다거나 받는다거나 하는 고정된 시스템이 있는 것도 아니다. 그냥 돌고 도는 배치만이 있을 뿐! 그리고 무엇보다 아이들한테 이 과정을 생생하게 보여 주는 것, 이것이야말로 진짜 선물이다. 이렇듯, 공동체에선 돈을 저장하는 것이 아니라 향유하는 지혜를 배운다. 그 지혜의 요체가 바로 차이요, 이질성이다. 차이는 차이를 낳고 이질성은 또 다른 이질성을 불러온다. 그 카오스적 리듬 속에서만이 수평적인 관계가 가능하다. 요컨대, 차이가 평등을 낳는다. 아니, 이렇게 말하는 게 더 멋질 것 같다.─평등은 차이들의 향연이다!

카오스 경제학 기초개념 ②─공부는 밥을 부른다!

은혜는 잊어도 원수는 결코 잊지 않는 것이 인지상정이던가. 미국에서 그렇게 더치 페이의 봉변을 당하게 되자 나는 곧 복수심(!^^)에 불타기 시작했다. 복수의 내용은 주변 사람들한테 무차별적으로 밥을 사주기로 한 것. 물론 돈이 꽤 든다. 하지만, 다행히 당시 그곳 대학에서 약간의 월급을 받고 있던 터라 생계에 큰 타격은 없었다. 미국에서 번 돈은 미국에서 모조리 쓰고 가겠다는 일념(?)하에 틈만 나면 음식 공세에 나섰다. 그 결과, 더치 페이의 노선에 큰 혼란을 야기했을 뿐 아니라, 덤으로 많은 친구까지 생겼다. 아니, 친구라기보단 식구에 더 가깝겠다. 만날 때마다 밥을 먹었으니까. 결국 나의 '복수행각'은 식구들의 '밥상 네트워크'로 믹을 내린 셈이다.

식구(食口), 말 그대로 '밥 먹는 입'이라는 뜻이다. 가족과는 전혀 다른 개념이다. 생각해 보면 우리 시대 가족은 더 이상 식구가 아니다. 가족끼리 밥을 같이 먹기란 '하늘에 별 따기'만큼이나 어려운 세상이다. 그렇다고 절대 혼자 먹어서는 안 된다. 혼자 밥 먹어 버릇하면 위장병과 우울증이 기다리고 있다. 뿐만 아니라, 있던 복도 달아난다. 그럼 가족도 아니고 애인도 아닌데 밥을 같이 먹으려면 어떻게 해야 하나? 다시 말해 어떻게 하면 식구를 만들 수 있을까? 이걸 궁리해야 한다. 회사건 학교건 그 어디건 밥상 네트워크가 있다면 거기가 곧 공동체다. 꺽정이네의 청석골이 그렇고,「아기공룡 둘리」에서 고길동의 집이 그렇듯이. CEO들을 위한 인문학 과정에서 한 분이 물었다. "기업도 밥상 공동체가 될 수 있을까요?" "물론이죠. 회식이나 뒤풀이 말고 그저 일상적으로 밥을 다함께 먹을 수만 있어도 많은 문제가 해소될걸요. 어떤 원주민들은 남녀가 밥을 세 번 이상 같이 먹으면 무조건 결혼을 해야 된대요. 그만큼 밥이 일상에 미치는 영향은 크단 얘기죠."──가족에서 식구로!

밥과 친구를 같이 얻을 수 있는 최고의 노하우가 하나 있다. 공부를 하면 된다! 공부는 사람을 부르고 다시 밥을 부른다. 쉽게 말하면 공부하면 밥이 생긴다는 뜻. 공부해서 취직을 하고 그래서 월급을 타면 그걸로 밥이 생긴다는, 고런 뜻이 아니라, 공부는 그 자체로 밥을 불러온다! 우리 연구실의 저력도 다름 아닌 밥이다. 지식인 공동체가 밥부터 내세우는 게 좀 머시기하지만 사실이 그런 걸 어쩌겠는가? 우리 연구실엔 사람이 많다. 10대부터 70대까지 다양한 세대와 계층이 두루 어우러져 공부를 한다. 그렇다고, 귀농 공동체나 생태 공동체처럼 전적으로 생활이 중심인 건 또 아니다. 공부를 주업으로 하긴 하는데, 왠지 마을 분위기가 난다고나 할까. 그래서 묻는다. 와,

이런 공동체를 어떻게 시작하셨어요? 마치 대단한 상상력과 아이템을 가지고 시작하기라도 한 것인 양. 글쎄올시다! 아, 그렇지, 비결이 하나 있긴 하죠. 바로 주방 덕분이죠. 주방이 있으니 밥을 먹을 수 있고, 그것도 하루 두 끼를 아주 싼 값으로 먹을 수 있어서죠. 그러면 다들 고개를 끄덕인다. 그렇다! 밥이 해결되면 하루의 대부분을 연구실에서 보낼 수 있다. 이른바 '식구'가 되는 것이다. 공부를 하려면 밥을 먹어야 하고, 그러면 누군가 밥을 해야 하고, 그러면 쌀과 반찬이 있어야 하고……. 이런 식으로 살림살이와 활동이 늘어난다.

물론 그 모든 과정엔 돈이 든다. 그런데 여러 사람이 모여 있으면 돈이 아주 최소한으로밖에 들지 않는다. 여기저기서 선물이 들어오기 때문이다. 연구실 주방 한가운데를 차지하고 있는 칠판에는 전국 곳곳에서 들어오는 물품들 목록으로 그득하다. 김치와 특산물, 과일, 채소 등등. 이렇게 선물들이 뒷받침되면 화폐의 역할은 현저하게 줄어든다. 그럼 이런 식의 선물의 경제학은 어떻게 가능한가? 다름 아닌 공부 때문이다. 자격증이나 학벌 따위와는 무관하게 '삶을 위한' 공부를 하다니, 얼마나 흐뭇한가! 이런 마음들이 수많은 선물들을 가능케 하는 것이다. 수도원이나 사찰이 유지되는 것도 이런 원리가 아닐까 싶다. 수행자들이 열심히 공부를 하면 그 지혜가 세상을 구원할 것이라 믿고 신도들이 열심히 공양을 바치는 것이리라. 요건대 공부하는 데 밥이 따라가는 격이다.

곰곰이 돌이켜 보면 연구실을 처음 시작할 때도 핵심은 밥이었다. 그때는 주방이 없었고 세미나 공간만 있었는데, 나는 세미나에

오는 사람들한테 거의 일 년 내내 먹거리를 제공했다. 대체 왜 그랬느냐고? 사실 거기엔 나름의 사연이 있었다. 대학 시절 나는 내내 왕빈대였다. 서클 선배, 학과 선배들한테 얻어먹은 밥과 술은 상상을 초월하는 수준이다. 대학원 시절엔 선배들은 물론 선생님들께도 빈대를 붙었다. 하지만, 그땐 정말 떳떳했다. 왜냐? 나는 아직 어렸고, 그래서 이담에 돈을 벌면 후배들한테 갚을 거니까. 근데, 웬걸, 그런 시절은 쉽게 찾아오지 않았다. 30대 초반, 시간강사로 생계를 연명하던 때, 더 이상 빈대를 붙을 처지가 아니게 되었는데, 그때도 역시 돈이 없었다. 그런데 당시 내 주위엔 해직교사 혹은 운동권 후배, 가난한 대학원생들이 수두룩했다. 그들한테 맛있는 밥 한 끼 못 사주는 게 그렇게 속이 상할 수가 없었다. 가슴에 한이 맺힐 지경이었다. 그래서 30대 후반 연구실을 시작할 즈음, 돈이 좀 생기자 마치 '한풀이' 하듯이 밥을 '멕인' 것이다. 20대 이후 내가 선배들한테 얻어먹은 빚도 갚을 겸해서.

좌우지간 그렇게 해서 연구실은 밥으로 시작할 수 있었다. 맛있는 밥이 있고, 밀도 높은 공부가 있고, 거기다 마음 맞는 친구들이 있으니, 그야말로 삼박자가 다 갖춰진 셈 아닌가. 연구실의 동력은 그 이상도 이하도 아니다. 한번 시험들 해보시라. 사심 없이 공부를 하면 밥은 절대 굶지 않는다. 학교에서 하는 공부는 오직 타인을 지배하거나 누르기 위한 것이다. 그렇게 공부를 하면 그 지식을 돈으로 교환하지 않고서는 살아가기가 힘들다. 그 교환의 궤도를 벗어난 공부, 그것이 곧 삶의 지혜다. 공부가 지혜로 변주되는 곳에선 늘 밥이 뒤따르게 마련이다. 단적으로 말하면, 공부와 밥은 '하나'다!

물론 그렇다고 계속 밥만 축내는 걸로 만족할 순 없고, 궁극적으로 밥벌이를 해결해야 한다. 어떻게? 그것 역시 간단하다. 열심히 배워서 다시 베풀면 된다. 연구실에는 이렇게 공부와 경제가 오버랩되는 활동들이 아주 많다. 〈갑자서당〉, 〈암송교실〉, 〈청년 대중지성〉, 그리고 각종 〈기획세미나〉 등등. 화장실 청소 및 주방과 카페 매니저 같은 활동에서도 약간의 돈이 생긴다.

하지만, 가장 중요한 건 뭐니뭐니 해도 글쓰기다. 누구든 글쓰기를 해야 비로소 지식생산에 참여할 수 있다. 이를테면, 글쓰기는 귀농 공동체의 '농사짓기'에 견줄 수 있다. 농사가 땅을 일궈서 먹고사는 노동이라면, 글쓰기는 '마음의 대지'를 일구는 노동이다. 농부들이 곡식을 수확하여 세상에 유통시키는 것처럼 지식인들도 글과 책을 통해 '마음의 양식'을 널리 순환시켜야 한다. 누구든 스스로의 힘으로 먹고살 수 있어야 하늘 아래 머리 굽히지 않을 수 있는 법, 지식인에게 그 길은 오직 글쓰기뿐이다. 그래서 현재 연구실에는 여러 종류의 글쓰기 수련코스가 운영되고 있다. 팀별로, 개인별로 멘토를 정해서 지속적으로 훈련을 받는 것이다. 실력이 좀 되는 이들은 곧바로 책을 내는 작업을 하면 되고, 좀 뒤지는 이들은 짧은 에세이를 완성하는 일부터 하면 된다. 또 생초짜들은 독서훈련부터 받으면 되고. 각자 수준은 다 다르지만 하나의 리듬을 이루면서 내공을 연마해 간다. 목적은? 자력갱생! 또 그것을 바탕으로 증여의 주체이자 운명의 주인이 되는 것! 밥에서 글쓰기로, 글쓰기에서 다시 운명으로. 너무 많이 왔나? 좌우지간 이 정도면 충분히 알아차렸으리라. 밥과 공부가 얼마나 환상적인 조합인지를.

카오스 경제학 기초개념 ③ — 유머와 이야기

다큐멘터리 「아마존의 눈물」에 나오는 한 장면. 아마존 최후의 원시 부족인 조에족 편을 보면, 모닌이라는 카리스마 넘치는 남성이 사냥을 해서 고기를 분배하는 장면이 나온다. 부족 전체가 나누어 먹어야 하기 때문에 장고에 장고를 거듭한다. 무려 2시간에 걸친 심사숙고 끝에 고기의 분배가 이루어진다. 그런데 어디서건 그렇지만, 불평을 가진 사람이 있게 마련이다. 자기의 몫이 너무 적다고 여기는 이들은 당연히 삐친다. 삐치면 침묵하는 것으로 불평지기를 드러낸다. 그럴 때 그 부족이 쓰는 방법은 다름 아닌 '간지럼 태우기'. 떼거리로 몰려가서 삐친 사람의 온몸을 간질인다. 당사자도 처음엔 저항을 하지만 결국 항복하고 만다. 이미 웃음이 터져 나왔는데, 어떻게 다시 삐친 척한단 말인가. 참으로 놀라운 지혜다. '능력과 취향에 따라 사냥에 참여한다(사냥이 싫다고 집에서 애보는 남편도 있다). 하지만 사냥한 고기는 부족들이 모두 함께 나누어 먹는다. 물론 역할에 따라 차등은 있다. 그리고 불평은 웃음으로 해결한다.'—이것이 그들의 경제구조인 것이다. 어떤 문명국가의 제도나 시스템보다 세련되고 지혜롭지 않은가. 담당 PD에 따르면, 그렇게 잘 웃는 부족은 처음 보았다고 한다.

어디 조에족만 그러하랴. 웃음은 최고의 물적 토대이자 생존전략이다. ─ '웃으면 정말 복이 온다'. 그러면 이런 이치를 평소 어떻게 배우고 익힐 수 있을까? 가장 좋은 것이 '돈의 서사'를 구성하는 것이다. 돈이 결부된 사건들은 대개 '스릴러물'이다. 일단 거액이다. 그걸 둘러싸고 치열한 소유권 다툼이 일어난다. 죽고 죽이는, 또 쫓고 쫓기는. 이런 엽기적 공포물이 아니라, 유쾌한 해방의 서사가 필요하다. 돈이 어떻게 흘러오고 어떻게 나갔는지, 그래서 그것이 어떤 인연의 장을 열어젖혔는지, 돈이 어떤 관계와 활동을 불러왔는지 등등에 대한 서사. 그래야 돈의 용법을 구체적으로 익힐 수가 있다. 우리 연구실에서 각 방면의 매니저들한테 특별히 요구하는 것도 이 서사의 능력이다. 서사가 미진한 채 단지 액수만 주욱 나열되면, 리더십의 부족으로 눈총을 받기 십상이다. 인디언 추장한테 유머와 친화력, 빼어난 말솜씨가 요구되었던 것처럼.

그리고 이 서사는 언제나 웃음을 유발한다. 교환의 법칙을 벗어나면 가난하건 부유하건 모든 것이 유머러스해진다. 흥부의 가난 타령이나 심봉사의 노숙행각에는 해학과 낙천성이 진하게 배어 있다. 그들은 어떤 참담한 경우에도 결코 비장에 빠지지 않는다. 하늘이 무너져도 솟아날 구멍이 있다고, 그렇게 웃음이 존재하는 한 먹고살 방도가 생기기 마련이다. 솔직히 입담만 좋아도 어디 가서 굶어 죽을 염려는 하지 않아도 된다. 구수한 입담에는 독특한 흡인력이 작동하고, 그것은 언제나 밥과 사람을 부르는 까닭이다. 또 밥과 사람이 있는 곳엔 이야기꽃이 피어나게 마련이다. 이를테면, 이야기가 증여를 불러오기도 하지만, 증여가 또 이야기꾼을 만들어 내기도 한다. 웃음과 서사, 그리고 증여 사이의 원운동이라고나 할까.

연구실 20대 박수영은 주방보조를 마치고 홈피에 이런 일지를 올렸다.

당시 나의 '날'들은 뭔가 다른 방식으로 기억되고 있었다. '모군이 김칫국 끓여 준 날', '장 보고 호떡 사먹은 날', '모씨가 밥당번 빵구 낸 날', '생선 내려 놓고 요리 안 한 날' 이런 식으로 말이다. '사람'도 마찬가지다. '미역국만은 잘 끓이는 누구씨', '북어포로 닭고기 만드는 누구씨', '꽃빵을 삶아 버린 누구씨' 등등. 대체 주방 당번 하기 전에는 사람들을 어떻게 기억했을까. 아니 그보다 대체 이 기묘한 변화는 뭐란 말인가.

무슨 판소리의 한 대목처럼 구수하다. 주방보조를 한 덕택에 이전에는 절대 구사할 수 없었던 표현력이 생겨난 것이다. 덕분에 그는 이제 '밥수영'으로 불린다. 주방이 특히 유머의 진원지가 되는 이유는 그만큼 이야기가 흘러넘치는 현장이기 때문이다. 정경미는 주방장을 하는 1년 동안 매일같이 주방 일지를 기록했다. 하나하나가 주옥 같은 명품이라, 한때 회원들 사이에 전설처럼 회자되기도 했다. 그 중 한 대목. "밥상을 차리는 일과 글을 쓰는 일이 다르지 않다. 글쓰기는 나의 손이 닿지 않는 먼 곳의 친구들에게 밥상을 차리는 일이다." "불과 칼을 다루는 요리는 언어를 다루는 글쓰기와 유사하다.

잘 쓰면 일용할 양식이 되지만 잘못 사용하면 자신은 물론 상대방을 해치는 무기가 될 수 있다는 점에서." 한마디로 밥과 글이 '한통속'으로 엮여 있다. 밥이 글을 낳고, 글이 또 밥을 부르는 식으로.

공동체는 집합적 신체다. 따라서 신체와 신체 사이, 활동과 활동 사이의 활발한 공명을 필요로 한다. 공명이란 기운의 소통을 의미한다. 매니저들이 자기의 활동을 비장하고 엄숙하게 대하는 순간, 그 활동은 안팎의 경계가 선명해진다. 동시에 기운들이 안으로 응결되기 시작한다. 감정이 쌓이면서 골이 깊어지는 것이다. 이런 상황에 빠지지 않으려면 평상시에 신체 간, 활동 간 매끄러운 흐름을 만들어 내야 한다. 유머가 필요한 건 바로 이 지점이다. 이미 말했듯이, 이때 유머란 어떤 특별한 기술이 아니라, 웃음을 생성하는 능력이다. 웃음을 유발하는 것뿐 아니라, 열심히 웃는 것도 큰 능력이다. 모든 무겁고 경직된 것들을 무장해제 시켜 버리는 실천 혹은 힘으로서의 유머.

또 하나, 다들 알다시피, 공동체는 절대 평화로운 곳이 아니다. 평화롭기는커녕, 크고 작은 트러블이 쉬지 않고 일어나는 곳이다. 일상을 공유하기 때문에 신체적 습속과 개성이 그대로 노출되기 때문이다(뭔가를 숨기려고 하면 그 숨기려는 태도가 즉각 감지된다!). 중요한 건 갈등이 없는 것이 아니라, 갈등이 있을 때 그 흔적을 남기지 않는 것이다. 정시적 흔적을 남기는 순간, 관계는 바로 경식된다. 웃음과 서사는 이 무게를 덜어 내는 역할을 한다. 베르그송이 말했던가. 웃음은 모든 메커니즘적인 경직성에 대한 징벌이라고. ─고로, '웃어 넘긴다'는 말은 절대 빈말이 아니다.

사람들 사이의 경직성이 사라지면, 돈은 그 열린 공간을 통해 들어오게 되어 있다. 지난 10년간 연구실이 한 번도 돈 때문에 곤경에 처한 적은 없었다는 것, 그것이 결정적 증거다. 그러므로 우리는 굳게 믿고 있다. 유머와 이야기는 '코뮤니타스'의 물적 토대를 넘어 존재론적 지반에 해당한다고.

문제는 돈이 아니다—소유에서 자유로!

이렇게 해서 카오스 경제학의 원리와 흐름에 대해 대강 짚어 보았다. 핵심을 간추리면? 문제는 돈이 아니라, '돈의 용법'이라는 것. 어떻게 쓸 것인가? 어떻게 변용할 것인가? 어떤 관계와 활동을 창조할 것인가? 창조의 리듬과 강도가 높아질수록 증여의 힘 또한 '세'진다. 창조와 증여 사이의 어울림과 맞섬! ——그것이 곧 카오스 경제학의 현장이다. 헌데, 문제는 여기가 끝이 아니라는 것. 최후의 관문 하나가 우리를 기다리고 있다. 증여의 극한이자 대단원인 순수증여가 바로 그것이다. 순수증여? 이름부터가 예사롭지 않다. 그렇다! 이건 지금까지와는 전혀 다른 내공을 필요로 한다. 그래서 그 전에 호흡을 한번 가다듬기로 하자.

소유란 무엇인가? 물론 화폐와 화폐화할 수 있는 재물들이다. 하지만 이 정도는 소박한 것들이다. 우리가 워낙 돈에 짓눌려 살다 보니 그게 엄청난 것처럼 보이지만, 또 그래서 그 압제를 벗어나기 위한 각종 용법과 전략이 필요하긴 하지만, 좀더 큰 시야에서 보면 솔직히 재물욕을 버리는 게 제일 쉬운 편이다. 명예욕, 자의식, 지배욕 등등. 무형의 영역으로 넘어가면 엄청난 소유의 왕국들이 포진하고 있다. 이것들에 견주어 보면 돈과 재물에 대한 집착은 참으로 사소해 보일 정도다. 돈을 새로운 방식으로 쓰는 것도 쉬운 일은 아니지만, 그 뒤에 기다리고 있는 온갖 자의식과 집착에 비하면 새발의 피다. 그래서 누구든 공동체 생활을 해야 한다. 그렇지 않으면 자기 마음속에 서식하고 있는 온갖 무형의 소유욕들을 어찌 마주할 수 있으랴.

『금강경』에 이런 구절이 나온다. 갠지스강의 모래알만큼 많은 공덕을 쌓았다 해도『금강경』'사구게'(四句偈; 네 줄로 된 게송) 하나를 터득하는 것만 못하다고. 처음 이 구절을 읽었을 땐 절망했다. ─ 아, 공덕을 아무리 쌓아 봤자 말짱 헛거로구나! 물론 그런 식의 절망과 탄식은 전적으로 무식의 소치였다. 이 구절의 핵심은 유형의 세계와 무형의 세계는 서로 견줄 수 없다는 데 있다. 재물이나 돈은 유형의 세계다. 유형의 세계는 수치와 양이 지배한다. 그래서 많이 벌수록 위대해지고, 공덕도 많을수록 훌륭해진다. 하지만 무형의 세계에선 전혀 다른 척도가 작용한다. 수치와 양이 아니라 리듬과 강밀도(Intensity)가 가치를 결정한다. 이 척도가 작동하기 시작하면 액수 따위는 문제가 안 된다. '선물을 받지 않아도 좋을 만큼 부자도 없고, 선물을 할 수 없을 정도로 가난한 이도 없다'는 말은 바로 이런 맥락의 소산이다.

그렇게 증여의 원운동이 가속화되면 유형, 무형의 척도가 뒤엉키면서 상상을 뛰어넘는 역설들이 범람하게 된다. 먼저, 가장 큰 증여는 아무것도 소유하지 않는 것이라는 명제가 그것이다. 무소유가 어떻게 최고의 증여가 되는가? 아무것도 소유하지 않게 되면 소유 혹은 잉여 자체가 주는 폭력적 인과가 애시당초 작동할 수 없기 때문이다. 즉, 무소유는 단지 소유가 없는 것이 아니라, 가진 것과 가지지 않은 것 사이의 경계 없음을 의미한다. 즉 많이 벌어 많이 나누는 것도 좋지만, 더 좋은 건 소유의 경계 자체를 짓지 않는 것이다. 요컨대 정화 스님의 말씀처럼 '아무것도 가지지 않는 것'보다 더 '많이 가지기'란 불가능하다. 또 그것은 단지 물질적 차원에 한정된 문제만도 아니다. 일상적 동선 및 감정의 흐름 같은 무형의 코스에도 엄청난 잉여가 들러붙어 있다. 이것 또한 소유욕임에 틀림없다. 이것마저 벗어던질 수 있어야 비로소 무소유 혹은 '소유로부터의 자유'라 할 수 있다. 만일 증여를 하면서, 혹은 무소유를 실행하면서 자의식과 정서적 비만을 짊어지고 있다면, 그건 진정한 증여라 하기 어렵다. 고로, 문제는 돈이 아니다!

다른 한편, 같은 이치로 '소유에로의 자유'라고 하는 역설도 얼마든지 가능하다. 현응 스님의 『깨달음과 역사』(불광출판사, 2009)에서 배운 용어다. 깨달음이란 단지 번뇌와 욕망으로부터 벗어나는 것이 아니라, 번뇌와 욕망의 한가운데를 가로질러 가는 것이어야 한다. 그것이 대승불교의 '보살'(보디사트바) 개념이라고 한다. 이를테면, 역사를 움직이는 모든 가치가 무상한 것임을 안다.——역사'로부터'의 자유. 그걸 깨달으면 아라한이 된다. 하지만, 그렇다고 역사에서 도피하는 것이 아니라, 오히려 적극적으로 투신함으로써 역사의 한가운데를 가로지른다. 물론 절대로 그 결과와 공덕에 매이지 않는다. ——역사'에로의' 자유. 그걸 실천하는 이가 바로 보살이다.

그렇다면, 소유의 문제도 이렇게 접근할 수 있지 않을까? 자유를 터득하려면 마땅히 소유의 실체 없음, 곧 무상함을 알아채야 한다. 그렇다고 소유가 없는 곳, 물질 문명이 지배하지 않는 곳으로 도주하는 게 능사는 아니다. 그렇게 되면 문명과 자연, 물질과 정신, 소유와 무소유라는 이분법의 감옥에 갇혀 버릴 소지가 많다. 그럴 경우, 모든 것이 '도로아미타불'이다. 그런 식의 이분법이야말로 소유의 법칙이자 자본의 책략인 까닭이다. 그 함정에서 벗어나기 위해선 오히려 '소유에로의 자유'가 적극적인 방편이 될 수 있다. 즉 '소유의 아수라장'에서 '자유의 시공간'을 확보하는 것. 이것은 자칫 누릴 거 다 누리면서 정신적 자유도 얻자는 이기적인 말처럼 들릴 수도 있다. 물론 그런 수준이라면 거론할 가치조차 없다. 그런 식의 얄팍한 처세술이 아니라, 지금 우리가 처해 있는 물질적 풍요, 그 한가운데를 가로지르면서 동시에 그것을 재배치하는 능력을 키우자는 의미다. 예컨대, 부를 일구는 재능 자체를 무시할 필요는 없다. 하지만, 부자들은 자신의 부의 연원과 용법에 대해 진지하게 고민해야 한다. 간디에 따르면, 부자는 가난한 사람들의 협력 없이는 결코 부를 축적할 수가 없다. 그러므로 부자는 자신이 소유한 여분의 부를 반드시 사회를 위해 사용해야 한다. 일종의 '재산수탁자'의 역할을 맡는 것이다. 간디, 『마을이 세계를 구한다』, 69쪽 참조 물론, 이 또한 엄청난 내공과 수련이 요구된다.

    그러므로 문제는 돈이 아니다! 소유로부터 벗어나건 소유의 현장으로 들어가건, 중요한 건 돈이 아니라, 자유다! ─ 소유에서 자유로! 존재의 무게중심을 이렇게 옮겨 놓을 수 있다면, 그때서야 비로소 순수증여라는 '비밀지'에 도전할 수 있다.

순수증여—다시 포대화상으로!

증여는 "하나의 한계영역에서 그것은 교환의 원리와 접촉을 하고, 그 반대쪽 한계영역에서는 순수증여라는 절대적인 원리와 접촉"나카자와 신이치, 『사랑과 경제의 로고스』, 79쪽하고 있다. 하여, 일단 증여의 문을 열고 들어서게 되면, 그때부터 순수증여를 향해 달려갈 수밖에 없다. 왜? 멈추는 순간, 우주적 힘의 유동이 정지해 버릴지도 모르니까. 마치 얼음 땡! 게임처럼. 얼음 땡!에 걸리지 않으려면 쉬지 않고 움직여야 한다. 시작도, 끝도 없는 순환의 둥근 원에 접속해야 한다. 그리고 그것은 이제 더 이상 화폐적 지평이나 경제적 구조에 갇히지 않는다. 이젠 생사의 문제고, 실존의 문제가 된다. 다시 말해, 존재 전체를 건, 우주적 거래가 시작되는 것이다. 그것이 순수증여다!

바타유는 말한다. "우리는 부의 원천과 본질을 아무런 대가 없이 에너지(부)를 베푸는 태양광선에서 얻는다. 태양은 결코 받는 법 없이 준다."조르주 바타유, 『저주의 몫』, 69쪽 모든 성장의 근원인 태양빛이 아무런 대가 없이 주어지기 때문에 거기에는 언제나 잉여가 존재한다는 것이다. "……인간들은 잉여를 자발적으로 소비하거나 그들이 선택한 또는 '동의한' 방법을 통해 의식적으로 파괴하지 않고 방치한다면 엄청난 재앙을 당할 수도 있다."장 피엘, 「서문—바타유와 세계」, 『저주의 몫』, 22쪽 그렇다. 태양에게 되돌려 줄 방법은 없다. 아무 대가 없이 주는 존재에 의해 살아가는 한, 모든 존재는 우주적으로 빚을 지고 살아가는 셈이다. 그러니 당연히 갚아야 한다. 물론 동양에선 좀 다르게 말한다. 태양은 주려는 마음이 없는데, 뭇 생명들이 그냥 알아서 얻어간다고.^^ 어느 쪽이건 인간 존재의 원초적 부채는 명백하다. 증여에는 명예와 신의, 카리스마와 자존심 따위의 대가가 있다. 하지만 순수증여는 그런 증여의 고리조차 벗어난다. 주는 자도, 받는 자도 없다. 오직 증여의 흐름 그 자체가 있을 뿐. 아니, 증여한다는 생각조차 사라지는 경계. 어떤 명분이나 결과, 기대에 대한 환상에서 벗어난 '증여 아닌 증여', 불교에선 이런 경지를 무주상보시(無住相布施; 주체와 객체가 없는 보시)라 이름한다.

너무 고원하다고? 꼭 그렇지는 않다. 어떤 고매한 이치도 그것이 생명의 원리인 한 모든 사람들이 실천할 수 있는 법이다. 딴은 이쯤은 되어야 교환의 굴레를 벗어났다고 할 수 있다. 증여를 하면서 계속 주/객의 분별이 작동한다면, 잠깐 방심하는 사이에 교환의 블랙홀에 빨려 들어갈 테니까. 특히 정신적 덕을 베푸는 경우, 오히려 그럴 가능성이 더 많다. 재물을 포기하긴 쉬워도 자의식과 아상을 떨쳐 내기란 정말 어려운 탓이다. 그러므로 애초 그럴 여지를 주지 않아야 한다.

사실 돈이나 재물의 증여에서 무주상보시는 그다지 어렵지가 않다. 주거니 받거니가 몸에 배다 보면 어느 순간 주객을 잊어버리게 된다. 정말 어려운 건 마음을 주고받는 것이다. 여기에는 무주상보시가 결코 쉽지 않다. 하지만, 사랑과 우정, 신뢰와 의리, 이런 무형의 가치들을 주고받을 때도 순수증여가 일어나야 한다. 그게 진짜다! 와, 그게 대체 어떤 경지냐고? 역시 부처님의 힘을 빌릴 수밖에 없다. 불교에선 보시의 최고경지를 무외시(無畏施)라고 한다. 무외시, 곧 두려움으로부터 벗어나는 것, 그것이 최고의 베풂이라는 것이다.

두려움을 모른다는 것은 우리가 어떤 것도 두려워해서는 안 된다는 것과, 다른 사람에게 두려움을 끼쳐서는 안 된다는 것을 동시에 의미한다. 두려움을 모른다는 것은 바로 이 두 가지다. 그러므로 호랑이는 두려움을 모른다고 말할 수 없다. 왜냐하면 호랑이는 다른 동물을 두려워하지 않을지는 모르지만 총은 무서워하며, 게다가 호랑이는 다른 동물들에게 두려움을 주기 때문이다. 진정한 의미에서 두려움을 모른다는 것은 다른 존재를 노예로 만들지도 않고, 비굴하게 다른 존재에게 굴복하지도 않는 것이다. 비노바 바베, 『버리고, 행복하라』, 36쪽

이런 논리를 경제적으로 응용해 본다면, 첫째는 돈에 대한 두려움, 부자를 두려워하는 마음에서 벗어나는 것이다. 즉, 아무리 엄청난 부와 재물 앞에서도 자신을 지킬 수 있어야 한다. 여기까지는 뭐, 대체로 동의할 수 있을 것이다. 중요한 건 그 다음이다. 그 다음엔 내가 부자여도, 아무리 엄청난 돈을 가지고 있어도 아무도 나를 두려워하지 않아야 한다. 만약 내가 부자가 되었는데, 그 부로 인해 다른 사

람들이 나를 멀리한다면, 그것은 진정한 무외시가 아니다. 내가 그 누군가를 두려워하지 않을뿐더러 어느 누구도 나를 두려워해서는 안 된다. 더구나 부로 인해서는 더더욱. 그건 부를 특권화하거나 부를 가지고 타인을 지배하려는 마음을 완벽하게 비울 때에나 가능하다. 그리고 그 정도가 되어야 순수증여라 할 수 있다.

    포대화상 같은 걸승이 부처가 된 비결은 바로 여기에 있다. 포대에 담긴 재물을 나누었다는 사실보다 천진난만한 동심으로 사람들에게 마음의 평화를 나누어 준 것이다. 그럴 땐 선물이 따로 있는 게 아니라, 존재 자체가 선물이자 증여다. 그렇다! 순수증여란 바로 그런 것이다. 존재와 선물이 분리되지 않는 것. 거듭 말하지만, 그 길은 결코 멀리 있지 않다. 우리 가까이에 있다.

돈 벌어서 남 주자! — '곰-되기', '코끼리-되기'

> 우리가 삶에서 하는 모든 일은 우리에게서 비롯된다. 재충전을 위해서는 계속해서 자신을 비우고 더 많은 것을 받아야 한다. 말하자면 빈 그릇이 되는 것이며, 한쪽 손을 들고 축복을 받은 후에 다른 손을 열어서 그것을 통해 그 축복이 다른 이들의 삶 속으로 흘러가게 하는 것이다. 베어 하트, 『인생과 자연을 바라보는 인디언의 지혜』, 형선호 옮김, 황금가지, 1999, 298쪽

한쪽 손으로 받고 다른 손으로 준다! 인간에게 양손이 있는 이유가 바로 그것이란다. 베어 하트(Bear Heart)는 20세기 후반, 미국에서 활약한 인디언 주술사다. 그의 말에는 인생과 자연에 대한 우주적 비전으로 가득차 있다. 하지만, 이미 밝혔듯이, 인디언은 특수한 종족이나 선택된 부족이 아니라, 인류의 오래된 초상이다. 다시 말해, 오래전 우리들의 얼굴인 것. 돈의 달인이 된다는 건 바로 그 얼굴을 되찾아 가는 길이기도 하다.

이미 확인했다시피, 교환만으로 움직이는 체제는 없다. 어떤 교환체제도 증여라는 토대 위에서 작동하고 있다. 아니, 그래야만 교환체제가 굴러간다. 말하자면 교환과 증여 사이의 팽팽한 긴장관

계!──이것이 경제의 보편적 형태인 셈이다. 시대에 따라, 체제에 따라 긴장의 국면과 배치가 다를 뿐. 그러므로 교환이냐 증여냐 하는 선택 자체는 의미가 없다. 중요한 건 교환과 증여 사이의 경계를 동요시킴으로써 증여의 가능성을 확장하는 것이다.

예컨대, 이 자본의 폭주 속에서 자립을 하려면 당연히 교환과 계약의 관계 속에 들어가야 한다. 거기서 중요한 건 용기와 끈기다. 교환의 배치하에서 거기에 휘둘리지 않으려면 교환이 요구하는 코드보다 한발 앞서, 더 능동적으로 움직여야 한다. 그래야 교환이 초래하는 소외와 망상에서 벗어날 수 있다. 욕망과 능력을 조율하는 힘, 충동을 통제할 수 있는 기술 등을 기르지 않고서 자립할 수 있는 길은 없다. 자립하면서 동시에 교환의 코드와 맞짱 뜰 수 있는 배포를 함께 길러야 한다.

아무리 작은 돈이라도 허투루 다루지 않는 투명함, 아무리 큰돈이라도 단호하게 처리할 수 있는 결단력, 돈 앞에서 절대 머리 숙이지 않는 당당함, 한마디로 곰의 능력이 필요하다. 이름하여, '곰-되기'. 그리고 그렇게 해야 비로소 증여의 공간을 창출할 수 있다. 이미 말했듯이, 번 다음에 쓰는 것이 아니라 쓰는 것이 버는 것을 규정한다. 증여라는 지평이 있어야 버는 것이 생기발랄해진다. 돈을 꼭 벌어야 하는 이유가 분명하기 때문이다. 벌 때도 교환과 증여 사이의 동요가 필요하지만, 쓸 때는 더한층 역동적이어야 한다. 그 역동성의 크기가 곧 내 존재의 크기다. 리더십이나 카리스마 역시 이 과정에서 '자체발광'한다. 초원의 동물들을 이끌고 오아시스를 찾아가는 코끼리처럼. 그렇다! 이때 필요한 것은 다름 아닌 코끼리의 지혜와 관대함이다. 이름하여, '코끼리-되기'. 이때 꼭 환기해야 할 것은 코끼리는 대의명분을 위해 이동하지 않는다는 것. 건기가 되면 아프리카 초원의 물이 다 말라 버리기 때문에 물을 마시기 위해 오아시스를 찾아가는 것일 뿐, 어떤 이념이나 영웅심에 의한 이동이 아니라는 것이다. 마찬가지로, 증여는 도덕률이나 명예활동이 아니라, 자연스러운 생명활동일 뿐이다. 한손으로 받고 다른 한손으로 흘러가게 한다는 베어 하트의 지혜가 그러하듯이.

그러므로 여기선 공과 사의 구별 자체도 무의미하다. 현대인들에겐 공적 소유와 사적 소유 사이의 구별도 참으로 민감한 사안이다. 사람들은 이것이 무슨 금과옥조라도 되는 양 신성시한다. 결론부터 말하면, 그런 식의 구별도 근대 이후에 만들어진 표상일 뿐이다. 자본주의와 사회주의의 대립이 그런 표상을 극대화시켰을 터이다. 자본주의가 사적 소유를 신성시하는, 그래서 오직 소유만 남고 사람은 증발되어 버린 체제라면, 사회주의 체제는 역으로 '사회적 소유'만을 강조하다 사회도, 개인도 불행에 빠진 체제다. 자본주의와는 정반대로 소유에 대한 욕망을 단일하게 묶어 놓으려 했기 때문이다. 자본주의와는 또 다른 면에서 자본에 종속된 체제였던 셈이다. 따라서 사적 소유와 공적 소유를 대립시키는 한, 아무 대책이 없다. 오히려 그 경계를 무화시켜 버려야 한다.

사실상 우리는 생활을 공동체 생활과 개인 생활로 나누어서는 안 된다. 그 둘을 하나로 만들지 않으면 우리는 갈등을 하게 될 것이다. 개인의 행동들은 사회적인 것이어야 하며, 우리의 사회적인 행동은 개인적인 것이어야 한다. 개개인과 사회를 갈라놓는 벽이 있어서는 안 된다. 내 입장에서 보자면 나는 먹는 것이나 잠을 자는 것까지도 사회에 빚을 지고 있는 의무로 간주한다. …… 규칙적으로 잠자리에 드는 것, 건강하게 잘 자는 것, 정해진 시간에 일어나는 것, 이 모든 일들은 나의 사회적 의무의 부분들이다. 나는 얼마나 많은 시간을 사회에 바치고 얼마나 많은 시간을 나의 사적인 일에 쓸 것인가를 계산하지 않는다. 하루 스물네 시간 동안에 이루어지는 나의 모든 행동들은 내가 사회에 기여하는 것이다. 그것이 나의 체험이다. 칼린디, 『비노바 바베』, 406쪽

요컨대, 개인과 사회를 나눈 다음에 양쪽을 조화시키는 것이 아니라, 애시당초 그 경계를 지운 채 살아가는 것이다. 코끼리가 다만 '자기네 족속'을 이끌고 물을 찾아갔을 뿐인데, 그것이 초원의 생태계 전체의 운명이 걸린 사건이 되는 것처럼.

'개처럼 벌어 정승처럼 쓴다'는 오래된 속담이 있다. 악착같이 벌어서 폼나게 쓰고 싶은 욕망을 담은 것일 게다. 앞으론 이 속담을 이렇게 바꾸면 어떨까. '곰처럼 벌어 코끼리처럼 쓴다'로. 개나 정승의 비유보다 훨씬 멋지지 않은가. 비노바 바베는 말한다. "자아로 하여금 자아 그 자체를 높이 받들게 하라." 곰의 용맹과 코끼리의 지혜로 무장한 채 교환과 증여 사이의 경계를 자유롭게 오가는 것 ─ 자

아를 높이 받드는 일로 이보다 더 멋진 것이 또 있을까. 마지막으로 보너스 하나.

육바라밀

임에게는 아까운 것이 없이 무엇이나 바치고 싶은 이 마음
거기서 나는 보시(布施)를 배웠노라

임에게 보이고자 애써 깨끗이 단장하는 이 마음
거기서 나는 지계(持戒)를 배웠노라

임이 주시는 것이면 때림이나 꾸지람이나 기쁘게 받는 이 마음
거기서 나는 인욕(忍辱)을 배웠노라

자나깨나 쉴 사이 없이 임을 그리워하고 임곁으로만 도는 이 마음
거기서 나는 정진(精進)을 배웠노라

천하 하고 많은 사람 중에 오직 임만을 사모하는 이 마음
거기서 나는 선정(禪定)을 배웠노라

내가 임의 품에 안길 때에 기쁨도 슬픔도 나와의 존재도 잊을 때에
나는 반야(般若)를 배웠노라

인제 알았노라 임은 이 몸께 바라밀을 가르치려고
짐짓 애인의 몸을 나툰 부처시라고

춘원 이광수가 쓴 시로, 운문사 비구니 스님들이 즐겨 읽는 게송이라고 한다. 육바라밀이란 불교에서 깨달음을 얻기 위한 여섯 단계의 수행법이다. 이 게송은 연애할 때 일어나는 희로애락의 변화를 수행의 과정에 오버랩시킨 것이다. 여기서 우리의 주제와 연결되는 건 첫번째 '보시' 부분이다. 무엇이나 주고 싶은 그 마음, 이것이야말로 보시다. 연애에 빠졌을 때 그걸 확실하게 체험하게 된다는 것. 나머지도 다 그런 식이다. 사랑이 만들어 내는 놀라운 순간들을 잘 활용하면 궁극적으로 '무아'(無我)라는 깨달음의 경지에 도달할 수 있다는 것이 전체 줄거리다.

그렇다. 아낌 없이 주고도 더 주고 싶은 마음, 이것이야말로 증여본능이다. 그런데 그걸 언제 체험하는가? 사랑에 빠질 때 체험한다. 솔직히 처음 사랑에 빠졌을 땐 뭐든 주고 싶지 않은가? 아무리 교환의 원리가 뼈에 사무친 존재라도 그때만큼은 그 배치를 훌쩍 뛰어넘는다. 심지어 받아 주기만 해도 감지덕지해한다. 교환에서 증여로! 거기다 사랑이 더욱 깊어지면 존재 자체를 온전히 선물하고 싶어진다. 순수증여의 경지까지 체험하게 되는 것이다. 물론 연애 또한 무상한 것이다 보니 대상에 대한 열정은 바람과 함께 사라질 수 있다. 그래서 배움의 자세가 필요하다. 즉, 사랑할 때 일어나는 자신의 몸 안에서 일어나는 존재의 전이를 알아채야 한다. 아, 나에게도 아무런 대가 없이 뭔가를 주고 싶어하는 욕망과 능력이 있구나 하는 것을. 그때의 기쁨과 자존감을 그냥 허무하게 날려 버리지 말고 연인을 넘어 타인들에게 널리 확대·적용하면 된다. 연애를 여러 번 할수록 증여의 능력은 더 커질 테니, 실연의 아픔을 승화시키기에도 아주 좋은 방법이 아닐 수 없다. 요컨대, 사랑은 가도 증여는 남는 법!

"지금 사랑하지 않는 자 모두 유죄!"라는 말이 있다. 그걸 위의 논리에 입각하여 바꿔 본다면, 지금 증여하지 않는 자 모두 유죄! 고로, 돈 벌어서 남 주자!

우주에는 공짜점심이 없다 ― 돈과 사주명리학

옛날에 도적 세 명이 함께 남의 무덤 하나를 파서 금을 도적질하고는 자축도 할 겸 술을 한 잔 마시기로 했다네. 그 중 한 명이 선뜻 일어나 술을 사러 가면서 마음속으로 생각했지. "하늘이 시키는 좋은 기회로구나. 금을 셋이 나누는 것보다는 내가 독차지하는 것이 좋지 않은가." 그러고는 술에 독약을 타 가지고 돌아왔어. 그런데 오자마자 남아 있던 도적 둘이 갑자기 일어나서 그를 때려 죽여 버렸지. 그런 다음 둘은 술과 음식을 배불리 먹고, 금을 반분했는데 얼마 못 가 함께 무덤 곁에서 죽고 말았지. 그후 그 금은 길 옆에서 굴러 다니다가 누군가의 손에 들어가게 되었고, 그걸 얻은 자는 하늘에 감사를 드리면서도 이 금이 무덤 속에서 파내어졌고, 독약을 먹은 자들의 유물이며, 또 앞사람 뒷사람을 거쳐 몇천 몇백 명을 독살했는지는 상상조차 하지 못했을 거야.

연암 박지원의 『열하일기』「황금대기」에 나오는 한 대목이다. 등골이 오싹할 정도로 엽기적인 스토리다. 그렇지만, 요즘 돈을 둘러싸고 일어나는 사건들에 비하면 약과다. 부모 자식 간에, 부부 사이에, 친구 혹은 연인 간에 참으로 입에 담기 어려운 일들이 얼마나 부지기수로 일어나는가. 그 사연들은 저절로 사라지지 않는다. 그 돈과 함께 떠돌아다니게 마련이다. 그래서 갑자기 큰 돈이 굴러올 때는 반드시 경계해야 한다. 연암은 그 다음 대목에서 이렇게 덧붙인다. "그러니 천하의 인사들은 돈이 있다 하여 꼭 기뻐할 것도 아니요, 없다고 하여 슬퍼할 것도 아니라네. 아무런 까닭 없이 갑자기 돈이 굴러올 때는 천둥처럼 두려워하고, 귀신처럼 무서워하여 풀섶에서 뱀을 만난 듯이 머리끝이 오싹하여 뒤로 물러서야 마땅할 것이네." 말하자면, 돈이 불러들이는 운명의 인과를 깊이 통찰하라는 것. 이것은 비단 연암의 시대뿐 아니라, 모든 시대에 적용되는 사항이기도 하다.

종로통을 지나다 보면 온통 사주카페에 타로카드 보는 곳이 진을 치고 있다. 그런가 하면, 별자리와 애니어그램, 혈액형으로 보는 성격과 운세 등에 관한 책과 정보도 쉬지 않고 쏟아지고 있다. 바야흐로 점성술의 시대가 도래한 것. 비단 우리나라만 그런 것도 아니다. 미국, 유럽 역시 점성술은 대중의 일상에서 빼놓을 수 없는 항목이 되었다고 한다. 과학의 시대, 합리성의 시대, 또 그런 유의 영적 능력을 죄악시하는 기독교의 시대에 이렇게 점성술이 만개하다니 참, 당혹스럽기 짝이 없다. 하지만, 딴은 이해가 될 법도 한 것이, 자신의 운명을 미리 알고 싶은 거야 인간의 원초적 욕망 아닌가. 헌데, 현대 문명의 주축을 이루는 과학과 합리성만으론 내 운명의 리듬을 예측한다는 게 애시당초 불가능하다. 그렇기는커녕 거기에 기대다가는 더더욱 미궁에 빠지고 만다. 기독교에선 아예 그런 행위 자체를 터부시해 버린다. 그러니 점성술에 매달리는 수밖에.

이런 추세라면 앞으로도 점성술은 계속 만개할 터인데, 내가 특별히 관심을 두는 영역은 사주명리학이다. 사주명리학에서 사주(四柱)란 흔히 '사주팔자'라고 부르는 바로 그것을 지칭한다. 명리(命理)란 운명의 이치라는 뜻이다. 『주역』의 음양오행론을 바탕으로 연월일시 네 개의 갑자(甲子)를 중심으로 천지의 흐름과 오장육부의 배치, 칠정(희로애락애오욕)과 운명의 리듬을 하나로 관통하는 아주 기막힌 앎의 체계다. 동아시아에선 약 5천 년간 전승되어 온 운명의 기술로 타로나 별자리, 애니어그램 등과는 비교할 수 없을 정도로 체계적이고 심오하다. 기본개념을 몇 가지만 배우면 평생의 흐름을 파악할 수 있을뿐더러, 매일매일의 운세까지 뽑아 볼 수 있다. 게다가 몸과 마음, 또는 관계의 '기울기'(편향성)를 바로잡을 수 있는 실천적 지침까지 이끌어 낼 수 있는 아주 유용한 지식이다.

헌데, 운명을 점친다고 하면 누구나 부귀를 알고자 한다. 물론 명리학에서도 재물은 아주 중요한 요소 중의 하나다. 흥미로운 건 사주에 재물운이 많으면 부자가 될 거 같은데 절대 그렇지 않다는 거다. 재물은 많은데 그 재물을 감당할 명줄이 약한 경우는 재물을 좇다가 화를 입게 된다. 다시 말해 늘상 재물과 연루되긴 하는데, 그로 인한 사건사고가 끊이지 않는다는 뜻이다. 그리고 재물운과 바로 인접한 운이 관살, 곧 관재수(官災數)다. 돈에 대한 그릇된 충동은 자칫 관재수로 이어지게 마련이다. 하긴 연예인 스캔들 중에 가장 흔한 것

가운데 하나가 '돈과 소송' 아닌가. 그래서 부자가 되려면 일단 존재의 무게중심이 튼실해야 한다. 그리고 또 전체 운이 재물을 낳는 방향으로 원활하게 소통해야 한다. 이 두 가지를 갖추지 못하면 돈하고는 인연이 멀다고 봐야 한다. 물론 그렇지 않은 경우도 일시적으로 '떼돈'을 벌 수는 있다. 하지만, 그것을 다룰 능력이 없기 때문에 그 '떼돈'은 내 존재를 훼손시켜 버린다. 허영만의 『꼴』에도 나오다시피, 격이 낮은 자가 갑자기 큰돈이 생기면 수명이 짧아진다. 그 경우, 차라리 가난하면 오래 살 수 있다. 마찬가지로, 존재의 축을 바로잡는 훈련이나 공부가 없이 돈을 함부로 버는 건 엄청난 대가를 치르게 된다. 아닌 게 아니라, 요즘 사람들은 다들 그렇게 살고 있다. 돈은 많은데 자식이 지긋지긋하게 속을 썩인다든지 부동산으로 한몫 잡았는데 집안이 풍비박산이 났다든지 아니면 갑자기 불치병에 걸린다든지. 하지만, 아무도 이 사이의 오묘한 관계를 눈치채지 못한다. 설령 역술가가 그 점을 짚어 준다 해도 쉽게 받아들이려 하질 않는다. 재물과 운명은 별개의 것이라고 믿고 싶기 때문이다. 하지만, 정말로 부자가 되고 싶다면, 자기 운명에 대한 깊은 탐구부터 해야 할 것이다.

물론 그 반대의 상황도 있다. 예컨대, 나를 낳아 주는 기운이 강한 사주가 있다. 대개 부모덕을 많이 보는 경우다. 이런 사주는 당연히 초년운과 공부운이 좋다. 하지만, 어른이 되어 자립을 해야 할 때 큰 난관에 부딪힌다. 스스로의 힘으로 일어서는 힘이 현저히 약하기 때문이다. 공부를 해도 써먹지를 못한다. 이런 경우는 거꾸로 재물운을 적극 활용해야 한다. 재물운을 쓴다는 건 자기 힘으로 벌어서 먹고산다는 의미다. 쉽게 말해, 부모의 장막에서 세상 속으로 나와야 한다는 것이다. 이렇게 스스로 현장을 찾지 못하면 평생 부모의 늪에 빠져 아무것도 이루지 못하는 캥거루족이 되기 십상이다.

이렇듯 사주명리학은 재물과 운명 사이의 다양한 관계망을 펼쳐 보인다. 다만 보여 줄 뿐 아니라, 내가 구체적으로 개입할 수 있는 방도까지 알려 준다. 핵심은 간단하다. 사주에 붙어 있는 잉여적 속성을 해체하는 것. 즉, 과도한 것은 버리고 모자라는 것은 채우면 된다. 그렇게 되면 재물이 전혀 다른 배치 속으로 들어가게 되고, 거기서 형성된 힘은 반드시 물리적으로 되돌아오게 되어 있다.『주역』에도 나오지 않는가. "積善之家는 必有餘慶하고 積不善之家는 必有餘殃이라."(선을 쌓은 집은 반드시 경사가 있고, 불선을 쌓은 집은 필히 재앙이 닥친다.) 이걸 한마디로 표현한 속담이 있다. ─우주에는 공짜점심이 없다! 이것 하나만 잘 깨우쳐도 운명의 변화무쌍함을 너끈히 헤쳐 나갈 수 있을 것이다. 다음은『허생전』의 한 대목이다.

변승업은 병에 걸리자 자신이 평생 모은 재물이 어느 정도나 되는지 알고 싶어했다. 회계 장부를 모조리 모아 놓고 통계를 내보니 변승업의 재산은 은 50여만 냥에 이르렀다. 그의 아들이 이렇게 청했다. "들고 나는 것이 번잡한 데다, 이렇게 들락거리다 보면 재산이 차츰 줄어들 겁니다. 이제 그만 한꺼번에 다 거두어들이는 게 어떨지요."
그러자 변승업은 크게 화를 내면서 이렇게 꾸짖었다.
"닥쳐라! 이는 서울 도성 안 만 호(萬戶)의 명줄이다. 그걸 하루아침에 끊어 버리라니, 그게 말이 되는 소리냐?"
변승업은 나이가 들자 자손들에게 이렇게 경계하였다.
"나는 평생 지위가 높은 공경들을 많이 섬겨 보았다. 그런데 나라의 권력을 한손에 틀어쥐고 자기 집안 살림살이나 챙기는 위인치고 그 부귀영화가 삼대를 이어지는 경우를 보지 못했다. 지금 나라 안에서 재물을 늘리고자 하는 이들은 우리 집 재물이 드나드는 것을 가지고 그 기준을 정하니 이 또한 권세에 다름 아니다. 내, 이를 흩어 버리지 않는다면 장차 후손들에게 재앙이 닥치고 말 게야."
그 집안이 자손은 번창했지만 대대로 가난했던 것은, 변승업이 그렇듯 재산을 사방에 흩어 버렸기 때문이다.

재물을 흩어 버리지 않는다면 후손들에게 재앙이 닥칠 것이다.─근대 이전에는 이것이 윤리적 상식이었다. 돈에 달라붙어 있는 인과들을 후손들이 고스란히 감당해야 한다고 여긴 탓이다. 유산은 주지도, 받지도 말라고 했다. 하지만 변승업의 행위는 그런 식의 소극적 방어를 훨씬 넘어선다. 지금 이 생(生)만이 아니라, 후손의 후손까지를 배려할 수 있는 지혜, 이 정도는 되어야 자식에 대한 사랑이라고 말할 수 있지 않을까. 또 이 경우는 증여라는 말조차도 거추장스럽다. 굳이 말하자면 재물과 운명 사이의 우주적 거래라고나 할까. 변승업, 그는 조선의 부를 한손에 쥐고 흔들면서 분명히 알아차렸던 것이다. 우주에는 공짜점심이 없다는 것을.

소유에서
자유로

양해(梁楷), 「포대화상」, 중국 남송(南宋) 시기

존재 자체가 선물이자 증여인 포대화상

커다란 포대를 짊어지고 여기저기 탁발을 하고 다니던 걸승, 포대화상은 포대가 꽉 차면 사람들에게 몽땅 나누어 주고 또다시 탁발을 했다. 차면 비우고, 차면 또다시 비우고. 그리고 보시를 받을 때마다 사람들한테 길흉을 하나씩 알려주면서 재물뿐 아니라, 인생의 이치와 지혜도 함께 나누어 주었다. 그리하여 포대화상은 그 존재만으로도 이미 선물이고 증여인 셈!

"우리는 익숙해진 질문들, 어떻게 하면 물질적 부를 최대화할 수 있을까 혹은 가장 공정한 배분의 방식은 무엇일까 하는 그런 질문들 대신 이제 새로운 질문들을 제기할 수 있어야만 한다."(데이비드 그레이버, 『가치이론에 대한 인류학적 접근』, 한국어판 서문 중에서)

앙리 마티스 「이카루스」, 1943

무소의 뿔처럼 혼자서 가라! 호모 에렉투스 되기!

"언젠가는 당신의 꿈대로 살겠다고 다짐하라. 그러한 다짐은 당신의 가족과 이웃과 지구를 치유하기 위해서 필요한 과정이다. 이제 낮잠을 즐기고, 자녀를 껴안아 주고, 당신의 얼굴에 비치는 따사로운 햇살을 느끼고, 좋은 음식을 천천히 음미하고, 치유와 충만한 삶을 위한 다음 단계가 이미 준비되어 있다는 것을 내면으로 느껴 보라. 새로운 세상이 당신을 통해서 태어나기를 기다리고 있다."(크리스티안 노스럽, 『여성의 몸 여성의 지혜』, 571쪽)

아서 도브, 「자연 상징」 1911

검소하면 능히 넉넉해질 수 있다

"'나에게 세 가지 보배가 있는데 자(慈), 검(儉), 불감위천하선(不敢爲天下先)이다'라고 하는 노자의 이야기는 깊이 음미해 볼 만하다. 여기서 언급된 세 가지 덕목은 각기 독자적인 의미를 가지면서 동시에 연속적인 관계를 가지는 것으로 볼 수 있을 것이다. 즉 자애로움[慈]이란 가난을 지키는 생활[儉]이며, 동시에 경쟁적 권력주의와 인연이 먼[不敢爲天下先] 태도인 것이다. …… 공생의 관계를 회복하는 일이 급신무가 된 오늘의 상황에서 노자의 모성원리기 기지는 현실적 의의는 괴거 어느 때에도 비할 수 없는 절실성을 갖게 된 것으로 생각된다. 노자가 언급한 세 가지 보배에 대한 부연 설명을 보면, 첫째 자애로우면 능히 용감해질 수 있고, 검소하면 능히 넉넉해질 수 있다라고 되어 있다."(김종철, 「간디의 물레」, 244~245쪽)

영화「오즈의 마법사」(빅터 플레밍 감독), 1939

다른 세상으로 향하는 문턱은 생각보다 낮다?

오즈의 마법사에서 도로시는 애완견 토토에게 이렇게 말했다. "토토, 우리는 더이상 캔자스에 없어."——이미 다른 세상에 들어섰다는 말이다.

다른 세상에 들어서는 것은 일상의 무게중심을 아주 약간 트는 것만으로도 가능하다. 애인의 생일에 꽃과 풍선과 돈으로 범벅한 깜짝쇼가 아닌 몸과 마음으로 만든 정성스러운 선물을 하는 것, 더 크고 좋은 아파트에 들어가기 위해 기를 쓰고 돈을 모으는 게 아니라 독립할 여건이 안 되는 사람들끼리 더부살이 운동(공동주거)을 펼치는 것, 시간이 날 때면 습관적으로 백화점으로 향하던 발길을 돌려 책을 읽는 것. 이런 활동들만으로도 우리는 다른 세상에서 살 수 있다. 혹시 지금 책을 펴들고 있는 사람이 있다면, 당신은 이미 다른 세상에 있는 것이다.

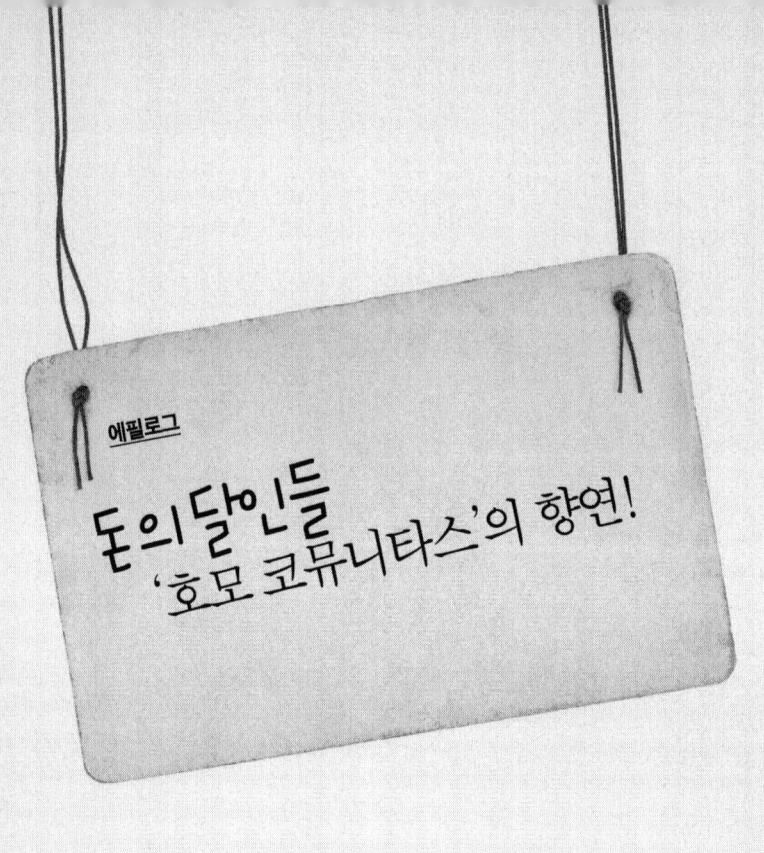

에필로그

돈의 달인들
'호모 코뮤니타스'의 향연!

이제 길지도, 짧지도 않았던 우리의 여정은 끝났다. 여행이 끝나면 다시 길이 시작될 것이다. 그 길이 어디로 이어질지는 아무도 알지 못한다. 분명한 건 계속 앞을 향해 나아가야 한다는 것뿐! 물론 그것은 처음 우리가 떠났던 길과는 아주 다를 것이다. 교환의 '그물'에 걸리지 않는 바람처럼, 화폐의 '굉음'에 놀라지 않는 사자처럼, 소유에서 자유로 이어지는 낯설고도 매혹적인 길을 무소의 뿔처럼 나아갈 것이다. 떳떳하게 또 당당하게. 그리고 이 길은 결코 끝나지 않을 것이다. 저기, 태양이 빛나고 있는 한!

여기, 세 개의 풍경이 있다. 이 풍경 속 주인공들이 바로 돈의 달인들이다. 이 달인들이 펼치는 '멋진 향연'을 음미해 보시라.

하나 ─ 흥부의 눈부신 '카리스마'

첫번째 주인공은 흥부. 『흥부전』의 내용은 '범국민적 상식'이니 말하지 않아도 알 것이다. 부자 형 놀부와 가난뱅이 동생 흥부, 놀부의 심술과 흥부의 선량함, 제비박이 가져온 행운과 불행 등. 스토리는 참으로 단순하고 뻔하다. 그런데 이 뻔한 스토리에 어떤 경제학 책에서도 찾아보기 어려운 돈에 대한 인생철학이 무르녹아 있다.

흥부는 가난하다. 얼마나 가난한지 흥부집에 있는 쥐들이 사타구니에 가래톳이 생길 정도였다. 흥부의 가난이 게을러서 그런 거라고? 오 노! 그건 정말이지 오해다. 흥부와 그의 아내는 먹고살기 위해 안 해본 알바가 없다. 임노동에 날품팔이에. 심지어 매품(곤장을 대신 맞아주는 알바)까지 팔려고 했는데, 그것조차 옆집 꾀쇠아비한테 가로채이고 만다. 이 정도면 사실 인간적으로 황폐해지게 마련이다. 사실 그렇지 않은가? 먹고살기가 어려워지면 사람들은 곧바로 자존감을 포기해 버린다.

허나, 흥부는 그렇게 하지 않았다. 제비다리를 고쳐 준 것이 그 결정적 증거다. 제비새끼가 다리가 부러졌다. 당연히 불쌍하다는 생각이 든다. 하지만, 찢어지게 가난해서 입에 풀칠하기도 힘든 처지에, 더구나 부자인 형한테 그토록 모질게 버림받은 처지에서 과연 제비다리를 고쳐 줄 마음의 여유가 있을까? 아마 더 괴롭히기 십상이다. 가난이 비극인 건 그것이 폭력과 무기력으로 이어지기 때문이다. 하지만 흥부는 정성을 다해 제비다리를 고쳐 주었다. "자기 먹고살기도 힘들어 죽을 판인데, 미물의 고통에도 이렇듯 아파했으니, 흥부는 그래서 착한 사람인 것이다."정출헌, 『조선 최고의 예술 판소리』, 아이세움, 2009, 133쪽 '네가 아프니 나도 아프다'는 경지가 이런 것이리라. 그의 행위야말로 어떤 대가도, 보상도 바라지 않는 순수증여에 가깝다. 그러니 복을 받지 않을 도리가 없다. 제비가 물어다 준 박씨로 '대박'이 났다. 박 하나 하나를 탈 때마다 갖은 보물이 쏟아져 나온 것이다. 이게 웬 떡! 흥부가 돈타령을 부른다.

"논 봐라, 돈 봐라. 얼씨구나 돈 봐라. 잘난 사람은 너 잘난 돈, 못난 사람도 잘난 돈, 생살지권을 가진 돈, 부귀공명이 붙은 돈, 이놈의 돈아, 아나 돈아, 어디를 갔다가 이제 오느냐?" 하긴, 감격할 만도 하다. 찢어지게 가난하다가 졸지에 돈방석에 올라앉게 되었으니 말이다. 그런데 바로 그 순간, 그 기쁨과 흥분의 상태에서 흥부가 한 말이 뭔 줄 아는가? "건넛마을 가서 형님(놀부)을 불러오라"는 것. 왜? 본 때를 보여 주려고? 아니면 복수하려고? 아니다! 형님과 기쁨을 함께 나누기 위해서다. 놀랍지 않은가? 그동안 당한 설움과 멸시, 그 어떤 것도 흥부의 '형제애'를 훼손시키지 못했다.

그뿐 아니다. 이제 부자가 되었으니 자기처럼 가난하고 굶주린 사람들을 구제하겠노라 선언한다.──"불쌍하고 가련한 사람들, 박 흥부를 찾아오소. 나도 내일부터 기민(饑民)을 줄란다." 복을 받자마자 증여의 사이클에 곧바로 결합한 것이다. 이것이 진정한 자존심이자 카리스마다. 대개 자존심이나 카리스마는 남을 누르거나 자신을 과시하는 것이라 생각한다. 그것은 사실 객기에 불과하다. 허나, 흥부의 카리스마는 그렇지 않다. 어떤 가난도, 또 어떤 부유함도 감히 침범할 수 없는 고매한 인격! 제비와 같은 미물과도 '통'할 수 있는 부드러운 마음씨! 하늘도 감응할 만하다. 어떤 사람도 흥부보다 더 가난하기는 어렵다. 물질적 풍요가 넘쳐나는 지금 이 사회에선 더더욱. 그래서 그의 카리스마는 한층 더 빛을 발한다.

그리고 그의 카리스마가 주는 진정한 가르침은 또 있다. 가난하고 평범한 사람들 역시 고매한 경지에 오를 수 있다는 것. 대부분의 사람들은 영적 구원이라는 문제를 수행자나 성직자들의 몫으로 돌린다. "그런 생각은 인간을 두 종류, 즉 고행자와 세속적인 사람으로 나누는 것이다. 그러나 영적인 깨달음은 모든 사람들, 세상에서 일상 생활을 영위해 가고 있는 평범한 사람들을 위한 것이다. …… 따라서 당신 주변에 담을 두르면서 '나는 그저 속세에서 뒹구는 평범한 사람일 뿐이야. 내가 뭘 할 수 있겠어? 나의 전 존재는 이 여섯 자 몸 뚱이뿐인걸' 하고 말해서는 안 된다."비노바 바베, 『버리고, 행복하라』, 198쪽 왜냐고? "하느님은 자신을 세 가지 방법으로 계시하시기 때문이다. 평범한 인간들 안에 계시하고, 자연의 거대함 속에 계시하고, 마음 가운데 있는 영혼에 계시한다."칼린디, 『비노바 바베』, 407쪽 흥부는 바로 이것을 증명해 주었다. 아무런 개성도, 재능도 없는 평범하기 이를 데 없는 존재도 순수증여를 거뜬히 실천해 낼 수 있다는 것. 그것을 통해 자신도, 세상도 구원할 수 있다는 것, 그걸 깨우쳐 준 것이야말로 흥부가 우리에게 준 가장 큰 선물이다.

둘 ― 방랑하는 교사, 움직이는 대학

다들 알다시피, 학교가 공부를 독점하게 되면서 공부는 화폐법칙에 갇혀 버렸다. 그래서 심지어 대학생이 된 다음에도 뭔가를 배우려면 학원엘 다녀야 한다고 생각한다. 돈을 주고 배워야 제대로 배웠다고 믿어 의심치 않는 것이다. 참으로 희한한 심리구조다. 왜 스스로 배울 생각을 하지 않는가?

　　사람들은 아주 많은 것들을 혼자 힘으로 터득해 왔다. 갓난아기들을 보라. 그냥 하루종일 놀고 먹고 사고치면서 배운다. 뒤집기, 일어나기, 걷기, 달리기. 모국어 역시 순전히 독학!으로 깨친다. 누구도 특별히 가르치지 않지만 언제 어디서나 배움은 일어나는 법. 마주치는 모든 사람과 사건, 춘하추동과 천지만물이 다 나의 스승인 셈이다. 비노바 바베의 입을 빌려 말하면, "진정한 교사는 가르치지 않는다. 다만 누군가 그의 곁에서 스스로 배울 뿐이다. 태양은 누구에게도 자기 빛을 주지 않는다. 다만 만물이 그의 빛을 받아 스스로 자라갈 뿐"비노바 바베, 『버리고, 행복하라』, 31쪽인 것처럼. 지식과 정보 역시 그래야 마땅하다. 사방에 정보가 널려 있고, 지식인도 넘쳐난다. 그렇다면 도처에서 배움과 가르침이 일어나야 한다. 그러나 역설적으로 지금처럼 지식과 대중, 공부와 일상이 나누어진 시대도 드물다. 도무지 가르칠 엄두도, 배울 생각도 하질 않는다. 그래서 더더욱 교육과 화폐의 결탁이 견고해지는 것이다. 이 견고한 결합을 어떻게 해체시킬 것인가? 그것이 문제로다!

'무지한 스승'이라고 들어 보셨는지. 스승이 무지하다니, 그게 말이 되나? 무지하면 스승이 될 수 없고, 스승이라면 무지할 수 없는 법인데. 그렇다. 하지만, 꼭 그런 건 아니다. 아는 것이 없어도, 그 방면의 공인된 전문가가 아니어도, 누군가를 가르칠 수 있다는 게 '무지한 스승'이라는 패러다임이다. 일리치 식의 '교육통화'보다도 더 급진적인 발상이다. 예컨대 이런 것이다. 우리 연구실에 '장주클럽'이라는 의역학을 공부하는 모임이 있다. 거기에선 내가 늘 과제를 내주고 시험도 치른다. 의역학은 암기할 사항이 워낙 많아서 이런 식의 스파르타 훈련을 하는 것이다. 그럼, 내가 그걸 다 꿰고 있는가? 그럴리가! 나도 이제 겨우 '생초보'다. 그런데 어떻게? 책이 있지 않은가. 책을 남보다 조금 일찍 읽을 따름이다. 학인들은 시험을 통과하기 위해, 나는 시험문제를 내기 위해 죽어라고 공부를 할 수밖에 없다. 그리고 중요한 건 팀플레이. 조별로 팀을 짜서 진도를 따라오게 하면 전문가한테 그냥 강의를 들을 때보다 훨씬 고난도의 공부가 가능하다. 조 안에서 스승과 제자 관계가 형성되면서 대중지성의 장이 열리기도 한다. 더 중요한 건 그렇게 하다 보면 반드시 그 방면의 고수가 짠! 하고 나타나게 마련이라는 것이다. 앎의 자기장이 인연을 불러들이기 때문이다. 그럼 그 고수는 뭘 얻느냐고? 배움의 현장을 얻는다. 그 경험은 그의 공부에 새로운 지평을 열어 줄 테니, 그에게도 역시 배움이 있을 뿐이다. 그러니까 이 과정에는 '무지한 스승'과 '교육통화', 혹은 '대중지성의 네트워크' 등 각종 공부법이 도가니처럼 들끓고 있는 셈이다. 이 모든 것을 관통하는 키워드는 하나다. 화폐와 교육 사이의 검은 커넥션을 해체하라, 그리하면 앎의 향연이 펼쳐질 것이라는 것.

내가 지금껏 본 것 가운데 최고로 멋진 모델 하나를 소개한다. 이 세계에선 학생이 학교를 가는 것이 아니라, 교사가 학생들을 찾아 천하를 떠돈다. 그리고 대학이 따로 어디에 있는 것이 아니라, 교사가 학생을 만나는 그 현장이 곧 대학이다. 그러므로 대학 또한 움직인다. 방랑하는 교사, 움직이는 대학──이거야말로 '호모 코뮤니타스'의 향언이 아니겠는가.

우리의 조상들을 생각해 보라. 벽촌의 사람들도 낯설고 새로운 지식을 접할 수 있었다. 그것이 방랑하는 '산니아시(성자)'의 전통이다.…… 산니야시는 한 해의 대부분을 떠돌아다니다가, 비가 오는 우기 넉 달 동안은 한곳에 머문다. 그래서 산니야시가 머무는 마을에서는 그의 지식으로부터 많은 도움을 받는다. 그는 마을 사람들에게 세계에 대한 지식과 자아에 대한 지식을 가르친다. 산니야시는 걸어다니는 대학이며, 돌아다니는 학교이다. 그는 자신이 원하는 대로 이 마을 저 마을을 돌아다닌다. 그는 스스로 학생들을 찾아가, 무상으로 가르침을 베푼다. 마을 사람들은 그에게 신선하고 충분한 음식을 대접하며, 그는 다른 것을 필요로 하지 않는다. …… 지식을 얻기 위해서 돈을 지불해야 한다는 것은 참으로 비극적인 일이다. …… 어린아이는 어머니의 젖을 먹으며 만족을 느낀다. 그러나 어머니 역시 아이에게 젖을 빨리면서 기쁨을 느낀다. 만일 어머니가 아이에게 젖을 주면서 돈을 요구한다면 세상이 어떻게 되겠는가? …… 우리는 이렇게 방랑하는 교사의 전통을 다시 세워야 한다. …… 모든 가정은 학교가 되어야 하며, 모든 들판은 실험실이 되어야 한다. …… 모든 방랑하는 산니야시는 대학교가 되어야 한다. 학생은 배우기를 원하는 아이들과 젊은이들이다. 모든 마을에는 하루에 한두 시간씩 가르침을 베풀고 나머지 시간에는 노동을 하는 사람들이 있게 될 것이다. 이런 체제는 나면서부터 죽을 때까지 계속되는 교육의 완벽한 틀을 제공해 주리라 생각된다.비노바 바베.

『버리고, 행복하라』, 73~75쪽

셋 ─ 가난한 사람들의 은행가, 무하마드 유누스

"지난 반 세기 동안 과학이 눈부시게 발달하고 인간이 달에까지 갈 정도로 세상이 변했지만, 어째서 기근은 여전히 없어지질 않는 것일까?" 무하마드 유누스, 『가난한 사람들을 위한 은행가』, 91쪽

이것이 그의 질문이었다. 누구나 한 번쯤 생각했을 법한 이 질문을 그는 끝까지 물고 늘어졌다. 그리고 마침내 그 질문에 대한 자기 나름의 답을 찾았다. 그라민(마을) 은행의 설립이 바로 그것이다. 그가 보기에 가난한 사람들에게 필요한 건 원조나 구호물자가 아니었다. 생존에 필요한 생산도구를 구입할 수만 있으면 되는 것이었다. 하지만 은행들은 이들에게 절대로 돈을 빌려 주지 않는다. 은행이란 부자들에게만 돈을 꾸어주고 나중엔 그 부자들의 빚잔치를 해주는 '더러운' 곳이기 때문이다. 그래서 그는 기존은행들과 정반대로 했다. "우리는 다른 은행들이 어떻게 하나 보면서, 그 반대로 했습니다." 그라민 은행에선 가난한 사람들, 그것도 천대받는 여성들에게만 돈을 빌려 준다. 액수는 5달러에서 많아야 50달러 정도다. 담보나 보증 같은 건 필요없다. 서류도 필요없다. 다만 하나의 조건이 있다. 반드시 밴드(band)를 구성해야 한다. "가난한 사람들은 개별적으로 갖은 종류의 위험에 노출되어 있다. 하지만 그룹을 지어 행동할 때는 다른 사람들의 도움도 받고 경쟁심도 생기기 때문에, 융자를 받더라도 계획에 따라 행동하고 또 실천력도 생기는 것이다." 무하마드 유누스, 앞의 책, 149쪽

돈을 꾸리면 친구를 만들어라! 오, 세상에 이런 융자조건도 있다니, 돈이 삶을 창조하는 것이 이런 것이리라. 물론 당연히 원금을 상환해야 한다. 부자들의 저주어린 예측——가난한 사람들은 절대로 빚을 갚지 않을 거라는——과는 달리 그라민 은행의 원금 상환율은 98%가 넘는다. 단지 원금을 상환할 뿐 아니라, 다른 사람을 돕는 기금까지 적립한다. 자립과 동시에 증여의 주체가 되는 것이다. 그라민 은행은 현재 방글라데시의 3만 6천 마을에 걸쳐 운영되고 있고, 그 노하우는 전 세계적으로 확산되고 있다. 그는 소액융자로 '화폐에 대항하는 코뮤니타스'를 만들어 낸 것이다.

가난한 사람들의 은행가, 무하마드 유누스. 그는 이렇게 말한다.

지금 나는 은행을 운영하면서 돈을 융자해 주고, 또 이 융자를 통해서 우리가 거두고 있는 성공이 바로 회원들의 손에 쥐어진 구겨진 돈 때문이라는 사실을 누구보다도 잘 알고 있다. 하지만 역설적이게도 돈을 매개로, 돈으로써 이루어진 우리의 소액융자는 사실상 돈과는 근본적으로, 본질적으로 무관한 것이다. 소액융자는 사람들로 하여금 **스스로가 가지고 있는 잠재력을 최대한 발휘하도록** 돕는 것이다. **소액융자란 경제적 자산이 아니라 인간적 자산을 일깨우는 수단이다.** _{같은 책, 337쪽. 고딕강조는 인용자}

부록

문탁네트워크와 돈
—호모 이코노미쿠스에서 호모 코뮤니타스로
- 문탁(문탁네트워크)

세리(稅吏)의 돈타령
—돈과 삶은 어떻게 만나는가
- 류시성(감이당)

문탁네트워크와 돈
— 호모 이코노미쿠스에서 호모 코뮤니타스로

문탁[*]

1. 우리는 모두 '개념'이 없었다

2009년 9월, 나는 10여 년간의 〈수유+너머〉의 생활을 접었다. 프리랜서 선언을 했지만 딱히 계획이라고 할 만한 것은 없었다. 밀린 영화도 보고, 책도 읽으면서 뒹굴뒹굴거리다가 우연히 주변에 나와는 곡절이 다르지만 나처럼 앞으로의 인생이 막막한(?) 친구들이 많다는 것을 알게 되었다. 수십 년 다니던 직장을 그만둔 사람, 자나 깨나 직장을 그만두고 싶어 하는 사람, 수년간의 생협(생활협동조합) 활동을 정리한 후 약간은 망연자실해 있는 사람, 세상이 꼴 보기 싫어 집

---

[*] 〈수유+너머〉에서 10여 년간 활동했다. 지금은 경기도 수지에서 친구들과 〈마을에서 만나는 인문학 공간—문탁네트워크〉를 꾸려가고 있다. 국가에 포획되지 않고 화폐관계를 넘어서는 "마을"을 꿈꾼다. 이를 위해 '위대한 아마추어리즘'의 정신으로 무장하고 '마을작업장', '마을회관', '마을학교', '마을건강카페' 등 사업을 문어발처럼^^ 증식하고 있다. 하지만 이 모든 것의 기초가 정직한 '공부'라는 것을 믿어 의심치 않는다.

에 꼭꼭 처박혀 살고 있는 사람 등.

비슷한 처지여서 그랬을까? 우리는 쉽게 의기투합할 수 있었다. 세상을 구원하기 전에 내 자신부터 구원하자. 함께 모여 공부부터 시작해 보자. 공부를 하다 보면 어디로 가야 할지 길이 보이지 않겠는가? 나는 우리집 거실을 세미나실로 변신시켰다. 동네 가구점에서 10만 원을 주고 접이식 테이블을 사서 거실 테이블에 연결시키니 훌륭한 세미나실이 만들어졌다. 이후 우리는 일주일에 한 번씩 모여서 『성장을 멈춰라』라는 책을 시작으로 '일리치' 읽기를 했다. 대부분이 생활인인 친구들과 함께 하는 이 세미나는 〈수유+너머〉에서의 공부와는 또 다른 맛이 있었다. 삶의 연륜이 지긋한 사람들, 자신의 삶에 진지한 사람들이어서 그런지 말에 '뻥'이 없었다. '뻥' 치지 않는 세미나! 나는 이 친구들이 매우 마음에 들었다.

그렇게 두세 달쯤 세미나를 하고 있던 중 우연히 동네 부동산에서 9평짜리 공간이 나왔다는 이야기를 듣게 되었다(동네에서 오래 살다 보면 누구는 약국 아줌마하고 친해지고, 누군가는 부동산 아저씨하고 친해진다^^). 갑자기 세미나를 하던 친구들이 공간을 얻자고 나섰다. 몇 달간 함께 세미나를 하다 보니 '아지트' 하나쯤 있었으면 좋겠다는 생각이 들었던 것이다. 그러나 부동산 아저씨가 소개해 준 9평짜리는, 역시 너무 좁았다. 독자적인 공간계획 같은 게 전혀 없었던 우리는 그때부터 마치 열심히 공간을 찾고 있던 사람들처럼 온 동네를 쏘다니면서 발품을 팔기 시작했다. 9평짜리를 보다가, 다음엔 30평, 그 다음엔 35평, 그러다가 지금의 문탁 터전인 이곳 50평까지. 우리는 50평의 이 공간이 탐이 났다. 그러나 처음에 우리는 매우 소박+소심했기 때문에 때문에 이곳에서 100만 원이 넘는 월세를 계속 낼 수 있을지 걱정이 많았다. 이리저리 주판을 튕겨 보고 열심히 계산을 해봤지만 자립에 대한 확신이 서지 않았다. 그러던 어느 날 밤, 세미나를 함께하던 친구 한 명이 나를 동네 술집으로 불러냈다. 그러더니 무조건 공간을 얻자고 하는 게 아닌가? 만약 돈이 모자라면 자기가 내겠노라고, 자기 모토는 '개념 없이 살자'라면서 말이다.

아…… 새로운 길을 만들기 위해서는 열심히 계산을 하는 게 아니라 과감히 계산을 버리는 게 방법이구나! 우리는 그날 이후 모든 계산을 버렸고, '개념 없이 살자'를 부르짖으면서 일을 저질렀다. 이후 모든 것이 빛의 속도로 진행되었다. 저축한 돈도 흘러나왔고, 생활비로 꼬불쳐 둔 돈도 흘러나왔다. 그리고 온 동네에 버려진 폐가구를 주워 모았다(아파트 단지에는 버려진 멀쩡한 가구들이 정말 많다). 한겨울에 눈 덮인 소파와 책상을 주워 오고, 자기 집에 있는 에어컨을 모두 떼어 왔다. 운도 좋았다. 자기 회사가 이사를 하니, 기존의 집기를 다 가져가라는 친구와도 연락이 되었다. 물론 선물도 엄청 받았다. 〈문탁네트워크〉는 그렇게 만들어졌다. 몇 번의 우연, 그리고 그 우연을 축복처럼 받아들인 '개념 없는' 친구들 덕분으로!

2. 버는 게 아니라 쓰는 게 먼저다

"공간이 우리를 잡아먹지 않게 할 것!" 이것이 〈문탁네트워크〉를 시작하면서 세웠던 첫번째 원칙이다. 월세를 내고 전기료와 가스료를 내기 위해 활동을 조직한다면, 분명히 망할 것이라 생각했다. 세미나든 강좌든 우리가 하고 싶은 공부를 하자, 그러기 위해 일단 우리 호주머니를 먼저 털자. 우리는 세미나나 강좌회비가 아니라 우리 호주머니에서 나오는 돈으로 기본 월세와 관리비를 충당하자고 마음먹었다.

초동주체였던 9명이 10만 원씩을 내기로 했다. 나는 30만 원을 회비로 냈다. 공간 운영에 대한 책임감 때문이기도 했지만, 아무리 생각해 봐도 이건 남는 장사였기 때문이다. 50평의 공간에서 마음껏 세미나를 하고, 혼자서는 엄두도 못 낼 강좌를 조직해서 강의를 들을 수 있고, 매일 공동체 주방에서 갓 지은 점심밥과 저녁밥을 2천 원에 먹을 수 있고, 매일매일 새로운 친구와 사건을 만나면서 활기찬 삶을 살 수 있는데 한 달 30만 원이 뭐가 대수이겠는가? 나는 기꺼이 월 30만 원을 회비로 냈다. 그러나 나의 회비는 1년 만에 20만 원으로, 또 몇 달 후엔 15만 원으로 줄었다(지금은 꼴랑^^ 10만 원을 낸다). 월세 100만 원을 걱정하던 시절이 언제였나 싶게 우리가 폭풍성장을 했기 때문이다. 어느 누구도 문탁을 키우는 데 관심이 없었고, 또 한 번도 돈을 벌기 위한 활동을 만든 적이 없는데 결과적으로 사람도 돈도 증식되었다. 어처구니 없게! 혹은 신기하게!

처음에는 문탁에서 하는 세미나가 너무 어렵다, 강좌가 너무 전문적이다, '마을에서 만나는 인문학 공간'인데 문턱이 너무 높은 게 아니냐는 말도 많았지만 우리는 개의치 않고 꾸준히 , 빡세게 우리가 하고 싶은 공부와 활동을 만들어 냈다. 그리고 그 공부와 활동을 함께 하는 친구들에게 서로 감사하는 마음으로 "무상의 곡진한 노동"(김영민)을 아낌없이 쏟아 부었다. 점차 우리의 공부와 활동, 그리고 그걸 매만져 가는 정성은 무수한 인연을 불러들였다. 수지뿐 아니라 용인의 전 지역에서, 그리고 수원, 분당, 과천, 의왕, 광주 등에서도 사람들이 왔다. (이분들은 한결같이 "아! 공부하러 서울까지 가지 않아도 너무 좋아요"라면서 왔다. 그런데 재밌는 것은 실제 거리상으로 우리가 서울보다 결코 가깝지 않다는 것이다. 그러니 우리를 가깝게 느낀다면 그것은 물리적 거리 때문이 아니라 심상지리적인 가까움일 것이다. 모든 것이 서울로 집중되는 현실에서 서울 외곽에 사는 사람들이 느끼는 심리적 연대감!) 사람들이 늘고, 세미나가 많아지고, 강좌도 늘 꽉꽉 차니 돈이 모일 수밖에. 1년 만에 우리는 돈에 대해 처음과는 완전 다른 고민을 하게 되었다. '월세 낼 돈을 마련할 수 있을까'에서 '쌓이고 있는 돈을 어떻게 써야 할까'라는 문제로.

 우리는 신나게 아낌없이 돈을 쓰기로 했다. 과감하고 실험적인 활동뿐 아니라 가끔씩은 '촉'이 오는 대로 돈을 써나갔다. 우선 동네 시설 청소년들과 인문학공부를 시작했고, 이 아이들과 『논어』를 읽고, 동아리활동을 하고, 자립프로젝트를 진행했다. 후쿠시마 원전 사태나 한미FTA 같은 일이 생기면 우리는 전문가를 모셔다가 마을공개강좌를 연다. 물론 참가비는 받지 않는다. 그렇다고 어디 다른 곳에서 펀딩을 받는 것도 아니다. 강사비나 참가자들을 위한 간식비로 그냥 돈을 쓴다. 누구한테 아쉬운 소리를 할 필요도 없고, 누구한테

영수증 제출해야 할 의무도 없으니 우리가 돈을 쓰는 방법과 범위에는 어떤 제한도 없다. 그러다 보니 아주 작은 아이디어로 시작한 〈청년예술프로젝트〉가 뜻밖에 대박을 쳤고,* 〈통합진보당 사태, 어떻게 볼 것인가〉라는 주제의 '마을 100분 토론'(2012년 봄)이나 〈밀양송전탑반대를 위한 용인시민촛불집회〉같은 '골목집회'(2013년 봄)도 발 빠르게 조직할 수 있었다. 매년 가을에 열리는 〈문탁인문학축제〉는 아예 작정하고 돈을 쓰는 프로그램이다. 1년 동안 우리가 한 공부를 표현하기 위해, 우리의 공부를 더 심화시키기 위해 우리는 아낌없이 돈을 왕창 쓴다. 그리고 우리가 쓴 돈은 아주 정직하게 우리에게 되돌아왔다. 이근안이 누군지도 몰랐던 젊은 회원이 아이와 남편을 떼어 놓고 송전탑투쟁을 하는 밀양 주민을 도우러 농활을 가는 사건으로, 40대가 주축이었던 문탁에 젊은 청춘들까지 꼬이는 활력으로, 우리 공부가 매번 확장되고 횡단되고 단단해지는 계기로. 공동체 전

---

* 〈청년예술프로젝트〉를 시작한 것도 아주 우연이었다. 어느 날 회원들이 수다를 떨다가 돌연, 아이들 특히 음악하고 춤추고 싶어 하는 아이들이 '지금 당장' 그걸 하면서 살 수 있는 방법은 없을까?로 이야기가 튀어 버렸다. 아이들이 학교를 다니든, 다니지 않든 문탁과 같은 공간을 스스로 꾸려, 치고 싶은 기타를 실컷 치고 함께 밥을 짓고 청소를 하면서 철학책을 읽고 공연을 기획할 수만 있다면…… 상상만 해도 즐거웠다. 그걸 해보기로 했다. 그래서 기획된 〈청년예술프로젝트〉! 3주에 걸쳐 세 개의 프로그램이 운영되었는데 마을에서 예술깨나 한다는 아이들이 속속 모였다. 첫날은 서울 수유리의 청소년문화공동체 〈품〉의 10대 청년 세 명이, 두번째는 〈하자〉에서 사회적 기업을 운영하는 활동가가, 세번째는 홍대 앞의 유명한 인디가수 '짙은'이 아이들을 만나러 왔다. 특히 마지막 날에는 '짙은'과 아이들의 즉석 밴드공연이 이루어져 모두를 환희에 빠뜨렸다. 그 이후 아이들이 문탁 공간을 들락날락하면서 어찌어찌 만들어 낸 게 〈쪼끄만 공연〉이다. 〈쪼끄만 공연〉팀은 아직까지 생존^^하고 있다.

체가 또 한발을 내딛을 수 있는 디딤돌로!

지난 3년 반 동안 문탁에서 배운 일은, 내 곳간을 먼저 비우면 공통의 곳간을 더 충만하게 채울 수 있다는 사실이었다. 그리고 공동체의 곳간을 비우면 그 비워진 곳에서 예기치 않았던 무수한 인연이 증식되고, 이 인연으로 천 개의 사건이 만들어진다는 것이었다. 이보다 더 좋은 일, 또 있을 수 있을까?

3. 공부가 밥을 만든다

초창기 세미나 중에 〈마을과 경제〉라는 세미나가 있었다. 주로 지역생협, 의료생협, 지역화폐운동의 경험이 있는 사람들이 참여했는데 대부분 활동가 출신이라서 그런지 이들은 '공부'를 크게 믿지 않는 눈치였다(아는 게 많다고 잘 사는 건 아니잖아, 라는 한편으로는 지당한 또 한편으로는 위험한 믿음^^). 어쨌든 이 세미나는 2주에 한 번씩 모여 느슨하게 진행되었는데, 가랑비에 옷 젖는다고 그 공부가 1년을 넘어서자 또 아무도 예상치 못한 역동이 창출되기 시작했다. 이 역시 처음엔 우연이었는데 세미나회원 중에 천연화장품 제조기술을 가진 사람이 주축이 되어 문탁 식구들에 대한 송년선물로 립밤을 제조해서 나눠 준 것이었다. 이것을 계기로 하여 이 세미나팀은 〈마을과 경제 사업단〉을 꾸려서 돈을 버는 일에 본격적으로 나섰다. 각자가 가지고 있는 능력과 기술을 활용해 시장과 화폐 외부에서 먹고 사는 문제를 해결해 보자는 것이었다. 그리고 몇 달 뒤 사업단의 경험을 바탕으로 우리는 이 실험을 본격화하기로 결정했다. 공부공동체와는 다른 생산공동체를 꾸려보자. 〈마을작업장 월든〉은 이렇게 탄생했다.

불과 200년 정도밖에 되지 않은 자본주의. 그러나 자본주의는 생존에 필요한 물품뿐 아니라 삶에 활력을 주는 모든 것들을 상품으로 만들어 버렸다. 우리는 돈이 없으면 단 하루도 생존할 수가 없다. 그러니 돈을 벌어야 하는데 그러기 위해서는 나 역시 시장경쟁력이 있는 상품이 되어야 한다. 아무리 능력과 열정이 있어도 시장에 고용되지 않는 한, 우리의 활동은 '그림자노동'(일리치)에 불과하다. 돈은 시장에서 벌어야 하고, 그렇게 번 돈은 또 시장에서 써야 한다. 하여, 세상의 갑(甲)은 시장과 돈이다. 우리는 돈에 질식당하는 영원한 을(乙). '호모 이코노미쿠스'의 슬픈 현실. 다른 방법은 없을까?

〈마을작업장 월든〉의 품앗이 생산공동체들, '신목수 목공소', '자누리 화장품', '봄날 길쌈방', '노라 찬방', '담쟁이 베이커리', '월든 중고장터'는 시장에서 배제된 '그림자 노동'을 삶의 생산능력으로 리바이블시키는 곳이다. 이곳에선 누구나 셰프가 되거나 화장품 생산에 참여하여 돈을 벌 수 있고(최소한 문탁에서 공부하기 위한 세미나 회비, 강좌회비는 충분히 벌 수 있다), 직접 자기 옷을 수선하거나 자기에게 필요한 목공예품도 만들 수 있다(물론 돈도 절약된다. 그러나 지난 1년간 내가 관찰한 결과, 많은 사람들이 돈을 절약하기 위해서만 수공예를 하는 것은 아니었다. 열심히 바느질을 하고, 책상을 만드는 사람들에게서 나는 숨길 수 없는 '예술 본능'을 발견할 수 있었다. 오롯이 자신의 손, 발을 써서 손수 고치고 만든 물건은 쉽게 버리지 못하지 않을까? 돈도 절약하고 예술 본능도 충족시키고 생태계도 보존하는 아마추어 장인들!). 뿐만 아니다. 중고장터에서는 만 원에 여름옷 세 벌을 구매할 수 있다(나는 중고장터 애용자인데, 지난 겨울 강추위를 견디게 해준 오리털파카도 이곳에서 구입했고, 요가를 시작하면서 필요한 요가복도 이곳에서 구입했다).

우리는 가끔씩 누가 미용실 좀 열었으면 좋겠어, 파마값도 너무 비싸고 머리 자르러 다니는 것도 귀찮아, 라고 말을 한다. 어쩌면 조만간 '△△ 미용실'이 만들어질지도 모른다. 어떻게 확신하냐고? 내 주변에는 사람들의 숨겨진 재능을 꿰뚫어 보는 눈 밝은 친구들, 또 그 재능 있는 친구들을 꼬셔서 뭔가를 만들어 내는 '작업의 달인'들이 널려 있기 때문이다.

또 얼마 전엔 문탁에서 공부한 지 얼마 되지 않은 새댁이 남편을 끌고 왔다. 공부하러 집을 비우는 부인에게 계속 투덜거리고, 같이 공부하러 가자고 해도 매번 심드렁한 남편에게 문탁에 참여할 수 있는 맞춤형 활동을 만들어 줬기 때문이다. 이름하여 '잡채 피씨 닥터'! 이 컴퓨터 수선방은 개업하자마자 문전성시를 이루고 있다. 일요일, 이 젊은 부부는 문탁에 나와 부인은 공부하고 남편은 회원들의 컴퓨터를 수리한다. 난 조만간 이 남편도 문탁에서 공부할 것이라고 확신한다. 어떻게? 공부에 심드렁했던 〈마을과 경제〉 초기 세미나 회원들도 지금은 맑스, 네그리, 스피노자, 들뢰즈 등 '빡쎈' 공부에 끊임없이 도전하고 있기 때문이다.

이곳에선 공부가 밥이 되고, 밥이 또 공부로 순환된다. 이곳에선 누구도 더 이상 '호모 이코노미쿠스'로 살지 않는다. 우리 모두는 '호모 코뮤니타스'다.

4. '게으르니'와 '악어떼'가 자립하는 그 날까지

'게으르니'라는 닉네임을 가진 친구가 있다. 40대이고 여성이고 싱글이고 주변 노동에 종사하는 비정규직이다. 한마디로 마이너! 그런데 공부에 대한 열정이 대단하다. 고미숙 선생의 책을 읽고, 〈수유+너머〉에 공부하러 가려다 우연히 문탁을 알게 되어 우리와 인연을 맺게 되었다. 문제는 문탁에 오기 전, 이 친구의 라이프스타일이 한마디로 엉망진창이었다는 것이다. 일이 끝나고 밤늦게 집에 돌아오면 너무 지쳐서 거의 매일 혼자서 맥주(그리고 당연히 안주)를 마시면서 TV를 보다가 잠이 들기 일쑤였단다. 나는 "공부를 하는 것은 몸을 바꾸는 것이다"라면서 매일 아침 문탁에 나와서 백일청소수행을 해보는 게 어떠냐는 제안을 했다. 그랬더니 이 친구, 정말 백일 동안 아침 일찍 문탁에 나와서 화장실까지 깨끗이 청소하고 돌아가는 게 아닌가? 쇼킹했다. 이런 발심과 수행을 하는 사람은 사실상 매우 드물기 때문이다. 이후 문탁은 '게으르니' 세상이 되었다.^^

이 '게으르니'가 최근 새로운 선언을 했다. 더 이상 주변 노동자로 살아가지 않겠노라고. 문탁에 전념하면서 문탁에서 공부하고, 문탁에서 먹고 살겠다고 나섰다. 우리로서는 새로운 도전에 직면한 셈이다. 소소한 돈벌이가 아니라 한 사람의 생존과 생활, 한 사람의 온전한 우주를 우리 내부에서 만들어 낼 수 있을까?

또 하나, 악어떼들이 있다(지난 3년간 우리와 공부를 했던 시설청소년들을 우리는 악어떼라고 부른다). 초창기엔 『논어』도 들이밀고, 만화책도 읽히고, 데리고 다니면서 춤도 가르치고, 연극도 만들어 보고…… 한마디로 할 수 있는 모든 것을 하면서 "응답하라!!"를 열심히 외쳤지만 돌아오는 것은 묵묵부답!! 그래서 가끔씩 좌절했고, 종종 답답했지만 세월이 흐르면서 그 녀석들은 자연스럽게 우리 식구가 되어 버렸다. 유위(有爲)의 시절이 지나 무위(無爲)의 관계가 되었다고나 할까. 그러나 고등학교를 졸업하면 시설에서 나와야 하는 이 친구들이, 학교 성적은 말 그대로 바닥인 이 친구들이, 그렇다고 딱히 기술도 없고 비빌 언덕은 더구나 없는 이 친구들이 고등학교를 졸업하면 어떻게 살아갈까? 이제 우리는 더 이상 이 친구들에게 인문학 공부를 시키겠다는 강박을 갖고 있지는 않다. 다만 이 친구들이 먹고 살 수 있는 토대가 마을에서 만들어졌으면 하는 바람은 여전히 지니고 있다. 우리는 기꺼이 그 과제를 떠맡고자 한다.

마지막으로 우리는 지금 '마을문화복합공간'을 하나 더 만드는 프로젝트를 준비 중이다. 일단 '문탁네트워크'의 공간이 너무 좁아졌다. 세미나실은 부족하고, 공부방도 열악하다. 뿐만 아니라 신규 개업한 지 1년 반 밖에 안 되는 〈마을작업장 월든〉의 공간도 이미 너무 옹색해졌다. 이런 상태로는 각 사업단의 자립도를 더 높이기 힘들다. 뿐만 아니라 〈마을과 건강〉 세미나팀에서 구상 중인 '마을양생공동체' 실험을 위해서도, 〈주권없는 학교〉에서 준비 중인 '세대를 아우르는 학습망' 활동을 위해서도 새로운 공간이 필요하다. 무엇보다 '게으르니'나 '악어떼' 등의 자립모델을 만드는 일이 중요하다. 우리는 주변의 빈 건물 하나를 찜했다. 이번 프로젝트는 1억짜리. 보증금 2천만 원, 월세 100만 원에도 벌벌 떨었던 3년 반 전에 비하면 우리 간이 몹시 커진 셈인가? 어쩌면 그럴 수도. 하지만 그것보다는 이제 공동체에서 돈을 쓰고 버는 원리를 확실히 체득했기 때문이 아닐까? 이번에도 우리는 다른 삶에 대한 비전과 열정으로, 함께 공부를 해온 우정의 힘으로, 무엇보다 자기 호주머니를 먼저 터는 '계산불가능한 신체'가 되어 일을 저지르려고 한다. 또 신나는 일이 벌어질 것이다.

세리(稅吏)의 돈타령
— 돈과 삶은 어떻게 만나는가

류시성[*]

돈의 달인, 와싱톤 할머니

돈 하면 생각나는 사람이 있다. 바로 '와싱톤 할머니'다. 별명부터가 좀 웃긴 이 할머니는 내가 만난 돈의 달인이다. 할머니는 50년이 넘게 광장시장에서 장사를 했다. 아침이면 작은 점포의 문을 열고 하루 일을 시작한다. 하얀 목장갑을 끼고 어제 잘 정리해서 넣어 둔 물건들을 진열하고 먼지를 닦는다. 이때 상표가 잘 보이도록 진열하는 것이 중요하다. 그게 그 물건의 얼굴이기 때문이다. 물건에도 앞뒤가 있다. 아무렇게나 놓으면 좋은 인연을 만날 수 없다. 물건도 비루해

---

* 지리산 자락에서 나고 자랐다. 어릴 때 집이 목장을 한 덕분에 나도 소들과 함께 '방목' 되었다. 그 영향으로 20대 내내 집밖을 떠돌았다. 알바 하고 술 마시고 여행했다. 뭘 얻었냐고? 병과 무지! 그럼 지금은? 내 병은 손수 고치려고 〈감이당〉에서 사람들과 한의학을 공부하고 무지에서 벗어나기 위해 동양고전을 읽는다. 같이 지은 책으로 『청년백수 자립에 관한 한 보고서』, 『혈자리서당』, 『인물 톡톡: 나의 친구, 나의 스승』 등이 있다.

진다. 할머니는 이 일을 매일매일 반복했다.

　진열이 끝나면 할머니는 작은 의자에 앉아 손님을 기다린다. 하지만 손님보다 늘 졸음이 먼저 찾아온다. 할머니는 늘 졸고 계신다. 졸음대왕 할머니. 하지만 할머니에게도 빛나던 시절이 있었다. 왕년에 할머니는 동대문을 주름잡던 건달 이정재도 함부로 하지 못하던 왈가닥 아줌마였다. 시장에선 다른 아줌마들을 기(氣)로 죄다 눌러버린 악바리 상인이었다. 전설(?)에 따르면 어찌나 기운이 세고 활동적이었는지 남자들도 들기 힘들다는 무거운 박스를 등에 지고 2층 계단을 날듯이 오르내렸다고 한다. 한때는 시장에서 가장 많은 단골손님을 가졌던 할머니. 하지만 단골들도 거의 없어졌다. 단골들 대부분이 나이가 들어 돌아가셨기 때문이다. 50년쯤 장사를 하게 되면 겪게 되는 운명일까. 할머니에게 단골은 신뢰가 사라져 발길이 끊어진 존재들이 아니라 그냥 죽어서 없어지는 존재들이다.

　내가 할머니를 만난 건 2007년. 소매상인 할머니에게 물건을 대주는 도매상점에서 일하면서부터다. 할머니를 만나는 건 하루에 고작 서너 번에 불과했다. 필요한 물건이 떨어졌으니 가져다 달라는 전화를 받으면 물건을 배달한다. 그리고 오후 5시. 수금을 나가서 그날 배달한 물건 값을 받는다. 그때마다 할머니는 늘 졸고 계신다. 할머니를 흔들어 깨우면 그제야 정신을 차리시고 돋보기 안경을 꺼내 계산서를 훑어보신다. 하나하나 물건의 가격과 수량을 체크하는 것이다. 신기하게도 열에 한 번은 꼭 잘못된 부분이 나온다. 그러면 불호령이 떨어진다. "도매집이 계산 하나 제대로 못하면 장사 못한다!"

할머니는 늘 그런 식으로 계산서를 살피고 본인이 다시 계산해 본 후에야 수금할 돈을 건네주셨다.

특이하게도 할머니는 100원짜리 하나도 모두 챙겨주셨다. 보통 27,300원이 수금할 돈이라면 300원은 에누리로 주지 않는 것이 시장의 생리다. 하지만 이렇게 에누리로 떼기 시작하면 점점 떼이는 돈이 늘어난다. 100원 단위에서 떼던 것이 순식간에 1000원 단위로 넘어간다. 사람 마음이 그렇다. 하지만 할머니는 늘 10원짜리 하나까지 정확하게 계산했다. "너 이거 안 받아 가면 너네 사장한테 혼나잖어?" 사실 내가 일했던 상점은 친한 친구의 이모가 운영하는 가게라 몇백 원 정도는 그냥 넘길 수 있었다. 하지만 할머니는 그렇게 하면 사장과 종업원 사이에 신뢰가 깨진다는 걸 알고 계셨다. 자신이 정확하게 돈을 지불해야 그 돈이 흘러 들어가는 관계의 장도 투명해진다. 할머니는 돈의 마음을 누구보다도 안다. 또 할머니는 그날 가져간 물건 값을 그날 정확히 지불하는 것을 원칙으로 삼고 있었다. 시장 상인들이 대부분 얼마간 빚을 남겨두는 것이 보통이었지만 할머니는 그날그날 계산을 했다. 가게일이 바빠 수금하러 가는 시간이 늦어지면 가게로 전화를 했다. "수금하러 안 올 거야?" 빚 갚는 일은 하루를 묵혀서도 안 된다고 생각했던 할머니.

1년 뒤 나는 복학을 했고 시장을 떠났다. 그로부터 얼마 후 할머니가 돌아가셨다는 이야기를 들었다. 자식들이 이제 장사를 그만하라고 해도 고집스럽게 가게에 나와 일을 하시던 할머니가 일을 그만두자 며칠 뒤 갑작스레 돌아가셨단다. 그렇다. 할머니에겐 장사가 되건 되지 않건 아침 일찍 나와 물건을 진열하고 다시 저녁에 정리해서 들여놓는 일상이 생명붙이나 다름없었다. 그 일을 놓자 할머니는 힘없이 쓰러지셨던 것이다. 그 소식을 듣고 한동안 먹먹했다. 뭔가 알 수 없는 감정이 올라와서 눈물이 찔끔 났다. 지금 이 글을 쓰는 순간에도 그 감정들이 올라온다. 내 몸이 할머니의 삶을 기억하고 있는 것일까.

20세기 초, 벤야민이라는 철학자는 프랑스 파리의 아케이드를 바라보면서 물신주의의 지옥을 보았다고 했다. 그러나 내가 본 시장은 물신주의니 뭐니 하는 주의(主義)들에 앞서 부지런히 움직이는 일상이 지배하는 곳이었다. 돈과 물건, 사람은 그 일상의 힘으로 모인다. 또 그 힘이 있는 곳으로 흘러간다. 일상이 신용이다. 아마도 내 몸이 기억하는 건 그 힘으로 똘똘 뭉친 할머니의 일상이었을 것이다. 그래서 어느 순간엔 할머니가 건네주는 돈이 할머니고 할머니가 진열해 놓은 물건들이 할머니고 할머니의 단골들이 할머니처럼 느껴졌다. 그 하나하나가 전부 할머니였던 것. 하여 아직도 돈 하면 그 시장과 할머니가 제일 먼저 떠오른다.

누구나 평생 돈을 만지며 살아간다. 그런 우리들에겐 돈이 일상이고 일상이 곧 돈이다. 또 돈은 기호이자 언어이다. 이 언어를 어떻게 다뤄야 하는지 배워야 잘 쓸 수 있다. 돈이라는 언어로 사람들과 어떻게 소통해야 하는지. 그 언어가 내 일상과 어떻게 만나는지. 난 할머니로부터 이 언어의 기술들을 배웠다. 어디서든 부지런히 움직이면 밥 굶지 않고 빚지지 않고 살 수 있다. 물건 하나하나를 소중히 다루고 돈 한푼을 허투루 생각하지 말라. 그래서 할머니는 내게 돈의 달인이다. 돈을 아주 많이 버는 방법을 가르쳐 주는 것이 아니라 아주 보편적인 돈의 생리를 누구보다도 생생하게 가르쳐 준 돈의 달인이다. 할머니는 하늘나라에서도 장사를 하며 또 졸고 계실까.

달콤 쌉싸름한 돈의 맛

내 하루 일과는 청소로 시작된다. 연구실에 나와 창문부터 열고 청소기를 돌리고 걸레질을 한다. 제자리에 있지 않은 물건들은 제자리로 가져다 둔다. 청소가 끝나면 커피를 마시고 일을 처리하고 책을 읽고 글을 쓴다. 저녁엔 하루 동안 내가 사용한 물건들을 정리해서 넣어두고 집으로 돌아온다. 어찌 보면 내 삶도 할머니의 삶과 크게 다르지 않다. 그래서인지 나는 가끔 이런 생각을 한다. 나도 죽기 며칠 전까지 이렇게 살게 될까. 어쩌면 이게 삶의 전부는 아닐까. 모두들 이렇게 살고 있는 건 아닐까. 공상이긴 하지만 기분 좋은 공상이다.

 공부하는 것 외에 연구실에서 내가 맡고 있는 임무는 돈관리다. 팔자 덕분인지(^^) 올해로 3년째 〈감이당〉 회계를 맡고 있다. 할머니의 영향인지는 몰라도 난 돈에 대해서는 좀 철저하다. 돈을 보내야 할 때는 시간을 지체하지 않으려고 애쓴다. 그래야 받는 쪽에서도 다음 일을 무리 없이 진행할 수 있다. 돈을 받을 때는 꼼꼼하게 기록하고 계산을 여러 번 해본다. 이렇게 해야 계산이 정확하고 서로간에 오해가 안 생긴다. 물건을 살 때도 시간이 좀 오래 걸린다. 이것저 것 가격을 따져보고 정말 마음에 확신이 설 때까지 기다렸다가 사기 때문이다. 그럼 예전부터 그랬냐고? 설마…… 예전엔 정말 주머니에 있는 돈은 그날 다 써 버렸다. 물건을 살 때도 충동구매, 질러족이었다. 가계부를 적고 수입과 지출을 따져보는 건 있을 수 없는 일이다. 이렇게 돈을 쓰다 보니 돈이 모일 리 없었다. 어쩌다가도 돈이 생기면 날파리들이 달려들어 뜯어가 버렸다. 꽤나 많은 금액을 아무 계획 없이 빌려줬다가 영영 돌려받지 못한 경우도 생겼다.(아~ 이 트라우마!) 유형인 돈을 모으는 건 무형의 마음이다. 돈을 아끼는 마음이 없으면 돈은 모이지 않는다. 할머니의 그 몇백 원은 돈이 아니라 이 마음이었을 것이다.

하지만 지금은 좀 달라졌다. 돈도 잘 모은다. 목구멍이 포도청이라서 그렇다.^^ 이젠 1년 수입과 지출을 꼼꼼히 따져보고 남는 돈은 적금으로 묶어 둔다. 장족의 발전이 아닐 수 없다. 이렇게 돈을 잘 관리하게 된 데는 할머니의 영향도 있었지만 〈감이당〉 회계의 역할도 컸다. 3년 전쯤 회계를 처음 맡게 되었을 때는 정말 뒤죽박죽이었다. 제대로 기록해 두지 않아서 돈이 어디서 어떻게 들어왔는지 얼마가 어디로 나갔는지조차 파악하기 힘들었다. 물론 호되게 꾸지람을 들었다. "돈을 이 따위로 다루는 놈이 무슨 공부를 하고 공간을 운영해!" 그때부터 돈을 받으면 무조건 기록부터 한다. 내 돈과 공금이 섞이는 일이 없도록 철저하게 분리한다. 특별한 행사나 이사 등 정기적으로 나가는 돈이 아닌 특별지출은 따로 회계장부를 만든다. 그래야 다음에 또 이사를 하게 되거나 행사를 진행할 때 경비를 예측하고 돈을 쓸 수 있다. 이렇게 공급을 관리하는 일이 몸에 배자 내 돈도 자연스레 그렇게 운영하게 된 것이다.

사실 돈-놀음은 재미가 쏠쏠하다. 해본 사람은 안다. 수입과 지출이 딱딱 맞아 떨어질 때의 그 쾌감. 정확하게 돈의 액수가 착착 맞아 들어갈 때의 기쁨. 이렇게 해서 마침표가 찍힌 회계장부를 볼 때의 후련함. 아~ 이 맛은 정말 달콤하다. 왜 수학자들이 그 무미건조할 것 같은 숫자들의 세계에 푹 빠지는지도 알 거 같다. 돈은 맛있다.^^ 이 기쁨 외에 회계를 맡게 되면서 얻게 된 소득이 하나 더 있다. 바로 돈관리를 하자 공간의 흐름이 한눈에 들어오기 시작한 것이다. 연구실엔 일주일 내내 각종 프로그램과 세미나들이 열린다. 자신이 하고 있는 프로그램이 아니면 다른 프로그램들이 어떻게 굴러가는지 잘 알 수 없다. 하지만 돈줄을 잡고 있으면 이 흐름이 한눈에 들어온다. 프로그램에 참여한 인원은 몇 명인지. 프로그램 중도 하차는 몇 명이고 누구인지. 세미나에 새롭게 들어오고 나간 사람은 누구인지 등등. 그래서 알게 된 사실이 있다. 왜 예전부터 돈을 틀어쥔 사람이 실세였는지. 그들은 돈이 많아서 실세가 아니라 그 누구보다도 공간의 흐름을 속속들이 알기에 실세다. 그래서 나는 간혹 연구실 후배들에게 돈의 흐름을 보면 공간을 누구보다도 잘 알게 된다고 말한다. 돈은 사람과 같이 오고 간다. 돈의 흐름을 보면 사람들의 흐름이 보인다. 이 흐름이 공간의 흐름이다. 재밌는 건 이 돈의 흐름을 따라가다 보면 다른 사람의 생활패턴이나 습관까지도 알게 된다는 사실이다. 이건 순전히 벌금 때문이었다.

벌금의 경제학

〈감이당〉에서 내 별명은 집사 혹은 하우스푸어다. 큰 연구실을 매일 지키고 돈을 관리하지만 정작 자기 돈은 별로 없는 백수라 이런 별명이 붙었다. 최근엔 세리(稅吏)라는 별명이 추가되었다. 세금을 걷는 관리. 시장에서 수금을 하던 업(?) 때문인지 나는 아직도 사람들에게 돈을 걷으러 다닌다. 같이 공부하는 한 친구의 증언을 들어보자. "〈감이당〉에는 저승사자보다 더 무서운 사람이 있다. 봉두난발에 검은색 의상을 빼입고 손에는 항상 벌금으로 가득한 청색 다이어리를 들고 다니는…… 그 이름도 무서운 세리(稅吏) 류시성이다. 수업시간에 지각, 결석하는 사람, 에세이 늦게 올리는 사람의 천적!" 그래서 사람들은 나만 보면 슬슬 피한다. 나는 그들에게 악독한 고리대금업자다.^^ 헌데 보시다시피 돈을 걷는 명목은 분명하다. 지각, 결석, 약속한 것을 지키지 않아서다. 이런 제도를 만든 건 그만큼 이 사소한 일들이 지켜지지 않기 때문이다. 처음엔 늦지 말라, 약속을 지켜라 등의 공감협박(?) 수준으로 출발했다. 하지만 그것이 효과가 없자 부득이 경제적 처벌을 동원하게 된 것이다.

그럼 왜 지각과 결석하지 않기, 약속 지키기를 이렇게 강조하는 것일까. 다 신뢰 때문이다. 〈감이당〉은 사람들이 자발적으로 모여서 같이 공부하는 공간이다. 같이 공부할 때 무엇보다 중요한 건 서로간의 신뢰를 쌓는 일이다. 그래야 말이 통한다. 신뢰를 쌓는 비법은 간단하다. 같이 공부하기로 한 시간과 약속을 지키면 된다. 하지만 이

기본적인 것이 지켜지지 않아 서로간의 신뢰가 무너지면 걷잡을 수 없는 사태가 벌어진다. 일단 공부하는 사람들끼리 감정이 틀어지고 꼴보기가 싫어진다. 그러면 자연스럽게 공부하는 장의 밀도도 떨어진다. 감정들이 뒤죽박죽 얽히고 세미나나 에세이 발표를 시작해야 할 때 차질이 생기고 그러다 보면 사람들 마음이 순식간에 흐트러진다. 이러면 공동체니 같이 공부하는 사이니 하는 것들은 무용지물이 된다. 짐작하시다시피 그 끝은 그냥 파국이다. 이러한 사태를 미연에 방지하기 위해서 지각과 결석을 철저히 금지하고 약속을 충실히 지킬 것을 요구하는 것이다. 이 약속이 지켜져야 불필요한 감정의 소모 없이 소통할 수 있다. 소통은 별다른 게 아니다. '어!' 하면 '어!' 하고 알아듣는 게 소통이다. 이 소통의 힘은 특별한 개념이나 세련된 지식에서 나오는 것도 아니다. 그냥 사소한 약속들을 지켜가면서 서로간의 신뢰가 쌓이면 저절로 말이 통한다. 이게 틀어지면 아무리 좋은 말도, 공부도 다 허탕이다. 그렇기에 어떻게든 저 약속들을 지키라고 요구하는 것이다.

 부끄럽지만 나도 벌금-전과가 수두룩하다.(--;) 수업시간에 지각을 하거나 결석을 하진 않지만(사실 늘 연구실에 있기에 할 수도 없다) 에세이 마감시간을 넘겨 벌금을 낸 것이 한두 번이 아니다. 처음엔 한두 번으로 끝날 줄 알았던 것이 아직도 잘 고쳐지지 않는다. 습관이 된 것이다. 나뿐만이 아니다. 대부분 벌금을 내는 사람들은 정해져 있다. 그래서 보인다. 어떤 사람은 꼭 지각을 한다. 어떤 사람은 자주 무단으로 결석을 한다. 어떤 사람은 매번 약속을 어긴다. 돈을 걷으러 다니면 이런 습관들이 한눈에 들어온다. 그럼 당연히 궁금해진다. 왜 매번 늦는 거지? 뭐가 문제지? 그러면 그 사람들과 말을 섞게 되고 자연스레 그 사람들의 생활패턴까지도 파악하게 된다. 돈을 걷으러 다니지만 그런 사람들의 삶에 깊숙이 개입하는 것도 세리의 임무다. 우리들의 벌금엔 우리들의 사는 꼬라지가 달라붙어 있다.

그럼 사람들은 왜 매번 같은 실수를 반복할까(이 문제를 푸는 사람이 있다면 노벨평화상이 확실하다^^). 나를 비롯해 벌금을 내는 사람들의 마음은 어떤 것일까. 곰곰이 생각해 보면 여기엔 이런 심보가 작동한다. 조금 늦는다고 어때, 뭐 괜찮겠지. 이런 이유가 있으니까 빠지는 건 괜찮아. 늦더라도 글을 좀더 잘 써가는 게 중요해. 내 추측이 아니다. 실제로 이런 말들을 한다. 그런데 가만히 보면 여기엔 오로지 자기뿐이다. 같이 공부하는 사람들, 공부하는 공간, 그들이 만들어내는 밀도에 대해서는 생각조차 못한다. 아니 그것 자체가 보이지 않는다. 무명(無明)이란 이런 상태가 아니고 무엇이겠는가. 벌금은 이 마음에 경각심을 심어 주기 위해 만든 것이었다. 하지만 이번엔 이런 말들까지 튀어나왔다. 벌금을 내면 되지 뭐~. 벌금을 내면서 똑같은 실수를 반복하고 있는 자신을 보라는 주문이 돈으로 때우면 된다는 생각이 되어 버린 것이다. 이때 돈이 자신의 현장과 관계를 몽땅 지워 버린다. 아니 현장과 관계가 보이지 않을 때 돈에 매달린다. 그래서 좀 무섭다. 돈이란 이런 현장과 관계를 너무나도 쉽게 망각하게 하는 힘을 가지고 있다는 생각이 들어서다. 어쩌면 돈은 그런 방식으로 일자(一者)가 된 놈일지도 모른다. 그래서 알았다. 왜 공동체와 돈이 그토록 상극이었는지. 현장과 관계가 없어진 사람일수록 돈에 집착하게 된다는 것을. 또 그들이 얼마나 외로운지.

놀라운 건 이렇게 모인 벌금이 한 학기당 백만 원도 훌쩍 넘긴다는 사실이다. 이 금액은 좀처럼 줄어들지도 않는다. 그럼 이 돈을 어디에 쓸까. 사실 여기가 핵심이다. 일단 벌금이 모이면 그 돈으로 사람들 밥을 먹인다. 에세이 발표가 끝나면 허기진 사람들의 배를 채워 주는 것이다. 그렇다. 먹고 본다!^^ 또 벌금은 에세이발표 현장에서 두각을 나타낸 사람이나 암송대회에서 빛을 발한 사람들에게 상금으로 지급된다. 책을 선물로 주거나 현찰로 지급한다. 이렇게 한 학기당 선물로 주는 책이 20~30권이나 된다. 이렇게 쓰고도 남은 벌금은 일정 부분 연구실 주방에 성금으로 보내고 운영비가 모자란 프로그램으로 순환시킨다. 특히 내가 맡고 있는 〈청소년비전탐구〉 같은 경우 엄청나게 먹어 대는 아이들의 먹성 때문에 모자란 운영비를 어른들이 낸 벌금으로 충당한다. 그런데 더욱 놀라운 건 이렇게 쓰고도 돈이 남는다는 것이다. 하여 이 돈은 차곡차곡 모아 연말에 가난한 학생들에게 장학금으로 지급된다.

이 과정도 재밌다. 나에겐 이게 일종의 의식처럼 보인다. 이미 누구에게 돈이 가야 할지 다 정해져 있다. 사실 연구실에서 살을 부비며 공부하고 생활을 공유하다 보면 경제사정 또한 훤히 알게 된다. 그렇다고 무턱대고 가난하기에 장학금을 주는 것은 아니다. 이들에겐 특별한 미션이 부과된다. 좋은 책의 구절들을 암송하고 사람들 앞에서 암송한 것을 들려주면 된다. 이 미션을 얼마나 완벽하게 수행하느냐에 따라 지급되는 장학금이 달라진다. 이 돈은 주로 그 가난뱅이들(?)의 다음 학기 학비로 들어온다. 벌금이 장학금으로 다시 학비로 순환한다. 같은 돈이지만 성격이 확확 변한다. 이때 돈을 제대로 관리하지 못해 막 써버리는 가난뱅이들에겐 아예 돈 자체를 주지 않는다. 대신 바로 학비로 보내 버린다. 등록도 하기 전에 돈을 다 써 버릴 우려가 있기 때문이다. 그러고 보면 돈을 쓰는 방식이 곧 그 사람의 삶 자체다. 아니 운명일지도 모른다.

『혁명가 붓다』라는 책엔 이런 구절이 나온다.

세상에 네 가지의 보시가 있습니다. 이 보시가 청정하거나 혹은 불순하게 되는 것은 주는 사람과 받는 사람에 의해 결정됩니다. 주는 사람에 의해 청정해지는 보시가 있는가 하면, 받는 사람에 의해 청정해지는 보시, 주는 쪽과 받는 쪽 둘 모두에 의해 불순해지는 보시, 그리고 주는 쪽과 받는 쪽 모두에 의해 청정해지는 완벽한 보시가 있습니다. 주는 사람이 선량하고 자비로운 성격의 소유자임에도 받는 사람이 사악한 사람이라면, 그 보시는 주는 사람에 의해 청정한 것이 됩니다. 베푸는 사람이 사악한 사람임에도 받는 사람이 친절하고 자비로운 사람이라면, 그렇게 베풀어진 보시는 받는 사람에 의해 청정한 것이 됩니다. 주는 사람은 물론 받는 사람도 사악한 사람이라면 베풀어진 것이 불순한 것이 되겠지만, 양쪽 다 선의와 자비심으로 주고 또 받는다면 그런 보시는 둘 모두에 의해 청정한 것이 되는 것입니다. 따라서 최상의 보시는 주는 사람과 받는 사

람, 양쪽 모두의 선의에 의해 청정해지는 그런 보시입니다. 데이비드 깔
루빠나, 『혁명가 붓다』, 재연 옮김, 숨, 2004, 201쪽

어떤 마음으로 주고받는가. 이것이 청정한 보시와 불순한 보시를 나누는 기준이다. 벌금도 그렇다. 반복되는 학인들의 악덕(?)에 의해 모인 돈이지만 그것을 이런 방식으로 쓰면 청정한 보시가 된다. 가난뱅이들이 벌금에 목을 매며 빛나는 구절을 암송하고 여러 사람들이 배가 터지도록 먹고(실제로 그렇다!) 많은 사람들이 책을 선물로 받는다. 그러곤 깨끗이 없어진다. 벌금 제로! 돈에 달라붙은 업장을 소멸하는 데 이보다 더 유익한 축제가 있을지. 비록 태생이 벌금이었으나 끝은 청정한 보시로 남게 되는 경제적 흐름을 만드는 것. 벌금에서 선물로. 이것이 세리인 내가 경험한 벌금의 경제학이다.

돈의 길

이제 좀 큰 규모의 돈 이야기를 해보자. 벌금이 작은 규모의 경제라면 회비는 규모가 꽤나 크다. 1년짜리 프로그램에 접속해서 공부하고자 하는 학인들이 내는 회비는 보통 100~180만 원 사이이다. 각 프로그램의 깅도와 긴셉에 따라 회비가 다르게 책정된다. 이 회비들이 모이면 큰돈이 된다. 이 돈 때문에 나는 은행에서 가끔 사은품을 받기도 한다. 적금을 들 때면 남들이 하나 받는 치약을 두 개나 받는다. 횡재가 아닐 수 없다.(--;) 회비는 우선 공간을 유지하는 데 사용된

다. 〈감이당〉에서 1년짜리 프로그램에 접속한 사람만 대략 200명 정도가 된다. 웬만한 단과대학 학생 수와 맞먹는 숫자다. 이 많은 사람들이 함께 공부하기 위해선 여러 개의 공간이 필요하고 또 그만한 돈이 필요하다. 공간은 이 사람들이 내는 회비에 의해 유지된다. 그래서 공간에 따로 주인이 없다. 회비를 내는 사람들이 공간의 주인이다.

그런데 회비를 받는 기간이면 아수라장이 따로 없다. 온갖 트러블이 다 발생하기 때문이다. 프로그램에 참여하겠다고 신청을 해놓고는 회비를 제때 내지 않아 여러 사람을 번뇌에 빠지게 한다. 특이한 것은 돈 없는 가난뱅이들보다 웬만큼 돈을 버는 정규직들이 더 하다는 것. 차일피일 미루거나 언제까지 회비를 내겠다는 확답도 정확하게 하지 않는다. 물론 그만한 사정들이 있다는 건 안다. 하지만 이렇게 돈을 내는 약속이 제대로 지키지 않으면 공간을 운영하는 데 차질이 생긴다. 예산을 짜고 1년 동안 돈의 흐름을 맞춰놔야 하는데 돈이 제때 들어오지 않으면 이런 작업들 자체가 불가능하기 때문이다. 간혹 이런 경우도 발생한다. 프로그램을 신청하고 회비 내는 것을 미루다가 수업을 들어보고는 튄다. 일명 먹튀! 수업의 간을 보는 것이다. 이렇게 되면 다른 사람들이 공부를 할 수 없게 된다. 먹튀들로 인해 정원이 마감되어서 정작 공부를 하고 싶어도 할 수 없는 사람들이 생긴다는 것이다. 먹튀들에게 이런 상황은 안중에도 없다. 오로지 자기 돈만 본다.

이런 일이 반복되자 특별한 방법을 고안해 냈다. 바로 회비 납부일을 개강 전까지로 하고 스스로 언제까지 회비를 납부하겠다는 다

짐을 받는 것이다. 이렇게 되면 돈의 흐름이 군더더기 없이 투명해진다. 운영에 적극적으로 참여하는 사람들이나 공부를 하러 오는 쪽 모두 편안해진다. 돈을 내라고 닦달하면서 쓸데없는 감정소모를 줄일 수 있고 트러블이 생길 일도 없어지기 때문이다. 이렇게 돈의 흐름을 투명하게 하는 것 자체가 공부다. 자신이 맺고 있는 관계의 장을 청정하고 편안하게 해주는 것이 공부가 아니고 무엇이겠는가. 이렇게 우여곡절 끝에 모인 돈은 공간비뿐만 아니라 공간에서 활동하는 강사와 매니저들의 생계비로 지급된다. 외부에서 다른 일을 하지 않으면서 공부에 전념할 수 있도록 만들어 주는 것이다. 나 또한 이렇게 해서 경제적으로 자립했다. 나는 〈청소년 비전탐구〉 프로그램에서 아이들을 가르치고 다른 프로그램에서는 매니저로 활동한다. 여기서 나오는 강사비와 매니저비로 1년을 살아간다. 심지어 적금까지 든다. 많지 않은 금액이지만 이렇게 해야 돈을 허투루 쓰지 않기 때문이다.

　　나뿐만 아니라 연구실에서 공부하는 대부분의 학인들이 이런 코스를 밟는다. 공부가 어느 정도 무르익으면(아니 익지 않아도 상관없다. 프로그램에 투입되면 저절로 공부가 는다) 프로그램의 강사로 투입하거나 매니저 역할을 하게 한다. 이때 무엇보다 중요한 것이 있다. 바로 공부하는 일상을 묵묵히 지켜나가는 것이다. 연구실에서 경제적 자립을 하는 방법은 간단하다. 매일 정해진 시간에 공간에 나와서 공부를 하고 있으면 된다. 이렇게 공부를 하고 있으면 어떤 프로그램을 기획할 때 그 사람을 참여시켜야겠다는 생각이 무의식적으로 든다. 매일매일 나와서 공부하다보면 그 사람의 기운이 신체적으로 각인되기 때문이다. 사람이 필요할 때 그 사람이 제일 먼저 떠오르는 건 그래서 너무나 당연하다. 이렇게 각종 프로그램에서 활약하게 되고 사람들과의 관계가 형성되면 경제적 자립은 물론 공부의 기회도 찾아온다. 뜻밖의 스승을 만나거나 전혀 예상치 못한 공부의 장으로 들어서게 되는 것이다. 그렇다. 돈이건 공부건 관계를 타고 온다.

공간, 강사, 매니저들의 활동이 무리 없이 돌아가고 남는 돈이 생기면 적극적으로 외부와 접속한다. 가령 2달에 한 번씩 〈남산강학원〉에서 진행되는 정화스님의 특별강좌에 보시를 한다. 스님의 강사료를 〈감이당〉 회계에서 지원하는 것이다. 또 공간을 같이 사용하고 있는 MWTV(이주노동자방송)에서 주관하는 이주민영화제나 특별하게 후원해야 하는 곳이 있을 때 그쪽으로 돈을 보낸다. 그런데 이게 그냥 즉흥적인 후원이나 보시가 아니다. 〈감이당〉 1년 예산을 짤 때 이런 용도로 쓰일 돈을 먼저 분배해 놓는다. 이렇게 돈의 길을 터 놓아야 돈이 흘러갈 곳이 눈에 들어오기 때문이다.

올해는 특별한 지출이 둘이나 더 늘었다. 하나는 〈감이당〉 대중지성에서 공부하고 있는 3학년들의 '소수민족의학기행'에 필요한 경비를 지원하는 것이다. 이들은 추석이 지나면 중국의 소수민족을 찾아가는 의학기행을 하고 그 경험을 바탕으로 글을 써내야 한다. 공짜란 없다!^^ 다른 하나는 이번에 기획된 '곰댄스 고전평론 페스티발'에 필요한 돈을 〈감이당〉에서 지원하는 것이다. 이 과정에서 나온 좋은 글은 북드라망 출판사와 연계해서 책으로 출판될 예정이다. 이처럼 돈에도 길이 있다. 그 길을 청정하게 만드는 것은 돈을 쓰는 사람의 마음에 달려 있다. 그래서 돈이 곧 마음의 길이기도 하다.

자립(自立) 하우스

지금 〈감이당〉에서는 '베어하우스', '풀하우스'와 같은 청년학사를 운영하고 있다. '베어하우스' 같은 경우엔 남자들의 기숙사다. 30대 미만의 친구들 4명이 여기서 살고 있다. 이들은 대부분 변변한 수입이 없는 가난뱅이들이기 때문에 비누 하나까지도 〈감이당〉 회계에서 사준다. 또 이들이 공부하면서 경제적 자립을 할 수 있도록 연구실 선배들이 기금을 마련해 지원해 준다. 밥값은 물론 한 달에 12만 원인 학사비까지도 지원해 주는 것이다. 이렇게 왕자 대접(?)을 받지만 이들은 결코 왕자가 아니다. 배려를 받는 만큼 혹독한 의무를 이행해야 하기 때문이다. 앞서 말한 '곰댄스 고전평론 페스티발'에 반드시 글을 써서 내야 하고 돌아가면서 매일매일 청소를 해야 한다. 베어하우스 자체가 학사이면서 세미나 공간, 게스트하우스이기 때문이다. 공간을 사적으로 점유하지 않고 항상 청결을 유지하는 것. 이들은 외모로 보나 먹성으로 보나 하는 일들로 보나 머슴에 가깝다. 단, 그런 수련의 과정을 거치겠다는 자발적인 동의가 있었기에 이런 의무들이 자연스럽다.

'풀하우스'는 여자들을 위한 청년학사다. 이곳엔 현재 5명이 살고 있다. 이 학사에 들어와 있는 사람들은 그나마 자립적으로 공간을 운영할 수 있기에 〈감이당〉에선 보증금만 지원했다. 같은 청년학사이긴 하지만 상황에 따라 다른 운영방식으로 돈의 흐름을 만든 것이다. 이곳도 베어하우스처럼 청소와 규칙적인 생활, 밀도 있게 공부하는 훈련들을 요구받는다. 여자들만 사는 공간이라 금남(禁男)의 공간이기도 하다. 하지만 여기 살고 있는 사람들의 면면을 살펴보면 오히려 베어하우스의 청년들보다 더 거칠고 기운이 세다. 그래서 툭하면 부딪히고 싸운다. 이 과정에서 남과 같이 사는 것이 얼마나 어려운 일인지를 몸소 깨달아 가고 있다. 이 공간 또한 멀리서 공부하러 오는 사람들이 게스트하우스로 사용할 수 있도록 개방했다. 게스트는 하루에 5천 원만 내면 이 청년학사들에서 하룻밤을 지낼 수 있다.

청년학사를 두 곳이나 만든 이유는 무엇보다도 자립을 위해서다. 공부를 밀도 있게 하고 싶지만 돈도 없고 집도 없는 가난한 청춘들에게 목돈을 대주고 점차 경제적으로 자립할 수 있도록 하는 것이다. 그래서 돈이 없어도 얼마든지 공부할 수 있다. 공부하고자 하는 마음만 확고하다면 어디서든 돈과 배움의 기회가 찾아온다. 연구실 또한 이런 마음들이 모여서 만들어진 공간이다. 그렇기에 여기도 매일매일 쓸고 닦아야 한다. 그래야 사람들이 와서 공부하고 싶은 마음이 생기기 때문이다. 사람들은 돈이 있어야 이런 관계의 장을 열 수 있다고 생각한다. 하지만 오히려 그 반대다. 공부에 대한 마음이 일어나면 자연스럽게 물질적인 기반이 생긴다. 자립은 이 마음에서부터 시작된다.

청년학사에 사는 청년들은 자발적으로 최대한 생활을 간결하게 할 것, 서로간의 약속을 지킬 것 등을 생활윤리로 정했다. 그래야 마음이 흐트러지지 않고 공부에 집중할 수 있기 때문이다. 내 마음이 흐트러지면 같이 사는 사람들의 마음도 그렇게 된다. 보이진 않지만 같이 사는 사람들의 마음이 연결되어 있어서다. 내 마음뿐만 아니라 내가 같이 사는 사람들의 마음까지 편안하게 해주는 것. 이게 공동생활의 기본이자 공부의 초식이다. 아니 어쩌면 그게 공부의 전부일지도 모른다. 좋은 앎이란 자신이 관계 맺고 있는 인연의 장을 편안하게 한다. 물론 숱한 갈등과 트러블이 이 과정에서 생긴다. 먹을 것 때문에 싸우고 청소 때문에 싸우고 약속을 지키지 않아 싸운다. 하지만 그런 과정들 자체를 겪어야 스스로 사람들과 관계 맺는 법, 같이 사는 법을 몸으로 터득할 수 있다. 자립이란 그냥 경제적으로 홀로 되기가 아니다. 스스로 관계를 구성하고 거기서 일어나는 사건사고들을 푸는 것. 그것 자체가 자립을 위한 훈련이자 공부다.

　　공자는 나이 삼십이 되어서야 스스로 서게 됐다고 했다(三十而立). 스스로 선다는 것은 자신이 발붙이고 살아가는 현장에서 누구에게도 의지하지 않고 스스로의 힘으로 선다는 뜻이다. 공부의 장에서건, 관계의 장에서건, 경제적 장에서건. 한편 정화스님에 따르면 존재는 자립이 근본적으로 불가능하다고 한다. 모든 것이 인연으로 얽혀 있는 세계에서 어떻게 스스로의 힘만으로 살아갈 수 있겠는가. 하지만 스님은 이렇게 덧붙이신다. 자신이 온전히 자기 삶으로 충만해야 내 인연의 장까지 청정해진다. 자신의 삶을 충만하게 만드는 훈련은 이 인연장에서 이루어진다. 공자님의 말씀이건 스님의 말씀이건 핵심은 하나다. 어떻게 우리는 스스로의 삶에서 주인이 될 것인가. 청년학사에 사는 청춘들뿐만 아니라 연구실에서 공부하는 우리 모두에게 주어진 과제.

과거에 공부하는 사람들은 이런 말을 했다. 애물(愛物)이 곧 애인(愛人)이다. 애(愛)란 아낀다는 뜻이다. 사물 하나하나를 아끼는 마음이 곧 사람들 사이에서도 그대로 적용된다는 것. 그들은 이 마음 하나를 터득하는 것이야말로 최고의 공부라고 생각했다. 우리에겐 돈이 이 공부의 방편은 아닐까. 모든 사물들이 돈으로 환원되고 매일매일 돈에 대한 이야기들이 넘쳐나는 시대. 그럼에도 우리에겐 돈이 삶의 지혜를 터득하는 고귀한 방편, 좋은 철학이 되고 있는 거 같지 않다. 벌거나 쓰거나. 어떻게 더 많이 벌고 어떻게 더 많이 쓸 수 있을까. 이것이 우리들의 고민이다. 여기엔 돈이 관계를 통해 오고 간다는 것, 돈을 쓰는 방식이 곧 내 삶의 방식이라는 자각이 들어설 자리가 없다. 돈은 그냥 돈이 아니다. 그것은 사람들 사이에서 만들어진 경제적 언어이자 관계다. 이 언어의 속살을 들여다봐야 그것이 만들어내는 관계의 장으로 진입할 수 있다. 돈과 삶, 돈과 인문학. 그것은 그리 멀지 않은 관계다.